KAREN RINA

Scheitern erlaubt!

Warum uns gerade das Nicht-Perfekte weiterbringt

Aus dem amerikanischen Englisch von Elisabeth Liebl

GOLDMANN

Die amerikanische Originalausgabe erschien 2019 unter dem Titel
»(It's Great to) Suck at Something« bei Atria Books,
einem Imprint von Simon & Schuster, Inc., USA.

1. Auflage
Deutsche Erstausgabe Juni 2020

Lektorat: Nadine Lipp, Berlin
Umschlaggestaltung: UNO Werbeagentur, München
Umschlagmotiv: FinePic®, München
JG · Herstellung: cb
Satz: Satzwerk Huber, Germering
Druck und Bindung: GGP Media GmbH, Pößneck
Printed in Germany
ISBN 978-3-442-22273-5

www.goldmann-verlag.de

Besuchen Sie den Goldmann Verlag im Netz

Karen Rinaldi

Scheitern erlaubt!

Buch

Karen Rinaldis große Leidenschaft ist das Surfen. Sie kann es allerdings nicht besonders gut. Trotzdem hat sie Spaß daran – und das ist es, was für Rinaldi dabei am meisten zählt. Ebenso mutig wie humorvoll ruft sie uns dazu auf, Neues zu wagen und nicht immer alles perfekt machen zu wollen. Wir dürfen neue Sachen ausprobieren, auch wenn wir dabei Fehler machen. Wir sollten uns wieder erlauben, etwas nur deshalb zu tun, weil es uns Freude bereitet. Denn das ist es, was im Leben wirklich zählt.

Autorin

Wenn Karen Rinaldi gerade nicht surft oder Bücher schreibt, arbeitet sie als Lektorin und Verlegerin von Harper Wave. Als Journalistin verfasst sie Artikel, die u.a. in der *New York Times* und auf Oprah.com veröffentlicht wurden. Den Artikel »(It's Great to) Suck at Something«, aus dem ihr aktuelles Buch entstanden ist, veröffentlichte sie 2017 in der *New York Times*, der daraufhin viral ging. Die Autorin lebt mit ihrer Familie in New York und New Jersey. Sie ist alles andere als perfekt, und sie arbeitet auch nicht daran.

Für Rocco und Gio

Inhalt

Es würde zu weit führen, an dieser Stelle alle Gefahren des Scheiterns aufzuzählen, alle Situationen, bei denen Sie sich selbst oder anderen stark schaden könnten. Ich kann Ihnen nur ans Herz legen, äußerst vorsichtig zu sein, wenn Sie bei etwas wirklich Gefährlichem scheitern möchten, etwa beim Surfen oder Wingsuit-Fliegen. Benutzen Sie Ihren gesunden Menschenverstand und bitten Sie jemanden, Sie zu begleiten. Versuchen Sie sich im Scheitern nie allein – außer, Sie wollen bei Makramee-Arbeiten, beim Lösen von Kreuzworträtseln oder bei sonstigen Couchpotatoe-Beschäftigungen scheitern.

Sie werden erst an dem Tag erwachsen,
an dem Sie zum ersten Mal so richtig
über sich selbst lachen können.
Ethel Barrymore, Schauspielerin

Erfolg besteht hauptsächlich darin,
von Fehler zu Fehler zu stolpern,
ohne dabei die Begeisterung zu verlieren.
Winston Churchill, Staatsmann

Mal versucht? Mal gescheitert?
Uninteressant. Versuch's wieder.
Scheitere wieder. Scheitere besser.
Samuel Beckett, Dichter

Alles, was du brauchst, ist eine Welle.
Ja, noch nicht mal das, ein einziger guter Dreh …
nur einen Moment … denn dieser lockt dich zurück,
weil du wieder so einen Moment haben willst …
und so geht das immer weiter und weiter.
Gerry Lopez, Surfer und Schauspieler *(Step into Liquid)*

Die Matrix des Scheiterns

Einführung

Nehmen wir einmal an, Sie scheitern nie.

Das wäre zwar etwas wahnhaft, sollte es aber dennoch der Wahrheit entsprechen, verpassen Sie dadurch viele wunderbare Erfahrungen.

In diesem Buch werde ich Sie ermutigen, sich eine Tätigkeit auszusuchen, in der Sie gar nicht gut sind, und sich mit aller Hingabe darauf zu konzentrieren. Ich möchte mit Ihnen die Erfahrung teilen, wie es ist, bei etwas zu scheitern. Sich nach Kräften abzustrampeln, um etwas zu tun, das weder Aufmerksamkeit noch Lorbeeren oder Geld einbringt. Und es voller Liebe und Hoffnung zu tun, es mit Freude zu tun.

Diese Freude kenne ich aus eigener Erfahrung, denn ich surfe – und zwar schlecht. Surfen ist in meinem Leben weder ein neuer Kick noch eine Phase, die ich gerade durchmache. Ich bin in Sachen Surfen auch über diese Anfangseuphorie hinaus, in der man seine ersten Versuche macht, guckt, ob man den Bogen rauskriegt und das Ganze massiv verklärt. Ganz objektiv betrachtet nimmt das Surfen einen großen Teil meines Lebens ein und das schon eine ganze Weile. Seit siebzehn Jahren stehe ich nun schon acht von zwölf Monate im Jahr auf meinem Surfbrett. (Ja, alle Surffreaks dürfen bei diesen Zeilen mit Fug und Recht in höhnisches Geláchter ausbrechen.) Ich bin eine Frau mittleren Alters, die ihr ganzes Leben so eingerichtet hat, dass sie so oft wie möglich hinaus aufs Wasser und auf die Wellen kann. Ich habe mein Berufsleben so gestaltet, dass ich diese Leidenschaft leben kann, habe hart verdientes Geld riskiert, um sie zu pflegen, und meiner Familie einen Lebensstil aufgenötigt, den sie nur zum Teil zu schätzen weiß. Und – ich bin als Surferin immer noch die absolute Null.

Doch ich liebe das Surfen. Und ich denke, es liebt mich auch, auf seine Art und Weise.

Ich habe über die Jahre einen großen Teil meines Selbst in die Wellen gelegt, doch wie viel ich auch gebe, ich bekomme stets mehr zurück. Ein nicht eben fairer Tauschhandel – zu meinen Gunsten –, der sich sicher nicht nach meinen Fähigkeiten bemisst.

Auch Sie haben das Potenzial, in irgendeiner Disziplin zu scheitern. Sie müssen dafür einfach nur Sie selbst sein. Sie brauchen ein bisschen Mut, eine Prise Humor und die Bereitschaft, etwas Neues anzufangen oder zu etwas Altem zurückzukehren. Sie sollten wieder wachsen wollen, auch wenn Sie mit den Ergebnissen Ihrer Bemühungen nicht ins Guinness-Buch der Rekorde kommen. Dieses Buch jedenfalls macht Sie nicht zum Meister, ganz egal in welcher Disziplin.

Andererseits aber verbaut es Ihnen in dieser Hinsicht auch keine Chancen. Eine unlängst durchgeführte Studie (deren Ergebnisse im *Journal of Psychology of Science and Technology* veröffentlicht wurden) hat ergeben, dass Nobelpreisträger »sich mit signifikant höherer Wahrscheinlichkeit künstlerischen bzw. handwerklichen Nebenbeschäftigungen widmeten«[1] als »normale« Mitglieder der National Academy of Sciences – die ihrerseits wiederum mit deutlich höherer Wahrscheinlichkeit einem Hobby nachgehen als der Rest der Bevölkerung. Die Formulierung »sich künstlerischen bzw.

handwerklichen Nebenbeschäftigungen widmen« ist eine etwas gewählte Ausdrucksweise, daher lassen Sie mich das mal in Klartext übersetzen: Wenn Nobelpreisträger nicht gerade durch ihr Mikroskop starren, dann machen sie gern solche Sachen wie Cello spielen oder Makramee knüpfen. Und kein Mensch gibt ihnen Geld dafür, dass sie ihrer Musik lauschen bzw. ihre Wandbehänge bestaunen dürfen.

Auch die Total-super-ernsthaft-Erfolgreichen betätigen sich also als Dilettanten. Einfach so, ganz von selbst und intuitiv. Wir Normalsterblichen dagegen müssen erst einmal mühselig auf den Trichter kommen.

Also, was bremst uns aus? Nicht mehr und nicht weniger als die Tatsache, dass das Scheitern heutzutage so übel beleumundet ist. Es geht ums Renommee. Es ist aber überhaupt nicht schlimm, wenn man auf irgendeinem Gebiet mal unterdurchschnittlich ist. (Überlegen Sie doch mal: Hätte unsere Spezies je irgendetwas gelernt, wenn dem so wäre?) Schlimm ist nur, dass unsere Kultur jede Form von mangelndem Können mit Hohn und Spott überschüttet. So viel dreht sich bei uns im öffentlichen Leben darum, die eigenen Schwächen zu verstecken oder gleich ganz zu verleugnen. Weil wir so sehr auf Erfolg und vor allem Belohnung getrimmt sind, versäumen wir es, in unserem Leben Freiräume zu schaffen, in denen wir neue Talente und Interessen pflegen können. Eine solche Interessens- bzw. Talentpflege ist aber unvermeidlich mit Frust und Fehlstarts verbunden. Wir werden ziemlich sicher keine allzu elegante Figur machen, sondern erst mal Misserfolge einfahren. Was für allzu viele Menschen Grund genug ist, das Handtuch zu werfen.

Wenn wir etwas Neues anpacken, scheint unser erster Impuls der zu sein, dass wir es ganz und gar beherrschen wollen. Können wir das nicht, dann wenden wir uns ab. Damit beseitigen wir zwar ein Problem – wir ersparen uns die Erfahrung, nicht gut zu sein –, doch wir handeln uns ein anderes ein: Wir verengen unser Leben. Wir fügen der Landkarte unseres Daseins einen weiteren weißen Fleck hinzu. Erwachsensein wird so zu einer Art Ansammlung weißer Flecken. Zu einer strategischen Wachstumsbremse, um die herum all jene Bereiche wachsen, in die wir uns vor Angst nicht hineinwagen. Und das nur, weil wir nicht ertragen können, dass es Dinge gibt, die wir nicht beherrschen. Aber wenn wir der Verwundbarkeit im Raum des Neuen und Herausfordernden ausweichen, werden wir sehr schnell alt und starr.

Meiner Ansicht nach gibt es einen noch besseren Grund dafür, sich öfter in diese Problemzone vorzuwagen. Ich glaube, dass genau dort das Glück liegt, wo wir damit leben können, dass wir mal nicht überragen.

Das ist keine leichte Aufgabe. Wir alle kennen den speziellen Schmerz, der sich in dem Spannungsfeld zwischen unserer Begeisterung für eine Sache und der Enttäuschung über unsere miese Leistung auftut. Dort fühlen wir uns zumindest unbehaglich. Mit diesem Buch möchte ich für eben dieses Unbehagen Partei ergreifen. Das klingt im Moment vielleicht nicht sonderlich einleuchtend, aber wir werden darin allerhand Positives entdecken. Hinzuschmeißen bevor wir überhaupt losgelegt haben ist die eigentliche Tragödie. Die strahlende Kehrseite von Frustration und Entmutigung sind Durchhaltevermögen und Zuversicht. Lassen Sie uns ins Tun eintauchen. Wir sollten unsere Befriedigung aus dem Handeln selbst ziehen, ohne auf den Erfolg zu schielen. Sollte er uns dann tatsächlich einmal begegnen, nehmen wir ihn mit Demut an.

Wir sind Workaholics, führen ein zielfixiertes und gnadenlos leistungsorientiertes Leben, durch das wir viel gewonnen, aber auch sehr viel verloren haben. Geduld, Bescheidenheit und Selbsterkenntnis werden samt und sonders einem Dasein geopfert, in dem es nur noch um das Setzen und Erreichen von Zielen geht.

Was würde passieren, wenn wir unser Bedürfnis nach Schulterklopfen und Belohnung einmal vergessen, wenigstens für ein Weilchen, und der Tatsache ins Auge sehen, dass wir alle in bestimmten Bereichen Nieten sind? Sind wir ehrlich zu uns selbst, so müssen wir uns eingestehen, dass kein Tag richtig gut sein kann, wenn er davon abhängt, ob unser Ego gestreichelt wird oder nicht. Das soll nun aber nicht heißen, dass wir uns die Freude verkneifen müssen, unsere Talente kennen- und schätzen zu lernen.

Aber wir können da doch bestimmt eine größere Bandbreite hineinbringen. Ich bin mir ziemlich sicher, dass wir alle mehr als genug Zeit darauf verwenden, mit unseren Stärken hausieren zu gehen. In den sozialen Medien dreht sich alles nur um positive Verstärkung, doch das Ganze wird schnell zur Abwärtsspirale, wenn unser seelisches Wohlbefinden davon abhängt. Es hat sich nämlich herausgestellt, dass es uns mittlerweile schwerer fällt, mit uns selbst im Reinen zu sein, weil sich jeder immer nur von seiner Schokoladenseite zeigt.

Was würde passieren, wenn wir stattdessen unsere gescheiterten Bemühungen feiern würden? Oder wenn wir auf das Feiern verzichteten und einfach mit uns selbst zufrieden wären, mit unserem durch und durch unvollkommenen und unbegabten Selbst?

Tatsache ist doch: Wir leisten nur auf einigen wenigen Gebieten wirklich Herausragendes. Schlagen wir aber einen großen Bogen um alles, worin wir nicht gut sind, dann entgeht uns unnötigerweise vieles von dem, was das Leben lebenswert macht. Das Leben hat so viel mehr zu bieten als nur Talent. Selbstverständlich ist Begabung nützlich und wertvoll und oft hilfreich, um sich seinen Lebensunterhalt zu verdienen. Aber es geht im Leben eben nicht nur um das Nützliche. Was kann Talent uns über Entschlossenheit lehren? Oder über Geduld, Willenskraft und inneren Frieden?

Zu tun, wozu man Talent hat, ist nicht schwer.

Wirklich große Geister verfolgen jene Dinge, die ihnen weiter nichts versprechen als die Freude, die im Tun selbst liegt.

Möglicherweise ist diese Stärke dem vergleichbar, was der deutsche Philosoph Josef Pieper meinte, als er kurz nach dem Zweiten Weltkrieg in seinem Buch *Muße und Kult* schrieb, dass die Muße der herrschenden Vorstellung vom Arbeiten diametral entgegengesetzt sei.[2] Er fährt fort mit dem Loblied auf ein Handeln, das sich losgelöst von aller sogenannten »sozialen Brauchbarkeit« abspielt und das Menschsein eigentlich erst ausmacht.

Für mich gibt es nichts, das sozial weniger nützlich wäre als das Surfen. Was für mich mein Surfbrett ist, ist für Sie vielleicht Ihre Gitarre, Töpferscheibe oder Modelliermasse. Unser Instrument oder unser Hobby ist einfach ein Mittel, das uns hilft, alle Gedanken an Nützlichkeit abzustreifen. Welches Werkzeug oder welche Methode wir zu diesem Zweck auch benutzen mögen: Wenn wir uns die Freiheit des Scheiterns zugestehen, dann haben wir mehr Geduld mit uns selbst, um in den Dingen, die wirklich zählen, besser zu werden. Zum Beispiel, ein besserer Mensch zu sein.

Das ist eines der Ziele, die dieses Buch verfolgt. Gemeinsam werden wir überdenken, was wir über die zentralen Bausteine unseres Lebens zu wissen glauben: unsere Freizeit, unsere Arbeitszeit und das überproportional angewachsene Wissen samt zugehörigem Vokabular, mit dem wir diese Dinge untersuchen und verstehen wollen. Wir werden einige der Mythen demontieren, die uns davon abhalten, uns auf Neuland vorzuwagen. Dazu gehören: der Drang nach Perfektion, die Verklärung der Vergangenheit, der Mythos vom ersten Mal und all die platten Parolen, die wir als Richtschnur für unser Leben verwenden wie zum Beispiel: »Tu, was du gern tust, und du musst nie wieder arbeiten.« Oder: »Siege sind nicht alles, aber ohne Siege ist alles nichts.«

Aber es geht mir noch um ein bisschen mehr. Ich habe dieses Buch nicht geschrieben, weil das Surfen meine rebellische Seite ansprach.

Als ich 2013, drei Monate nach einer Brustkrebsdiagnose, wieder auf mein Brett stieg und einige Wellen abritt, drehten sich meine Gedanken nicht um meine Leistung und wie ich mich mit neuer Energie wieder an die Arbeit machen könnte. Ich dachte an nichts anderes als daran, da draußen auf dem Wasser zu sein. Und darin zeigt sich das zweite Ziel, das ich mit diesem Buch verfolge: ein Loblied zu singen auf die lebenspendende Kunst, etwas scheinbar völlig Unnützes zu tun, während das ganze restliche Dasein von einer überwältigenden, alles umfassenden, gewichtigen Schicksalsfrage aufgezehrt wird. Uns in den dunkelsten Momenten unseres Lebens spielerisch dem Scheitern hinzugeben kann uns helfen, eine neue Perspektive zu finden.

Sicher sind meine Surfkünste seitdem etwas besser geworden, nichtsdestotrotz – um es mit aller Klarheit, und speziell noch einmal für die Leute auf den billigen Plätzen zu sagen – bin ich als Surferin eine Null. Und die Freude, die ich beim Surfen empfinde, hängt nicht von den seltenen Momenten ab, in denen ich zufällig mal was hinbekomme. Die Freude, die ich empfinde, ist die Freude des Versuchens und Herumprobierens. Erfolg, so er mich ereilt, ist eine willkommene Belohnung, aber darum geht es mir nicht.

Ich glaube nicht, dass ich mit meiner Erfahrung allein dastehe.

Vor nicht allzu langer Zeit veröffentlichte die *New York Times* einen Artikel von mir. Die Überschrift war natürlich: »(It's great to) Suck at Something«.[3] Gleichzeitig postete ich ein Video von mir beim Surfen – ein Video, das ich jahrelang unter Verschluss gehalten hatte, weil es echt peinlich ist. Nun, eine Menge Leute, mit denen ich privat wie beruflich zu tun hatte, wussten ja über meinen Lieblingszeitvertreib Bescheid. Und, na ja, ich ließ sie in dem Glauben, dass ich nicht schlecht oder sogar ganz gut war (eine natürliche Schlussfolgerung, bedenkt man die Zeit, die ich darauf verwende). Dieses Video war also so eine Art Bekennervideo.

Ist schon mal ein Freund bei Ihnen zu Hause aufgetaucht, dem gegenüber Sie sich immer ein bisschen besser sortiert gegeben haben, als Sie es tatsächlich sind? Und nun fällt Ihnen auf, dass Sie diesen Sommer die Dachrinne noch nicht gereinigt, einige Sachen noch nicht zum Wertstoffhof gebracht und überhaupt eine Million Dinge nicht erledigt haben, die Sie sicher getan hätten, hätten Sie auch nur geahnt, dass jemand vorbeischaut?

So ähnlich war das auch hier, nur mit dem Unterschied, dass ich sozusagen Gott und die Welt eingeladen hatte, doch mal bei mir vorbeizuschauen, und meine Haustür in verrosteten Angeln hing.

Und doch war es mit das Beste, was ich seit einer ganzen Ewigkeit getan hatte. Viele Leute, Leser aus aller Welt, berichteten mir, sie hätten meine Geschichte mit wahrer Begeisterung gelesen. Nicht etwa, weil sie das Surfen interessiert hätte (wobei, wow!, manche nehmen es wahnsinnig ernst), sondern weil es eine Geschichte über jemanden war, der seine Sache nicht super machte und sich dafür nicht schämte. Viele von ihnen waren insgeheim ebenfalls begeistert Scheiternde, und es war toll zu erfahren, dass die Schar da draußen immer größer wurde. Aber ich hörte auch von einer Menge Leute, die bestimmte Dinge gar nicht erst anfingen, weil sie glaubten, darin sowieso nie gut werden zu können. Daher möchte ich nun an alle Welt die Einladung aussprechen, durch die Tür mit den rostigen Angeln zu treten, die Freuden des Scheiterns kennenzulernen und Neues auszuprobieren, ohne sich Druck zu machen. Wer weiß, vielleicht stolpern Sie dabei sogar über ein angeborenes Talent, von dem Sie bis jetzt keine Ahnung hatten? Das ist aber nicht das Endziel, weil es kein Endziel gibt, nicht einmal für potenzielle Cracks.

Meine Geschichte ist eigentlich gar nicht so außergewöhnlich. Trotzdem habe ich unglaublich viel Feedback bekommen. Mit diesem Buch möchte ich sie noch weniger außergewöhnlich machen. Das ist mein größtes Ziel: Ich möchte eine neue literarische Gattung ins Leben rufen. Eine neue Art Smalltalk. Eine neue Community.

Wenn wir irgendwo lausige Leistungen abliefern, erzählen wir anderen meist nicht davon. Das ist, wie ich glaube, der Grund dafür, dass die Leute von meiner Geschichte so begeistert waren. Ob Hollywoodfilm oder Friseursalon, alle Geschichten, die wir uns erzählen, handeln von Triumphen und Höhenflügen. Und wenn wir doch mal eine Horrorstory aus unserem Leben berichten, dann zur allgemeinen Erheiterung: Also, in den Laden gehe ich bestimmt nie wieder … Noch mal treffe ich mich mit dem Typen garantiert nicht … Wenn ich das nächste Mal zum Karaoke gehe, dann suche ich mir aber ein anderes Lied aus.

Und damit meinen wir: Ach, es war ja so lustig, dass mein Leben mal einen Moment lang nicht perfekt war.

Doch unser Leben ist weit von jeder Perfektion entfernt, abgesehen von jenen flüchtigen Momenten, wenn die perfekte Welle heranrollt, wenn Körper und Seele bereit dafür sind und du einen kurzen Augenblick auf etwas dahingleitest, was sich anfühlt wie die sprudelnde Gischt des Lebens.

Doch den Rest der Zeit verbringen wir nicht auf, sondern in oder unter der Welle.

Aber eben dieser Rest mit seinen Abermillionen Möglichkeiten hält so vieles für uns bereit, das es zu feiern gilt – wir müssen nur die Bereitschaft entwickeln, nicht immer perfekt sein zu wollen.

Meine Mission ist also eine dreifache:

1. Scheitern Sie leidenschaftlich: Lernen Sie die wahrhaft belebende Kraft kennen, die Ihnen zufließt, wenn Sie Ihren Passionen nachgehen und erkennen, dass Ihr Gehirn nicht fürs Monotone gemacht ist, sondern für die volle Bandbreite des Lebens.
2. Scheitern Sie unproduktiv: Erforschen Sie den außerordentlichen Wert der wohlüberlegten Nutzlosigkeit für Ihr Leben, besonders in Zeiten, wenn die Umwelt Ihnen zu verstehen gibt, Sie sollten sich gefälligst auf das konzentrieren, was Ihnen so gar keinen Spaß macht.
3. Tun Sie sich mit anderen zusammen: Lassen Sie sich Geschichten über ihre Erfahrungen des Scheiterns erzählen und berichten Sie von Ihren eigenen.

Aufs Scheitern war ich schon konditioniert, noch ehe ich surfen lernte, und diesen Umstand verdanke ich meiner lebenslangen Liebe zum Anfängertum und meiner professionellen Hingabe daran. Als Verlegerin und Lektorin verlasse ich mich immer auf das Fachwissen anderer, die mir tiefe Einblicke in Themen geben, die ich in Buchform gieße und hinaus in die Welt schicke. Das Privileg, durch diese Arbeit in engen Kontakt mit einigen der klügsten Köpfe zu kommen, hat für mich nichts von seinem Reiz verloren. Und so habe ich *en passant* ein bisschen was über alle möglichen Wissensgebiete gelernt und gleite nun über die Oberfläche der Mysterien des Lebens wie ein Stein übers Wasser. Es wäre also nicht verkehrt zu sagen, dass ich schon rein beruflich zu den Dilettanten gehöre.

Neugierde und Wissbegier haben mich stets wachsam Ausschau halten lassen nach neuen Erkenntnissen, Abenteuern und Aha-Erlebnissen. Weil ich meinen Lebensunterhalt nun mal so verdiene, brauche ich davon jeden Tag eine gute Dosis. Dieses Buch ist daher ein kunterbuntes Sammelsurium von dem, was ich (hoffentlich) am besten mache, und dem, was ich am allerwenigsten kann. Auf den folgenden Seiten werde ich eintauchen in die Wunder von Wissenschaft, Philosophie, Literatur, Geschichte und Kultur und mit Experten auf diesen Gebieten sprechen, die mir dabei helfen, das ganze Spektrum des Menschseins zu entfalten. Zu surfen, ohne darin ein Ass zu sein, ist das Fundament, das mich meine Bodenhaftung nicht verlieren lässt, wenn meine Gedanken anfangen, sich zu überschlagen. (Jede andere von Ihnen frei gewählte Nebenbeschäftigung kann dieselbe Erdungsfunktion erfüllen.)

Doch ehe wir uns jetzt in die Wogen stürzen, möchte ich Ihnen noch erklären, warum ich mich so in dieses Thema rund ums Scheitern hineingesteigert habe.

Alles begann mit einer ganz harmlosen Frage. Mein Sohn Rocco war damals acht Jahre alt. Ich stand vor seiner Schule und plauderte mit John, der ebenfalls sein Kind abholte. »Und, wie macht Rocco sich dieses Jahr in der Schule?«, wollte er wissen.

Das war nun ein Thema, das mich gedanklich stets beschäftigte. Schon früh im neuen Schuljahr hatten wir angefangen, uns wie jedes Jahr mit Roccos feinmotorischen Schwierigkeiten zu befassen, die, wie wir schließlich erfahren sollten, damit zusammenhingen, dass er unter einer Wahrnehmungsstörung litt. Diese äußerte sich auf vielfältige Weise, unter anderem darin, dass er nicht mit einem Stift schreiben konnte – zumindest nicht so, dass er, geschweige denn jemand sonst, das Geschriebene hätte entziffern können. Er war mittlerweile eigentlich alt genug, um eine leserliche Handschrift zu entwickeln, doch war ihm das bislang nicht gelungen. Tippen war überhaupt kein Problem, doch mit einem Stift auf ein Blatt Papier zu schreiben fiel ihm so schwer, dass Hausaufgaben buchstäblich zur Tortur wurden. Und für Roccos Lehrer war es schwierig, seine Leistungen zu bewerten. Daher waren Hausaufgaben für Rocco jedes Mal eine Qual. Eines Abends, als wir am Esszimmertisch saßen und versuchten, uns durch die Aufgaben zu kämpfen, sagte er mir, dass er richtig Schmerzen habe beim Schreiben und deswegen nicht richtig denken könne. Wir wussten, dass Rocco sehr wohl begriff, was von ihm verlangt wurde, aber wenn er seine Gedanken mit dem Stift zu Papier bringen sollte, blockierte ihn das total. Oft genug gab es dann auch Tränen.

»Na ja, er hat Probleme, wenn er was mit der Hand schreiben muss«, sagte ich also zu John. Rocco stand neben mir, während ich das sagte. Es war ihm nicht peinlich, denn er wusste so gut wie jeder andere, dass es stimmte, und nickte bestätigend. »Er gibt sich Mühe«, erzählte ich weiter, »weil er sich mit dem Schreiben aber so schwertut, ist das Erledigen der Hausaufgaben echt stressig.«

John verstand vollkommen. Er grinste meinen Sohn an, vergrub die Hände tief in den Manteltaschen und richtete den Blick gen Himmel. »Ach ja, Rocco«, seufzte er. »Es gibt immer etwas, bei dem man so richtig schlecht ist.«

Roccos verfinsterter Gesichtsausdruck verschwand wie Schnee in der Sonne. Er grinste einfach nur. Seine Miene hellte sich auf, und ich spürte seine dankbare Erleichterung.

Was seine Feinmotorik anging, hatte Rocco gar keine andere Wahl, er war eben grottenschlecht darin. Doch dass er diesen Nachteil akzeptierte – und dafür sogar kurz Anerkennung bekam –, schenkte ihm die Freiheit, seinen Weg als der zu gehen, der er war, und nicht als der, der er glaubte sein zu müssen.

Ein positiver Nebeneffekt dieses Buches wird sein, dass Sie lernen, nicht länger auf sich einzuhacken, weil Sie in bestimmten Dingen schlecht sind, in denen Sie halt einfach nicht besser sein können. Doch das ist nicht unser Hauptthema. Ich möchte Sie dafür begeistern, etwas zu tun, was Sie gerne tun, selbst wenn Sie darin nicht gut sind. Es einfach nur zu tun, weil es Freude macht. Weil Sie es als befreiend empfinden, nicht in der ersten Liga mitzuspielen.

In den vergangenen zehn Jahren habe ich immer wieder die Erfahrung gemacht, dass Menschen ihr Innerstes nach außen kehren, wenn man ihnen die Möglichkeit gibt, von Misserfolgen zu erzählen. Das sind immer wunderbare Gespräche. Ich hoffe, dass dieses Buch mehr Menschen Mut macht, solche Gespräche zu führen, eine Tür der Toleranz zu öffnen, die wir doch alle durchschreiten möchten. Schließlich geht es um das Gefühl der Verbundenheit untereinander, das sich nur einstellen kann, wenn wir uns zuvor mit uns selbst verbinden.

Um noch einmal auf jenen schicksalsschwangeren Nachmittag zurückzukommen, an dem ich meinen Sohn von der Schule abholte: Natürlich stellte sich heraus, dass John vollkommen recht hatte. Weit wichtiger aber war, dass seine Worte bei Rocco auf fruchtbaren Boden fielen. Roccos Handschrift ist nach wie vor unter aller Kanone, aber zehn Jahre später, als er seinen Highschool-Abschluss machte, war er trotz seiner Sauklaue Jahrgangsbester.

– Es geht nicht um das Vollkommene, sondern um das Unvollkommene.

DIE ERSTE WELLE

Meine erste Welle: Einladung zum Scheitern

REGEL 1

Das, worin Sie scheitern wollen, muss Ihnen wichtig sein.

LEKTION 1

Das erste Mal wird gnadenlos überschätzt.

VORTEIL 1

Sie kapieren, wie schwer viele Dinge tatsächlich sind, vor allem jene Dinge, die bei begabten Menschen so leicht aussehen.

Lassen Sie uns eines gleich klarstellen: Ich habe nicht mit dem Surfen angefangen mit dem Vorsatz, es so richtig schlecht zu machen. Ich war nicht von Anfang an ein Verfechter des Scheiterns.

Wie alle hinreißend verrückten Kooks (Surfer-Fachbegriff für Anfänger und schlechte Surfer) dachte ich: Klar, aller Anfang ist schwer, aber ich schaffe das. Wie schwierig kann das schon sein? Wenn es je eine Frage gegeben hat, die den Darwin-Preis für das Maximum an Idiotie verdient hat, dann ist es diese.

Aber ich schäme mich nicht für meine anfängliche Tollkühnheit. Ganz ehrlich, ein bisschen Wahn muss sein. Meist ist das die Initialzündung, die uns etwas Neues überhaupt ausprobieren lässt. Aber der Brennstoff der Selbsttäuschung ist schnell verheizt, sobald wir merken, dass sich das, was wir da angefangen haben, nicht so locker meistern lässt. Stets sind die Schwierigkeiten größer, als wir uns das vorgestellt haben. Wie oft haben wir schon gesagt: »Wow, das ist komplizierter, als ich dachte.« Das allein sollte uns schon überzeugen, dass das Scheitern eine Lebenstatsache ist, so unvermeidlich wie der Sonnenaufgang im Osten, und dass wir gut daran täten, es zu akzeptieren. Mithilfe der Selbsttäuschung gelangen wir nur bis zu einem gewissen Punkt. Mich hat sie gerade mal an den Rand des Wassers gebracht.

Um mich auch hineinzubekommen, war schon mehr nötig.

Der aktuelle Trend, unser Gehirn, unsere Gesundheit, unser ganzes Leben an den Marterpfahl zu binden, um leistungsstärker zu werden, unsere Ziele zu erreichen und unsere Altersgenossen zu übertrumpfen, hat unser Augenmerk gnadenlos aufs Gewinnen ausgerichtet. Und doch treten wir irgendwie auf der Stelle. Wir leben in einer Art Streberpsychose und glauben fraglos an die perfekten Bildchen, die soziale Medien und Werbung uns vorführen. Wie macht sich denn unser Leben im Vergleich dazu? Nicht so toll, nicht wahr? Tag für Tag bombardiert man uns mit Appellen, wir müssten mehr haben, mehr sein, besser sein. Das ist schlicht und einfach der Kapitalismus. Wenn wir nichts haben, wofür wir uns anstrengen, wohin denn dann mit unserem Geld? Aber da führt man uns an der Nase herum. All der Druck, der so ausgeübt wird, blockiert uns letztlich nur und macht es uns schwerer, etwas Neues anzupacken. Die Stimme in unserem Kopf unkt etwas von möglichem Scheitern. Also lassen wir lieber gleich die Finger davon.

Die scheinbar wenig einleuchtende Aufforderung, ruhig mal eine Bauchlandung hinzulegen, ist in Wirklichkeit der Beginn eines erfüllteren Lebens. Ich möchte Sie also in Ihre erste Welle schubsen und zusehen, dass Sie auf Ihrem Brett auf die Beine kommen. Doch zuerst brauchen Sie natürlich ein Metier, in dem Sie nicht um jeden Preis brillieren wollen. Und das bringt mich zum ersten Gebot in der Kunst des Scheiterns: Was Sie sich auch vornehmen, es muss Ihnen etwas bedeuten. Wenn Sie Brot nicht mögen, ist es ja egal, ob Ihr Brot matschig aus dem Ofen kommt oder knusprig. Wenn Musizieren Ihre Seele nicht berührt, dann bringt es nichts, wenn Sie auf der Geige herumkratzen. Worin Sie dilettieren, muss Ihnen wichtig sein, damit Sie Ihren Wunsch nach Perfektion loslassen können.

Wenn Sie etwas nicht gern tun, dann werden Sie ohnehin damit aufhören. So einfach ist das. Und Sie hätten ja auch allen Grund dazu: Sie verschwenden auf diese Weise nämlich Ihre Zeit. Sie sehen aus wie ein Idiot. Sie machen keine messbaren Fortschritte. Entschließen Sie sich daher, etwas zu tun, in dem Sie nicht gut sind, so ist das tatsächlich ganz wunderbar unvernünftig. Und das muss so sein.

Nach meiner ersten Surfstunde musste ich fünf Jahre üben, um eine Welle zu kriegen. Dafür fünf Jahre zu brauchen ist ein absurd langer Zeitraum. Fünf Jahre üben, bis ich eine Welle anfahren, aufstehen, das Board drehen und die Wellenwand entlanggleiten konnte. Es hat also fünf Jahre gedauert, bis ich tatsächlich surfen konnte.

Surfen war, wie sich herausstellte, schwieriger, als ich gedacht hatte.

Dabei waren diese fünf Jahre keineswegs ereignislos. In ihnen reihte sich Niederlage an Niederlage, im Wechsel mit Einsichten und Lernprozessen. Nachdem ich eine Zeit lang etwas betrieben hatte, was ich eigentlich hätte aufgeben sollen, fing ich an, die gängigen Vorstellungen von Erfolg langsam abzuschütteln. Ich konnte ein paar der hinderlichen Mythen demontieren, die uns so sicher nach unten ziehen wie das mythische 168-Pfund-Olo-Surfbrett aus Wiliwili-Holz, mit dem die hawaiianischen Könige in den Urtagen des Surfens angeblich die Wellen pflügten. Schicken wir also diese Dinosaurier-Bretter aufs Altenteil und nehmen uns leichtere. Es geht schließlich nicht darum, schon stehend auf die Welle zu kommen wie die Könige von Hawaii.

DAS ERSTE MAL WIRD GNADENLOS ÜBERSCHÄTZT

Wenn wir uns auf neues Terrain wagen, gibt es unvermeidlich ein erstes Mal. Normalerweise verklären Menschen diesen Moment und speichern eine ganze Reihe weichgezeichneter Erlebnisse ab. Da die Höflichkeit gebietet, fleißig mitzuhelfen, wenn unsere Mitmenschen an ihren Mythen stricken, lauschen wir ihren geschönten Erinnerungen mit interessierter Miene. Niemand ruft: »Bullshit!«, wenn jemand ihm von seinen ersten Gehversuchen erzählt. Die erste Liebe, das erste Auto, der erste Job.

Erinnern wir uns aber ungeschönt und ehrlich an jenes erste Mal (wovon auch immer), dann ist die Wahrscheinlichkeit groß, dass es ein Flop war. Wunder mal ausgenommen.

Für den Rest von uns heißt es: Die erste Liebe hat Ihr Herz gebrochen. Das erste Auto war eine Katastrophe, Sie mussten es regelmäßig kurzschließen, um es in Gang zu bekommen. Und an Ihrer ersten Arbeitsstelle durften Sie gerade mal die Post sortieren und mussten Ihrem verhassten Chef jeden Morgen Kaffee machen.

Gut, bei dieser Art von Täuschung gibt es keine Opfer. Mit einer Ausnahme allerdings: Wenn wir uns unsere ersten Male immer schönreden, fehlt uns der Blick dafür, wie weit wir es seitdem gebracht haben. Wir schmälern so nur unnötigerweise unsere Leistungen. Ehrlichkeit dagegen lässt uns das breitere und größere Spektrum dessen sehen, was uns tatsächlich gelungen ist.

Es ist ganz egal, wie katastrophal das erste Mal war. Ein wichtiger Schritt hin zum gelungenen Scheitern ist die Erkenntnis, dass das erste Mal gewöhnlich überbewertet wird. Das gilt selbst für jene Fälle, in denen wir den Dingen einfach ihren Lauf lassen. Machen Sie ruhig mal einen Versuch. Ganz still und leise, in Ihrer Fantasie, eben jetzt, während Sie diese Zeilen lesen. Ich fange an. Die Aufzählung meiner ersten Male fällt nicht gerade erhebend aus. Bei meinem ersten Kuss schluckte ich so viel Spucke, dass ich fast gekotzt hätte. Beim ersten Sex musste ich mich am Ende gegen Krebse zur Wehr setzen. Meine erste Ehe hätte mich beinahe das Leben gekostet. Bei meiner ersten Geburt wäre ich beinahe verblutet. Hätte ich mir nun aufgrund dieser unschönen Erfahrungen gesagt: »Einmal und nie wieder!«, so hätte ich nie den tollsten Sex meines Lebens gehabt, hätte eine langjährige glückliche Ehe verpasst (okay, das war erst beim dritten Anlauf, aber Sie wissen ja mittlerweile, dass ich eher von der langsamen Sorte bin). Meine Söhne sind das »Ergebnis« dieser Erfahrungen, und sie machen mich ausgesprochen glücklich.

Scheitern kann dramatisch sein, wenn es um Sex, Liebe, Ehe, Beruf, Geburt und Tod geht. Haben wir aber im Kleinen gelernt, Fehlschläge gelassen hinzunehmen, dann wird uns das auch nützen, wenn mehr auf dem Spiel steht. Die Übung macht den Meister, heißt es doch schließlich. Und bei den meisten ersten Malen steht gewöhnlich noch nicht wirklich viel auf dem Spiel.

Hier einige meiner heldenhaften Bauchlandungen als Debütantin: das erste Mal, dass ich für eine Dinnerparty selbst kochte; das erste Mal, als ich alleine eine Pferdewanderung machen wollte; das erste Mal, dass ich auf Französisch etwas zu essen bestellte – an meinem ersten Tag in Paris. Ich war nach der Uni dorthin gezogen in der irrigen Vorstellung, die Stadt würde meine Heimat für den Rest meines Lebens werden. Ich zeigte schon seit der 10. Klasse ausgeprägte Anzeichen von Frankophilie. Ein Zug, den der Leistungskurs Französisch und ein Sprachstudium an der Universität noch verstärkt hatten. Ich bildete mir ein, fließend Französisch zu sprechen, bis man mir einen Teller gegrillte Nieren servierte, die ich hinunterwürgte, weil ich nicht zugeben wollte, dass ich etwas falsch verstanden hatte.

Hatten Sie je die Gelegenheit, etwas Neues zu erleben – und haben sie ungenutzt verstreichen lassen? Aus Angst, dumm dazustehen? Oder eben Nierchen aufgetischt zu bekommen?

Die Liste jener Dinge, die sich als schwieriger erweisen, als sie aussehen, ließe sich endlos fortsetzen. Und beim ersten Mal werden Sie unweigerlich auf die Nase fallen. Stellen Sie sich darauf ein und verabschieden Sie sich von jeder reflexartigen Mythenbildung über Ihre ersten Male. In dieses Sammelalbum müssen Sie kein Bild mehr kleben. Ich hoffe sehr, dass das künftig für Sie den Druck rausnimmt.

Manche Dinge sind schlicht unvermeidlich. Haben Sie jemals versucht, ein Darlehen für einen Wohnungskauf zu bekommen? Wenn nicht, dann wappnen Sie sich dafür, dass dies zu einer der größten Schlappen Ihres Lebens werden kann.

Das Gegenteil von Täuschung ist Ehrlichkeit. Ist der Glaube an sich selbst. Und dieser wiederum ist eine viel verlässlicher sprudelnde, reichere Energiequelle.

Als ich mit dem Surfen anfing, war ich glücklicherweise schon so weit, dass ich ein wenig an mich glaubte.

In der Welt physischer Leistungen fühlte ich mich zu Hause. Ich war mein Leben lang sportlich aktiv, aber wo es um die Leistungen des Geistes ging, fühlte ich mich unsicher. Und diese Unsicherheiten waren immer da, schillernde Stäubchen im Lichtstrahl, der durch das Wohnzimmerfenster fiel. Als Erwachsene hatte ich gelernt, sie zu verscheuchen, wenn ich zur Höchstform auflaufen musste.

Aber der Sport war mir doch in Fleisch und Blut übergegangen. Gut, ich war schlecht im Werfen, und Langstreckenlauf war auch nicht meine Königsdisziplin. Ich musste fast zwei Jahre vor unserem Erkerfenster auf und ab hüpfen (das mir als Rückspiegel diente), bevor ich den Spread-Eagle-Touch-Toe-Jump beherrschte und in die Cheerleader-Mannschaft aufgenommen wurde. Doch die viele Hopserei hatte meine Beinmuskulatur so gekräftigt, dass ich für das Kugelstoßen nominiert wurde und Mädchen schlug, die doppelt so groß waren wie ich. Cheerleader-Captain und Star-Kugelstoßerin: Ich deckte das ganze Spektrum ab. Sie verstehen schon, worauf ich hinauswill – ich war stark und entschlossen und irgendwie auch überzeugt, Surfen wäre einfach nur eine weitere Sportart, die ich anpacken und in der ich verdammt gut sein würde.

Eine schlichte, einfache Selbsttäuschung.

Mit den Jahren habe ich mich in vielen Sportarten versucht, darunter Boxen, Rennradfahren, Gewichtheben, Laufen, Skifahren und Reiten. Ich hätte mir eine dieser Sportarten herauspicken und daraus eine lebenslange Leidenschaft machen können, und ich wäre darin vermutlich x-mal besser gewesen als beim Surfen. Aber selbst jetzt noch, während ich dies schreibe, sehe ich den

Glorienschein der Vergangenheitsverklärung über diesen ersten Malen leuchten. Vermutlich war ich auch dafür nicht sonderlich begabt.

DIE VERKLÄRUNG, DAS VERDAMMTE MISTSTÜCK

Die rosarote Brille der Vergangenheitsverschönerung ist eine jüngere Erfindung. Im 17. Jahrhundert jedenfalls bezeichnete man die Nostalgie noch als »neurologische Erkrankung von wesentlich dämonischer Ursache«.[4] Die Krankheit wurde zuerst 1688 von dem Schweizer Arzt Johannes Hofer beschrieben. Der Begriff selbst setzt sich aus zwei griechischen Wörtern zusammen: *nostos* für Heimkehr und *algos* für Krankheit. Man diagnostizierte sie bei Soldaten, die sich nach Hause zurücksehnten (Was man ihnen ja wohl kaum verübeln kann!), und betrachtete den Seelenzustand Heimweh als Krankheit. Die Schweizer Soldaten zeigten die entsprechenden Symptome vor allem dann, wenn sie einem bestimmten Lied lauschten, das in ihrem Land beim Melken gesungen wurde. Das dadurch ausgelöste Heimweh unterminierte ihre militärische Tauglichkeit, daher wurde es bei Todesstrafe verboten.

Dass Nostalgie etwas Positives sein könnte, ist eine relativ junge Vorstellung. Wissenschaftliche Untersuchungen zeigen, dass uns Nostalgie ein gewisses Wohlgefühl verschaffen kann. Sie hilft uns, früheren Erfahrungen Sinnhaftigkeit zuzuschreiben – und wäre somit eine positive Kraft. Sie brachte Odysseus zurück nach Ithaka, lässt die Londoner positive Erinnerungen an die deutschen Luftangriffe der Jahre 1940/1941 entwickeln und sorgt bei späteren Klassentreffen für zahlende Gäste. Doch ich glaube, dass unsere Altvorderen da eher richtig lagen. Wir sollten uns ernsthaft fragen, ob das Gras, das in unserer Erinnerung immer strahlend leuchtet, damals tatsächlich grüner war als heute. Und wenn ja, was heißt das für uns Heutige? Aktuelle wissenschaftliche Erkenntnisse warnen vor dieser Art der Vergangenheitsverklärung, weil sie uns daran hindert, für die aktuelle Situation angemessene Vorgehensweisen zu finden. Ob man sich zum eigenen Scheitern bekennen kann, hängt nämlich größtenteils davon ab, dass wir fest in der Gegenwart verwurzelt bleiben.

Doch möglicherweise müssen Sie ja ein wenig in der Vergangenheit kramen, um herauszufinden, was es Ihnen seinerzeit so angetan hatte, dass Sie dem voller Freude als ewiger Dilettant frönen möchten.

Ich fing an zu surfen, weil es mir Angst machte.

Ich hatte immer schon Albträume, in denen das Meer eine tragende (oder eben nicht tragende) Rolle spielte. Das ging schon los, als ich noch keine bewusste Erinnerung an mein Leben hatte, und es setzt sich in der ein oder anderen Form bis heute fort.

In der harmlosen Version meiner Meeresträume kommt eine riesige Welle auf mich zu, aber ich versuche nicht, ihr zu entfliehen. Ich gebe mich ihr hin und werde eins mit ihrer Stärke. Manchmal liege ich am Strand und lasse mich von ihr überrollen. In meinem Traum weiß ich, dass ich unter Wasser atmen kann, sollte das nötig sein. Ich mache mir keinerlei Gedanken über Turbulenzen oder darüber, was passiert, wenn die Welle über mir zusammenbricht. Sie kommt heran, und ich bin absolut ruhig. Und wenn sie da ist, nehme ich ihre Kraft als meine eigene an. Es ist ein wunderschöner Traum.

In der Albtraumversion rollt eine gewaltige Welle auf mich zu, genau wie im anderen Traum, aber im Albtraum ragt hinter mir eine Klippe auf, eine Wand oder etwas Ähnliches. Ich kann nicht ausweichen, obwohl mir im Traum vollkommen klar ist, dass ich da weg muss. Doch ich habe kein Glück. Es geht mir an den Kragen. In diesem Szenario wirft die Welle mich an die Wand, und ich kann unter Wasser nicht atmen. Mir wird klar, dass ich sterben werde. Die Hingabe und der Friede, den ich im anderen Traum empfinde, verwandeln sich hier in Panik und Angst.

Ich wuchs mit diesen widersprüchlichen Bildern im Kopf auf. Sie waren da, während meine Familie die Ferien an den Stränden von New Jersey verbrachte. Während ich als Teenager mit meinen Freunden schwimmen ging und in Panik geriet, sobald ich den Boden nicht mehr mit den Zehenspitzen berühren konnte. Sie waren da, als ich den Strand am Laguna Beach entlangspazierte und plötzlich registrierte, dass hinter mir ein Kliff aufragte, obwohl gerade Ebbe war. Ich wusste nicht, wie schnell die Flut anrollen würde und wie tief das Wasser dann sein würde: mein Albtraum, nur in der realen Welt. Diese Bilder überfallen mich heute noch, wenn die Wellen sich höher auftürmen, als ich dachte. Mir bleibt die Luft weg, wenn ich mir vorstelle, was gleich passieren wird, wenn ich versuche, unter ihnen durchzutauchen. Die Bilder sind da, wenn mich die Strömung erfasst und aufs Meer hinauszieht. Wenn ein Wellenset am Horizont wartet und ich weiß, dass ich nicht mehr gefahrlos hindurchtauchen kann. Diese Meeresängste sind vermutlich einfach Instinkt. Sie haben mit meinem Leben als Surferin zu tun. Aber diese tief verwurzelte Angst, von etwas überrollt zu werden, kann für alles Unbekannte und Unvorhersehbare stehen. Für viele ist ein Vortrag vor Publikum das, was für mich eine heranrollende Welle ist.

Es dauerte dreißig Jahre, bis ich die Hemmschwelle der Angst vor dem Meer, seinen Wellen und dem, was unter der Oberfläche schwimmt, überwunden hatte. Gleichzeitig wird die Angst aufgewogen durch diesen tief inneren Drang, in seiner Nähe zu sein, auf ihm und in ihm. Das tiefe Blau zieht mich magnetisch an, obwohl seine Macht und die Geschöpfe in seinen Tiefen mir eine Höllenangst einjagen. Ich habe mein halbes Leben damit zugebracht, den Surfern neidisch zuzusehen. Nicht weil sie so geschickt ihre Wellen eroberten – ich habe Ihnen ja schon verraten, dass ich den reichlich dämlichen Gedanken hatte, dass ich das spielend hinbekommen würde, wenn ich mich erst einmal ans Werk machte. Nein, was mich umhaute, war die scheinbare Furchtlosigkeit, mit der sie sich da draußen bewegten, also genau das taten, was ich mir von ganzem Herzen wünschte.

Aber das ist jetzt keine Macke meinerseits. Es ist auch kein spezieller Spleen, dass ich diese ozeanischen Gefühle zum ersten Mal in mittleren Jahren verspürte. Es gibt sogar biologische Gründe dafür, denn das Wasser scheint uns jung zu halten: Bei der Geburt bestehen wir zu gut 75 Prozent aus Wasser. Im Alter geht dieser Anteil auf 50 bis 60 Prozent zurück. Vermutlich ist es dieses langsame Austrocknen, das unseren Körper zurück in die Fluten lockt.

Meine spezielle Lovestory mit dem Scheitern begann mit einer ganz grundlegenden Erfahrung – mit meinem Drang hin zum Meer und mit all den Ängsten, Konflikten und Herausforderungen in puncto Überleben, die sich damit verbanden. Aber die Form, die diese Liebesgeschichte annahm, war weniger bedeutsam als die Tatsache, dass sie für mich zum unüberwindlichen Zwang wurde. Jedes Tier kennt die Angst. Ihr ins Auge zu sehen ist etwas, was uns zutiefst menschlich macht. Doch wenn wir unserer Angst zum ersten Mal die Stirn bieten, dann ist das gewöhnlich kein Moment des Triumphes. Dann herrschen Heulen und Zähneklappern.

Für Hannah Arendt ist das Handeln eine an Wunder grenzende Fähigkeit des Menschen. In *Vita activa* schreibt sie: »Ohne diese Fähigkeiten des Neubeginnens, des Anhaltens und des Eingreifens wäre ein Leben, das, wie das menschliche Leben, von Geburt an dem Tod ›zueilt‹, dazu verurteilt, alles spezifisch Menschliche immer wieder in seinen Untergang zu reißen und zu verderben.«[5]

Arendts Überlegungen zum Politischen und Sozialen passen auch auf die individuelle Ebene, schreibt sie doch weiter: »Das Vermögen zu handeln (...) unterbricht den automatischen Ablauf des Alltäglichen.«[6] Mit diesem Automatismus geht eine Selbstzufriedenheit einher, die uns nirgendwo hinbringt. Da ist es doch besser, aktiv zu werden, statt uns das nur zu wünschen.

Es ist besser, in was auch immer zu dilettieren, als gar nichts zu tun.

Rocco, mein erstgeborener Sohn, kam spät in mein Leben. Ich war schon zweimal verheiratet und zweimal geschieden und nun sollte ich mein erstes Kind bekommen. Wie das Leben mir immer und immer wieder gezeigt hat, sind meine Erwartungen und das, was dann wirklich passiert, zwei sehr unterschiedliche Seiten derselben trügerischen Selbstgewissheit, schon alles im Griff zu haben. Und so brachte ich mit siebenunddreißig Jahren mein erstes Kind zur Welt und mit dem neuen Leben und der Placenta, die ich ausstieß, trieb ich auch einige alte Ängste aus. Also weg mit den ganzen dummen Neurosen, die ich mein Leben lang gepflegt hatte … und her mit neuen wie: Wie kann ich dieses Kind beschützen, das ich mehr liebe, als ich je geglaubt hätte? Wie kann ich ihm Schmerz und Trübsal ersparen? Irgendwie war das die Hölle auf Erden, in gewisser Weise aber auch göttlich. Ein traumhaft schöner Albtraum.

Das Tohuwabohu in meinem überforderten Gehirn war die Geburtsstunde meines Wunsches, surfen zu lernen. Jahrelang hatte ich sehnsüchtig die Leute beobachtet, die da draußen auf den

Wellen ritten, mir das aber nicht zugetraut. Nun aber waren meine alten Ängste zurückgewichen, wie das Meer es tut, bevor die Flut hereinbricht, und machten den Ängsten der Mutterschaft Platz – darunter auch die, dass ich alt werden würde, ohne je da rausgepaddelt zu sein und auf eine Welle gewartet zu haben, wenigstens einmal. Ich hatte keine Furcht mehr, es auszuprobieren. Ehrlich, da gab es andere Dinge, die mir Angst einjagten. Ich ritt sozusagen auf der »Himmel, ja!«-Welle. Zum Teufel mit den Albträumen vom Ozean.

Ich war mir so sicher, was diese Wende zum Ozeanischen anging (und vermutlich so stark auf der Hormon-High-Welle), dass ich mit meiner Familie von New York City an die Küste New Jerseys zog. Natürlich stellte ich keinerlei Berechnungen an, wie viel Lebenszeit es mich kosten würde, täglich von Seaside Park in New Jersey nach Manhattan zu pendeln, wo ich arbeitete. Offensichtlich bin ich auch eine echte Niete, was den Abgleich mit der wirklichen Welt angeht. Ich hatte das Surfen noch nicht mal ausprobiert, aber ich hatte mir geschworen, dass ich von nun an surfen würde, und so ging ich es frontal an. Und weil uns das Leben nun mal gerne ein Bein stellt – mit Vorliebe dann, wenn wir jene Art von Unbedarftheit an den Tag legen, mit der ich damals mit mir und meiner Familie umsprang –, erfuhr ich in derselben Woche, in der ich meine erste Surfstunde buchte, dass ich mit meinem zweiten Kind schwanger war. Mein Traum würde also warten müssen.

Etwa dreitausend Pendlerstunden später war ich außer Form und übergewichtig und vollkommen am Ende vor lauter Erschöpfung. Aber ich wollte, verdammt noch mal, immer noch surfen. Meine Söhne waren nun vier und zwei Jahre alt. Es wurde langsam spät für diese Form des Irrsinns. Also rief ich an einem schönen

Mittsommermorgen in meinem einundvierzigsten Lebensjahr bei der örtlichen Surfschule an und fragte, ob ich eine Stunde buchen könne. Als Wetter und Dünung mitspielten – leichter Offshore-Wind, kleine Wellen (sprich: kaum sichtbar) sowie eine ruhige und klare Strömung –, rief mich der Surflehrer an und sagte: »Die Bedingungen sind gut. Können Sie in zwanzig Minuten am Thirteenth Avenue Beach sein?«

Mein Mann Joel fragte, ob er mitkommen könne. Ich flehte ihn an, zu Hause zu bleiben. Ich konnte bei meiner freiwilligen Selbsterniedrigung keine Zeugen brauchen.

Als ich am Strand ankam, meinte der Surflehrer: »Okay, Karen … fährst du Snowboard?«

»Nein.«

»Skateboard?«

»Habe ich versucht.«

»Wasserski? Windsurfen?«

»Nein.«

»Hm«, meinte er munter. »Irgendwie bringen wir dich schon da raus.«

Wir gingen mit einem knallgelben Zehn-Fuß-Softtop-Brett für Anfänger ins Wasser, das eher aussieht wie ein schlankes, flaches Boot als wie ein Surfbrett. Ich legte mich drauf und zappelte ungeschickt herum. Doch unter mir war tatsächlich so viel Brett, dass das Ding mich nicht abwarf, obwohl ich ein höchst wackliges Gefühl hatte.

Zu jenem Zeitpunkt an diesem schicksalhaften Morgen stand mir die nackte und beschämende Wahrheit klar vor Augen: Ich bin für diesen geduldigen jungen Mann eine völlig aus der Form geratene Null in mittleren Jahren, deren einziger Vorteil es ist, dass sie sich Privatstunden leisten kann. Ich musste gegen den Impuls ankämpfen, es einfach sein zu lassen, bevor ich auch nur angefangen habe. Stattdessen beschließe ich, es wenigstens einmal auszuprobieren und schlimmstenfalls diesen Traum ein für alle Mal in die Tonne zu treten.

Mein Lehrer hielt Wort: Bevor meine erste Stunde vorüber war, stand ich auf meiner ersten Welle. Sie war höchstens kniehoch und wirklich langsam, mehr ein Pulsschlag als eine Welle. Er schob mich rein und schrie: »Und hoch mit dir! Jetzt!« Ich schob mich über die Knie hoch und siehe da: Ich ritt die Welle ab bis an den Strand. Sobald ich nicht mehr weiterwusste, ließ ich mich fallen. Die Kraft der sich am Ufer brechenden Welle lockerte das nur lose geknotete Bikinitop. Ich prustete mich aus der Gischt hervor, der Bikini hing mir um den Hals. Doch selbst wenn ich nur ansatzweise ein Gefühl von Peinlichkeit empfunden haben mochte, wurde dieses sofort hinweggefegt: Ich war *stoked*, hin und weg. Das ist ein Wort, das unauflöslich mit den gefährlichsten Surfsessions verbunden ist – und damit im Zuständigkeitsbereich der Sorglosen und Schweigsamen liegt: »Ich bin so was von *stoked*, Mann …«

Aber dieses Wort löst sofort ein Kribbeln aus. Es hört sich genauso an, wie es sich anfühlt. Ich war so verdammt *stoked*.

Ich entschuldigte mich bei meinem Surflehrer für meinen unbeabsichtigten Exhibitionismus und bezahlte meine Stunde. Ich bat ihn, mich doch am nächsten Tag um dieselbe Zeit wiederzutreffen, und lief die achthundert Meter nach Hause. (Plötzlich schienen sich meine Muskeln wieder meines alten Sportler-Ichs zu erinnern.)

Diese beiden Surfstunden veränderten mein Leben.

Was, wenn ich dieser Selbsttäuschung nie erlegen wäre? Dann wäre alles hübsch weiter seinen üblichen Gang gegangen – im Guten wie im Schlechten, nehme ich mal an. Ich werde für immer dankbar sein, dass ich etwas ausprobiert habe, in dem ich nie gut sein werde – aber das wusste ich damals ja noch nicht.

Tatsächlich war das nicht meine erste Welle. Nicht wirklich. Ich versuche ja, diese alte Erinnerung nicht mit dem Glitzer falscher Edelsteine aufzufrisieren oder mich von diesem Luder namens Nostalgie umgarnen zu lassen. In seinem schmerzlich schönen Roman *Vom Ende einer Geschichte* schreibt Julian Barnes: »Aber am Ende ist das, was man in Erinnerung behält, nicht immer dasselbe wie das, was man beobachtet hat.«[7]

Diesem ersten Tag folgten unzählige andere, an denen ich versuchte, eine Welle zu erwischen, manchmal mit wenig Erfolg. Später in jenem Sommer feierte ich meinen einundvierzigsten Geburtstag, und Joel schenkte mir ein orangefarbenes Neun-Fuß-Softtop-Brett, ein Monster, das ich in den nächsten zwei Jahren regelmäßig zum Strand schleppte, um damit im Weißwasser zu planschen. Mike Colombo, seines Zeichens Inhaber unseres örtlichen Surfshops, wollte mir noch nicht einmal ein richtiges Board verkaufen. Er meinte: »Als Anfängerin, die noch dazu zwei kleine Kinder hat, wäre es unverantwortlich, Ihnen ein Fiberglasboard zu verkaufen. Lernen Sie erst mal, wie Sie mit diesem Kunstschaumding zurechtkommen, und dann verkaufe ich Ihnen ein echtes Board.«

Zwei Jahre später kaufte ich ein Fun-Shaped-Board von sieben Fuß und vier Zoll Länge, das für mich zu schmal war und zu viel Rocker hatte (ein Maß dafür, wie steil die Nase des Boards sich aufbiegt). Auch auf diesem Board erwischte ich nie eine Welle. Mike glaubte offensichtlich, ich sei schon fortgeschrittener, als ich es tatsächlich war. Ich muss zugeben, dass ich damals ans Aufhören dachte. Doch an diesem Punkt hatte ich einige Dinge kapiert.

Eines davon war: Ich brauchte einfach ein größeres Board. Und obwohl Mike hilfreich war, wenn er mir das ein oder andere Board vorstellte, musste ich selbst eines finden, das für mein Niveau passte.

Fast überall gibt es ja diese Superschlauen, die es gar nicht erwarten können, dir Ratschläge zu erteilen – ob erwünscht oder nicht. Seltsamerweise bleiben beim Surfen die Leute recht wortkarg. Die meisten lassen dich deine eigenen Fehler machen. Das hat vor allem damit zu tun, dass jeder Surfer die Wellen ganz für sich will. (Das ist kein charakterlicher Defekt oder so was. Sie wollen nur einfach mit dem allein sein, was sie über alles lieben und viel zu selten machen können.) Eine erfolgreiche Surfermarke aus den Achtzigern warb mit dem Slogan: »Wenn Sie noch nicht surfen, dann fangen Sie gar nicht erst an.« Das trifft den Nagel auf den Kopf, was die Surferkultur angeht.

Da mir also niemand sagte, worauf ich surfen sollte, und da ich in meiner bislang eher traurigen Surferkarriere ohnehin kaum je eine Welle erwischt hatte, kaufte ich mir ein einfaches weißes Acht-Fuß-Board aus Epoxidharz, das mir mehr Balance und bessere Floatingeigenschaften brachte. Das wurde dann zu meiner Geheimwaffe. (Es ist also das Brett in meiner Sammlung, auf das ich immer wieder zurückgreife, weil es besondere Eigenschaften hat, die mir geholfen haben, einige meiner besten Wellen zu reiten.)

Meine echte erste Welle erwischte ich fünf Jahre nach dem Sommer, in dem ich meine erste Surfstunde hatte. Es brauchte fünf Jahre, in denen ich vom Brett fiel und von der Welle herumgewirbelt wurde, in denen ich allein hinauspaddelte oder die Wellen innerhalb des Points (an dem sich die Wellen brechen) abritt, wo die Kraft des Weißwassers einen zwar ein bisschen wackelig, aber doch sicher ans Ufer befördert. Das ist es, was man in Surfcamps sieht, wenn man dem Anfängerkurs zuschaut. Anfangs ist das alles recht lustig. Nach einer gewissen Zeit aber zehrt es an den Nerven. Es ist ganz schön anstrengend, auf dem Weißwasser die Balance zu halten und mit dem Board innerhalb des Points zu fahren, statt draußen beim Line-up auf dem ruhigen Wasser auf seinem Brett zu liegen und die Bewegung des Meeres zu genießen, während man auf eine Welle wartet. Außerdem ist das Weißwasserfahren kein echtes Surfen. Es hat nicht mal einen richtigen Namen. Es gab Jahre, in denen meine Familienmitglieder mir zusahen und immer nur den Kopf schüttelten. Mein Vater, der mit seinen achtundachtzig Jahren immer noch jeden Samstagabend zu uns zum Essen kommt, stand immer am Strand und sah mich kämpfen. Er fragte mich: »Wieso versuchst du es bloß immer wieder?«

DAS NEUE

Was also war es, das mich fünf Jahre bei der Stange hielt?

Für meinen Dad jedenfalls hatte ich damals keine Antwort parat.

Ein Teil meines Elans rührte daher, dass ich in meinen Augen schon etwas geleistet hatte, weil ich meine Angst vor dem Meer überwunden hatte. Zumindest so weit, dass ich mich hinaustraute und dies häufig allein, um stundenlang draußen zu bleiben. Mit einem simplen Brett rauszupaddeln und auf dem Wasser zu bleiben war in meinen Augen ohnehin schon eine Heldentat. Aber damit verleihe ich meinem Tun im Nachhinein eine Sinnhaftigkeit, die ich zu jener Zeit so gar nicht empfand.

Ich fühlte etwas ganz anderes. Und es war jedes Mal neu und anders. Jedes Mal, wenn ich da rauspaddelte, spürte ich einen

Schauder über meinen Rücken laufen. Als wäre ich noch nie dort gewesen. Als täte ich etwas, was ich einfach nicht tun sollte. Das hat natürlich mit dem Surfen selbst zu tun, denn dabei sind die Bedingungen nie dieselben wie eine halbe Stunde früher oder eine Viertelstunde später. Der Wind schlägt um oder nimmt zu, die Dünung wird höher oder flacht ab, die Flut kommt oder geht. Es gibt unzählige Faktoren, die beim Surfen hereinspielen. Und es ist alles immer vollkommen frisch und neu. Die Wellen kommen nie zweimal auf dieselbe Weise herein. Diese ewige Frische ist etwas, was untrennbar zum Surfen gehört.

Neues zu erleben ist eine prägende Erfahrung, und sie ist keineswegs so subjektiv, wie man annehmen möchte. Sie liegt also nicht nur im Auge des Betrachters.

Das Säugetiergehirn ist so beschaffen, dass es ständig nach einer neuen Umgebung sucht – das hat unsere jagenden und sammelnden Vorfahren vorm Verhungern bewahrt. Nehmen Sie als Beispiel nur mal das Gassigehen mit Ihrem Hund. Ist es anders – ist er anders –, wenn Sie den üblichen Morgenspaziergang mit ihm machen oder wenn Sie ihn auf den superlangen Wochenendspaziergang mitnehmen? Ist er dabei nicht viel munterer und neugieriger? Schießt er dann nicht hin und her, sodass er am Ende völlig platt ist vor Müdigkeit? Auch er liebt es, Neues zu erkunden. Das Einzige, was ihn davon abhält, ist die Leine und das Nickerchen, das er definitiv braucht.

Wir wissen schon lange, dass etwas Neues zu lernen eine Reihe von neuronalen Impulsen auslöst, die weit über die Speicherung der neuen Inhalte hinausgehen. Neuerungen können den Geist insgesamt positiv beeinflussen.

Diese Neugier, der Drang nach Neuem, verlängert außerdem unser Leben. Es unterstützt uns dabei, unser Zentralnervensystem gesund zu halten.[8] Wissenschaftliche Untersuchungen zeigen, dass neugierige Senioren ihre gleichaltrigen Genossen überleben. Neue Tricks sind daher genau das, was ein alter Hund braucht.

Selbst die Erwartung von Neuem kann schon zu erhöhter Ausschüttung von Dopamin führen, diesem starken Neurotransmitter, der dafür verantwortlich ist, wenn wir im siebten Himmel schweben, unseren Süchten nachjagen und der – laut der Verhaltens-Neurowissenschaftlerin Bethany Brookshire – aus Sex, Drugs und Rock 'n' Roll eben Sex, Drugs und Rock 'n' Roll macht.[9] Noch grundlegender ist seine Funktion, was unsere Motorik angeht. Ein Rückgang der Dopaminproduktion ist das Hauptsymptom der Parkinson-Krankheit. Die Funktionen dieses Neurotransmitters sind so komplex, dass man ihn nicht mit absoluter Gewissheit als positiv oder negativ einstufen kann, denn zum Dopaminausstoß kommt es auch, wenn wir spielen oder Crystal Meth einwerfen. Eines aber ist sicher, haben wir einen Dopaminausstoß, dann fühlt sich das super an, und wir wollen unbedingt mehr.

Sind Ihnen Dopaminhoch und eine höhere Lebenserwartung nicht Verlockung genug, um sich an etwas ganz Neues heranzuwagen, dann gibt es noch einen weiteren, wenn auch eher unangenehmen Anreiz: Keiner rückt Ihnen bei Ihrem Treiben aufdringlich auf die Pelle, wenn Sie es so richtig schlecht machen. Die Leute machen Ihnen vielmehr Platz. Garantiert. Während Sie Ihre dilettantischen Kreise ziehen, bildet sich keine Menschenmenge, die Sie dabei stören will.

In diesen aufregenden Jahren, in denen ich meine Kinder erzog und meine Karriere ins Laufen brachte, war das Surfen das Einzige, worin ich keinen Erfolg haben musste. Es war der einzige Lebensbereich, in dem die Erwartungen an mich so niedrig waren, dass ich sie auf jeden Fall erfüllen würde. Niemand wollte von mir, dass ich besser surfte. Jedem war bewusst, dass er davon keinen Vorteil haben würde. Und daher konnte ich ganz meinem Tempo folgen. Dilettantisches Surfen – das war mein Reich.

MEINE ERSTE ECHTE WELLE war in Wirklichkeit meine über hundertfünfzigste oder so was in der Richtung. Ich hatte mir das Handgelenk verstaucht, und die folgende Entzündung war schmerzhaft genug, um nichts mit der rechten Hand anfassen zu können. Mein Arzt meinte, ich solle auf jeden Fall dem Wasser fernbleiben, damit meine Hand ausheilen konnte. Ich fragte, ob es denn keine andere Möglichkeit gäbe, aber er schüttelte nur den Kopf. (Dass ich nicht auf die Warnungen der Ärzte höre, ist sozusagen das Leitmotiv dieses Buches.)

Dem Wasser fernzubleiben war keine Option – es war ein wunderbarer Tag, die Wellen kamen sauber rein, und mein Schwiegersohn Christopher, den ich verehrte und mit dem ich viel zu wenig Gelegenheit zum Surfen hatte, wollte raus aufs Meer. Ein guter Freund half mir. Auf seinen Rat hin umwickelte ich mein Handgelenk mit einer Elastikbandage und stabilisierte es mit einem dicken Klebeband. So war es wasserdicht. Meine rechte Hand samt Handgelenk wurde zu einer grau glänzenden Keule. Ich trug das Brett mit der linken Hand zum Strand und paddelte hinaus: splash-plopp, splash-plopp, splash-plopp. So arbeitete ich mich bis zum Line-up vor.

Obwohl ich das unbedingt gewollt hatte, kamen mir doch Bedenken, als ich draußen war. Ich dachte, dass beim Versuch, mich aufzurichten, meine Hand vermutlich höllisch wehtun würde. Ich sage »Versuch«, denn obwohl ich seit Jahren kleine Wellen bzw.

Weißwasser managte, hatte ich es noch nie geschafft, eine Welle korrekt anzusteuern, das Brett zu wenden und das Face einer richtigen Welle abzureiten. Aber ich würde es, verdammt noch mal, versuchen und die Hoffnung nicht aufgeben.

WIE SIE IHR HOBBY IN EINZELSCHRITTE HERUNTERBRECHEN

An dieser Stelle ist es vielleicht ganz nützlich, wenn ich Ihnen erkläre, was das Surfen eigentlich so schwierig macht. Jede Sportart, jede Art von Lehrstoff kann in einzelne Portionen aufgeteilt werden, sodass für jeden nachvollziehbar wird, was er lernen muss, um in der betreffenden Materie gut zu werden. Das ist eine ganz sinnvolle Übung, denn sie hilft Ihnen zu verstehen, weshalb Sie sich nicht schämen müssen, wenn Sie in irgendetwas nicht gerade der Überflieger sind.

Machen Sie doch gleich mit: Analysieren Sie Ihr Lieblingshobby auf seine wesentlichen Fertigkeiten bzw. Erfordernisse hin. Im Grunde ist diese Übung zweiteilig. Gliedern Sie zuerst ein Tun, das Sie so richtig gut beherrschen, in seine einzelnen Aktivitäten. Danach werden Sie sich absolut genial fühlen! Anschließend wiederholen Sie dieselbe Prozedur für ein Betätigungsfeld, auf dem Sie nicht gerade vorne mitmischen, mit dem Sie Schwierigkeiten haben oder auf dem Sie sich einfach mal gerne versuchen würden. Meine Hoffnung ist, dass diese Übung Sie nicht abschreckt, sondern Ihnen die Augen dafür öffnet, wie verdammt schwierig manche Dinge sind. Damit Sie weitermachen. Schritt für Schritt.

Aber keine Bange: Ich fange an. Folgende Anforderungen müssen erfüllt sein, bevor ein Anfänger über die Wogen gleiten kann:

1. Sie müssen Ihr Brett in turbulentem Wasser steuern können. Selbst wenn Sie einfach nur ein bisschen rauspaddeln wollen, müssen Sie darauf achten, dass Ihre Ausrüstung in Ordnung ist. Ihr Brett könnte Ihnen entgleiten und Sie oder einen anderen Surfer bzw. Schwimmer treffen. Viele Verletzungen entstehen speziell im seichten Wasser, wenn der Surfer nicht mehr auf sein Brett aufpasst.
2. Sobald Sie eine gute Stelle zum Rauspaddeln gefunden haben, müssen Sie sich flach aufs Brett legen, und zwar exakt mittig, damit das Brett nicht zu einer Seite wegkippt. Außerdem müssen Sie den richtigen Abstand zwischen Nase (Nose) und Heck (Tail) erwischen, damit Ihre Armbewegungen beim Paddeln die größte Schubkraft entfalten. Man nimmt ja an, dass man dies automatisch richtig macht. Ich kann Ihnen versichern, dass dem nicht so ist.
3. Wenn Sie zum Line-up hinauspaddeln, müssen Sie die Wellen meistern, die vor Ihnen brechen. Sind die Wellen niedrig, dann kommen Sie übers Weißwasser, indem Sie einfach durchpaddeln oder sich auf dem Brett aufstützen, damit die Gischt zwischen Ihnen und dem Board durchrauschen kann. Haben die Wellen aber eine bestimmte Größe, wird die Kraft des Weißwassers Sie unweigerlich wieder an den Strand zurückdrängen. Eine echte Sisyphusarbeit – Sie versuchen vorwärtszukommen, stattdessen paddeln Sie auf der Stelle. Um das zu vermeiden, müssen Sie unter der Welle durchtauchen – einen Duck Dive machen –, wenn Sie ein Shortboard haben. Mit einem Longboard machen Sie eine Turtle Roll bzw. eine Eskimorolle. Sie drehen sich ins Wasser und ziehen das Board so über sich, dass die Unterseite des Bretts oben liegt und die Welle darüber hinwegrauscht. Ihr Brett schützt Sie in diesem

Moment. Die niedlichen Bezeichnungen – »Duck«, Ente, und »Turtle«, Schildkröte – täuschen. Diese grundlegenden Bewegungen sind schwer zu erlernen, vor allem wenn die Wellen hochgehen. Beim Duck Dive drücken Sie die Nase Ihres Boards unter die ankommende Welle, dann drücken Sie mit dem Knie oder Fuß im richtigen Moment das Heck nach unten, um Schwung zu bekommen und unter der Weißwasserwelle durchzusteuern und auf der anderen Seite wieder aufzutauchen, wo das Wasser ruhiger ist. Bei der Turtle Roll – die bei größeren Brettern mit mehr Volumen angebracht ist, weil Sie mit diesen nicht unter der Welle durchsteuern können – halten Sie sich an den Rails (den Surfbretträndern) vorne fest und machen dann eine Rolle seitwärts, sodass Sie unter Wasser sind und das Brett über Ihnen. Sie halten sich mit Händen und Füßen am Brett fest, während das Weißwasser über Sie hinwegfegt. Sobald es fort ist, machen Sie erneut eine Seitwärtsrolle und tauchen wieder auf. Nun können Sie weiterpaddeln. Der Trick hierbei ist, sich von der Kraft des Wassers nicht das Brett entreißen zu lassen.

4. Sobald Sie am Line-up sind, atmen Sie erst mal tief durch. Sie sitzen auf Ihrem Brett und haben es auf den Horizont ausgerichtet. Auch das Sitzen auf dem Brett will gelernt sein. Das Wasser bewegt sich ja ständig, Sie müssen also dauernd auf die Umgebung reagieren. Ist das Wasser kabbelig oder die Dünung kommt aus verschiedenen Richtungen, dann tanzen Sie da draußen rum wie ein Korken. Im Sitzen die Balance zu finden ist nicht so schwer, aber es will geübt werden. Manche Leute sitzen lieber weit vorne und lassen das Heck aus dem Wasser ragen. Andere platzieren sich weiter hinten, sodass die Nose herausguckt. Die supercoolen Longboarder knien beim

Paddeln und beim Warten – ich kann das immer noch nicht. (Obwohl ich es versuche.)

5. Nun sind Sie also am Line-up angekommen, ohne sich oder jemand anderen ums Leben gebracht zu haben. Nun müssen Sie lernen, wie Sie eine Welle auswählen, auf die Sie dann zupaddeln. Für mich ist das der schwierigste Teil des Surfens. Die hereinkommende Dünung lesen zu können ist der eigentliche Schlüssel für den Surferfolg. Selbst Profis unterscheiden sich massiv in ihrer Fähigkeit zu erkennen, welche Welle man nimmt und welche man durchlässt. Ich bin darin eben kein Profi. Ich surfe am besten, wenn jemand, der das gut kann, mir zuruft, ich solle die und die Welle nehmen. Mein Schwiegersohn sagt, er spüre das einfach. Mein Schwiegersohn ist buchstäblich blind da draußen (er kann im Wasser keine Kontaktlinsen tragen) und doch spürt er die richtige Welle, die auf ihn oder auf mich zurollt. Aber ich verstehe einfach nicht, wie er das macht, wenn er sie nicht mal sehen kann.
6. Sobald Sie sich eine Welle ausgesucht haben, müssen Sie dafür sorgen, dass Sie als Einziger dort sind. Das soll heißen, dass kein anderer Surfer dem Peak der Welle näher ist als Sie, denn dann hätte er das Recht, diese Welle zu nehmen, und Sie müssten warten. Jemandem in diesem Augenblick zu nahe zu kommen, ist im Surfen eines der krassesten Tabus überhaupt. Man schwingt sich nie auf eine Welle auf, die ein anderer für sich reserviert hat. Wenn es nichts gibt, was Sie aus diesen paar Surfertipps mitnehmen: Das sollten Sie sich auf jeden Fall merken. Das zehnte Gebot hat beim Surfen absolute Gültigkeit: Du sollst nicht begehren deines Nächsten Welle. Wenn Sie gierig werden, verbannt man Sie aus dem Line-up oder noch schlimmer.

7. Okay, Sie haben sich also eine Welle herausgepickt, haben deutlich zu verstehen gegeben, dass Sie hier Priorität haben (Vergessen Sie nicht, dass das alles in ungefähr 15 Sekunden oder weniger passiert!), und nun müssen Sie wie irre drauflos paddeln, um die Welle zu kriegen. Ob das klappt, hängt ab von der Dünung, von ihrer Geschwindigkeit und Richtung, aber auch von der Windrichtung und -geschwindigkeit, der Bathymetrie (der Form des Meeresgrundes), der Wellenhöhe und -steilheit und so weiter. Der Trick ist, beim Paddeln so schnell zu werden wie die ankommende Welle, damit Sie sich in deren Energie einklinken und gemeinsam vorwärtsgleiten können. Eine Welle zu erwischen ist eines der großartigsten Gefühle auf der Welt. Das ist, als würde man sich mit der Energie des Universums verbinden. Ich kann darüber gar nicht enthusiastisch genug in Lobgesänge ausbrechen – dieses Gefühl ist einer der Gründe, weshalb diese verdammt unmögliche Sportart mein Leben bestimmt und das Leben von Millionen anderen Menschen, obwohl sie so verflucht schwierig ist.
8. Sobald Sie Ihre Welle haben, müssen Sie auf die Beine kommen und entscheiden, in welche Richtung Sie Ihr Board ausrichten wollen – nach rechts oder links, je nachdem, wohin die Welle bricht. Auch das Aufstehen erfordert *richtig viel* Übung. Einer der Gründe, warum die Eintrittsschwelle fürs Surfen so hoch ist, ist die Tatsache, dass man so viele einzelne Dinge lernen muss, bevor man überhaupt Gelegenheit bekommt, das zu tun, was man eigentlich tun will, nämlich im Stehen eine Welle zu reiten. Die Zeit, die Sie tatsächlich surfen, ist ein winziger Bruchteil der Zeit, die Sie aufwenden müssen, um überhaupt erst mal so weit zu kommen. Studien zeigen, dass Profisurfer nur acht Prozent ihrer Zeit tatsächlich wellensurfend verbrin-

gen.[10] Der Großteil der Zeit geht beim Surfen fürs Paddeln drauf, ungefähr vierundfünfzig Prozent. Bei mir sind es eher 0,004 Prozent, die aufs Surfen entfallen (wenn ich eine erfolgreiche Session habe), achtzig Prozent gehen aufs Paddeln. Es gibt keine Sportart auf der ganzen Welt, bei der die Wahrscheinlichkeit höher liegt, dass man aufgibt, statt noch mehr Energie reinzustecken.

9. Sobald Sie stehen und in die richtige Richtung gleiten, steuern Sie das Brett über das Face der Welle und um die Leute herum, die sich vielleicht ebenfalls auf der Welle tummeln. Das sieht man im Fernsehen immer wieder, und es wirkt so unglaublich spielerisch und entspannt. In Wirklichkeit ist es ausgesprochen schwer, die anderen nicht einfach vom Board zu pflügen. Häufig müssen Sie dann doch abbrechen, weil andere Wellenreiter (Surfer, Boogieboarder, Bodysurfer) im Weg sind oder die Welle zusammenklappt und keine Schulter ausbildet, auf der Sie reiten könnten. Bei weniger geschickten Surfern kommt das öfter vor als ein erfolgreicher Wellenritt. Sie dürfen mal raten, wie häufig ich abdrehe.
10. Wenn man also nicht Platz macht, verwackelt oder abdrehen muss, gilt es, so lange wie möglich auf der Welle zu bleiben. Dabei müssen Sie ständig darauf reagieren, was die Welle gerade macht. Sie müssen wissen, wie Sie Ihr Gewicht auf dem Board richtig verlagern und die richtige Drehung erwischen – immer auf einem Untersatz, der sich auf dem Wasser bewegt, das sich ebenfalls bewegt, und zwar in jedem Sekundenbruchteil. Das gelingt am besten, indem man die Welle in bestimmte Abschnitte einteilt. Keine Welle wiederholt sich je in der gleichen Form. Wenn Sie es also so weit geschafft haben, müssen Sie immer unterschiedlich reagieren. Wie, das hängt auch von Ihrem Brett ab.

11. Wenn Sie die Welle zu Ende fahren, dann kommt der Kick-out. Das gehört meiner Ansicht nach mit zum Schönsten, was man bei Profisurfern beobachten kann. Manche von ihnen entfalten dabei eine formvollendete Grazie, andere vollführen Kapriolen, wieder andere fahren aggressiv aus. Sie können ganz cool auf dem Wellenrücken stehen bleiben und dann von ihrem Board in die Gischt springen. Sie können durch das Face der Welle auf die andere Seite durchtauchen. Sie beherrschen die Kunst, sich strategisch klug rückwärts in den Schaum kippen zu lassen und dabei ihr Board nach vorne wegzukicken, um dem Weißwasserchaos zu entgehen. Die Idee dahinter ist, dass Sie aus der Welle herauskommen, bevor Sie an den Strand gespült werden, außer natürlich Sie möchten das. Der Knackpunkt ist der: Je näher Sie dem Strand sind, desto länger dauert es, bis Sie wieder am Line-up sind. Für eine Null wie mich ist ein Kick-out tatsächlich nie wirklich ein Kick-out, sondern nur der verzweifelte Versuch, sich fallen zu lassen, ohne dabei auf das Board aufzuschlagen oder auf einen anderen Surfer.
12. Was auch immer während der Schritte 1 bis 11 passiert ist, Sie drehen Ihr Board rum, paddeln wieder auf den Horizont zu und los geht's wieder von vorne.

Sehen Sie. Das sind die Grundlagen.

Wenn Sie diese beherrschen, sind Sie noch kein perfekter Surfer. Noch nicht mal ein guter. Das ist erst der Anfang. In meinem Fall ein nie endender Anfang.

Daher heißt Regel Nr. 1 für jede Form von Dilettantentum: Sie müssen es wirklich gern tun. Und dieses Verlangen muss stärker sein als der Wunsch nach Perfektion.

Und jetzt zum nächsten Schritt: Bringen Sie die wesentlichen Schritte einer Verrichtung zu Papier, die Sie aus dem Effeff beherrschen. Und zwar in einer Form, dass sich alles ganz einfach anhört, fast so wie Rührei machen, sich schminken oder rasieren. Das kann alles Mögliche sein, zum Beispiel vor der Arbeit ein paar Runden zu schwimmen. Oder ein paar Liegestützen mit der Kettlebell zu machen. Oder eine Yoga-Übungsreihe vor dem Schlafengehen. Es kann auch eine unverzichtbare Alltagsfertigkeit sein, wie sich morgens durch den Berufsverkehr zu lavieren oder abends durch die überfüllte U-Bahn. Brechen Sie Ihre Beschreibung in möglichst viele Einzelschritte herunter, als müssten Sie diese Tätigkeit einem absoluten Anfänger erklären: Ihre Erklärung sollte erschöpfend, wohlüberlegt und klar und verständlich sein.

Hatten Sie auch nur die leiseste Ahnung, wie irre komplex das wirklich ist?

Richtig einzuschätzen, wie schwer etwas ist, ist der erste Schritt zur Bereitschaft, die eigenen Erwartungen herunterzuschrauben. Und zu jener absoluten Freiheit des Scheiterns.

FINDEN SIE IHR DING

Nun, wo Sie sich bewiesen haben, dass es durchaus Dinge gibt, in denen Sie eine Expertin sind, ist es Ihnen vielleicht weniger peinlich, wenn Sie auf einem bestimmten Gebiet nicht die Nr. 1 sind. Es braucht vermutlich einige Versuche, bis Sie finden, woran Sie mit Hingabe arbeiten wollen, obwohl Sie regelmäßig scheitern. Aber ich verspreche Ihnen: Haben Sie Ihr Waterloo erst gefunden, wird Ihr Leben sich zum Positiven verändern. Ich habe Jahre gebraucht, um herauszufinden, dass es bei mir das Surfen ist. Das Reizvolle daran ist für mich in erster Linie mein früheres Problem mit den Wellen. Das war mein Moby Dick, meine Obsession. Ständig Angst vor ihnen zu haben und gleichzeitig davon besessen zu sein, das war mein Sirenenruf. Und irgendwann kam der Zeitpunkt, an dem ich mir nicht länger die Ohren zustopfen konnte. Allerdings könnte es sein, dass Sie sich bei Ihrer Jagd nach dem weißen Wal erst einmal an kleineren Wassertieren versuchen müssen.

Bevor ich mit dem Surfen anfing, gab es natürlich auch andere Aktivitäten, für die ich mich interessierte, aber letztlich blieb ich bei keiner richtig hängen. Eine Zeit lang versuchte ich es mit Reiten. Natürlich war ich auch da nie richtig gut, doch das merkte ich erst, als es fast schon zu spät war.

1992 zog ich nach Los Angeles. Während meines kurzen Aufenthalts in der Stadt der Engel fuhr ich Woche für Woche hinaus zu einer Ranch in den Hügeln über Malibu, um dem Verkehr in der Stadt zu entkommen, und schwang mich auf den Rücken eines teuflischen Hengstes namens Tempest (Sturm). Meine Reitstunden machte ich unter der Aufsicht eines blonden Cowgirls, das in Leder gekleidet war und Pistolen trug. Eines Tages hieß sie mich auf den ungesattelten Hengst aufsitzen, nur weil sie sehen wollte, wie er mich abwarf. Ich krallte mich an seiner Mähne fest und schaffte es, oben zu bleiben. Das Cowgirl bog sich vor Lachen.

»Okay«, sagte ich mir dummerweise. »Ich hab's verstanden.«

Nach acht Monaten mit Tempest glaubte ich, schon so einiges über Pferde zu wissen. Als ich wieder zurück nach New York zog, fehlte mir das Reiten. An einem frischen Herbstmorgen begab ich mich daher zu den alten Claremont-Ställen in der Upper West Side. Ich erzählte den Leuten dort, ich könne reiten, auf jeden Fall gut genug, um allein zu Pferd einen kurzen Ausritt über den Bridle Path im Central Park zu wagen.

Wir waren noch keine Minute aus dem Stall heraus, da ging auch schon alles schief. Irgendwie hatte ich es fertiggebracht, die Amsterdam Avenue von der falschen Seite zu nehmen. Daisy fand es wohl aufregend, dass wir nicht den üblichen Weg Richtung Central Park genommen hatten. Wahrscheinlich gab ich ihr auch noch die falschen Signale, jedenfalls fing sie an, die belebte Straße hinunterzugaloppieren. Wenige Minuten später sahen wir uns einem haarlosen, weißblauen Ungeheuer gegenüber, das direkt auf uns zuhielt. Es war der M11-Bus, der fahrplangemäß die Amsterdam Avenue hinauffuhr auf seinem Weg in die Stadt. Als der Bus auf uns zukam, ließ ich die Zügel los, winkte mit beiden Armen und schrie, der Bus möge anhalten, bevor sich Menschen- und Pferdefleisch auf der Kreuzung Amsterdam Avenue und Eighty-Seventh-Street verteilten. Ich fuchtelte so heftig, dass ich fast aus dem Sattel gestürzt wäre. Wäre das passiert, wäre ich gnadenlos auf den Gehsteig zu meiner Rechten gefallen und zu Tode geschleift worden. Es war reines Glück, dass ich mich auf dem armen Pferd halten konnte.

Die kluge Daisy begriff schnell, dass jemand wie ich nichts auf ihrem Rücken zu suchen hatte, und besaß den Anstand – ohne jeden Tipp meinerseits – auf kürzestem Weg zurück in ihren Stall zu trotten.

Die Leute vom Reitstall fragten: »Was ist denn passiert?«

»Ach, mir geht es nicht so gut«, log ich, um die Blässe um meine Nasenspitze zu erklären. »Ich reite heute wohl doch lieber nicht aus ... Was? Geld zurück? Ach, nein, geht schon in Ordnung.«

Kleinlaut und beschämt wie ich war, konnte ich gar nicht schnell genug von dort wegkommen.

Meine Vergangenheit ist reich an Versuchen, Irrtümern und Vollflops. Beim Boxen wurde ich ausgezählt. Es gelang mir, beim

Wasserskifahren einen Tampon zu verlieren, als ich, statt die Beine geschlossen zu halten, mit Macht darum kämpfte, keinen Spagat hinzulegen. Das Ding blieb dann in meinem Einteiler stecken. Ich schlitterte schneebedeckte Hügel hinunter, weil ich mein Snowboard nicht zum Stillstand bringen konnte. Ebenso knapp schrammte ich auf Rollerblades, Mountainbikes und Skateboards an der Katastrophe vorbei. Allen Peinlichkeiten und blauen Flecken zum Trotz bereue ich nichts. Doch nichts von all dem faszinierte mich so, dass ich dabeigeblieben wäre, obwohl ich nicht gut war. Aber ich glaube, in gewisser Weise haben mich diese Erfahrungen geprägt, sodass ich bereit war, als ich endlich mein Ding fand.

Vor allem aber *musste* ich ja nicht in alles, was ich je angefangen hatte, weiter Energie investieren. Das gilt im Übrigen auch für Sie. Sich aus dem Gefühl der Verpflichtung zu irgendetwas zu zwingen, führt Sie nur immer weiter weg von der Freiheit, die im Scheitern liegt. Letztlich geht es darum, dem Neuen mit offenem Herzen zu begegnen. Das Engagement kommt dann ganz von selbst – oder eben nicht. Das Schöne dabei ist: Lassen Sie zu, dass Ihre Neugier Sie zu einer bislang unentdeckten Leidenschaft führt, werden Sie schnell spüren, welche Erleichterung es ist, kein Profi werden zu müssen. Und Sie werden schnell Gefährten finden.

Hier ein paar Tipps, wie Sie Ihr Ding finden können:

1. Was wollten Sie als Kind immer schon mal tun, obwohl Sie davor Angst hatten? Obwohl Ihnen jemand gesagt hat: »Ach, das kannst du doch nicht.«
2. Wobei halten Sie als Zuschauer inne und denken: »Ach, wenn ich das nur könnte?«
3. Was macht Ihnen Angst? Reizt es Sie, es zu überwinden?

4. Finden Sie eine Antwort auf folgende Frage: Wenn ich jetzt sofort meinen Job aufgeben könnte, wohin würde ich gehen und was würde ich tun? (Ich will Sie hier nicht zu unverantwortlichem Handeln auffordern, aber wenn Sie für einen Moment lang Ihre Verpflichtungen außer Acht lassen, schweift Ihr Geist vielleicht frei herum und findet weiße Flecken auf Ihrer Seelenkarte.)
5. Wenn Sie die Zeitschriften in den Läden am Flughafen oder am Bahnhof durchblättern, welche würden Sie gerne kaufen und heimlich lesen, obwohl Sie das Gefühl haben, Sie sollten sich damit nicht beschäftigen?

Ein Wort zur Warnung: Verfallen Sie jetzt nicht in Aktionismus. Wenn Sie gerne töpfern möchten oder Makramee knüpfen, müssen Sie nicht gleich in den hübschen, kleinen Laden an der Ecke investieren, um Ihre Werke zu verkaufen. Wenn Sie Gedichte schreiben wollen, verbannen Sie, zumindest für den Anfang, alle Gedanken ans Veröffentlichen. Wenn Sie gerne singen, erträumen Sie sich keine Zukunft an der Oper. Wenn Sie gerne Scrabble spielen, sollten Sie als Ziel nicht die nationalen Meisterschaften anpeilen. Versuchen Sie erst mal, passende Wörter zu finden, wenn Sie mit Ihrer nicht so cleveren Tante spielen oder mit Ihrem besserwisserischen Neffen.

Denn es gibt bei all dem eine absolute, eherne, in Stein gemeißelte Wahrheit: Sie werden nie der oder die *Beste* sein, egal, was Sie anfangen. Also finden Sie sich damit ab. Und lassen Sie sich von mir dabei unter die Arme greifen.

Überprüfen Sie Ihre Einstellung an dem Entscheidungsbaum auf der nächsten Seite, und sei es nur zum Spaß.

Entscheidungsbaum fürs spielerische Scheitern

Wie Sie herausfinden, ob Sie für ein Leben ohne Perfektion

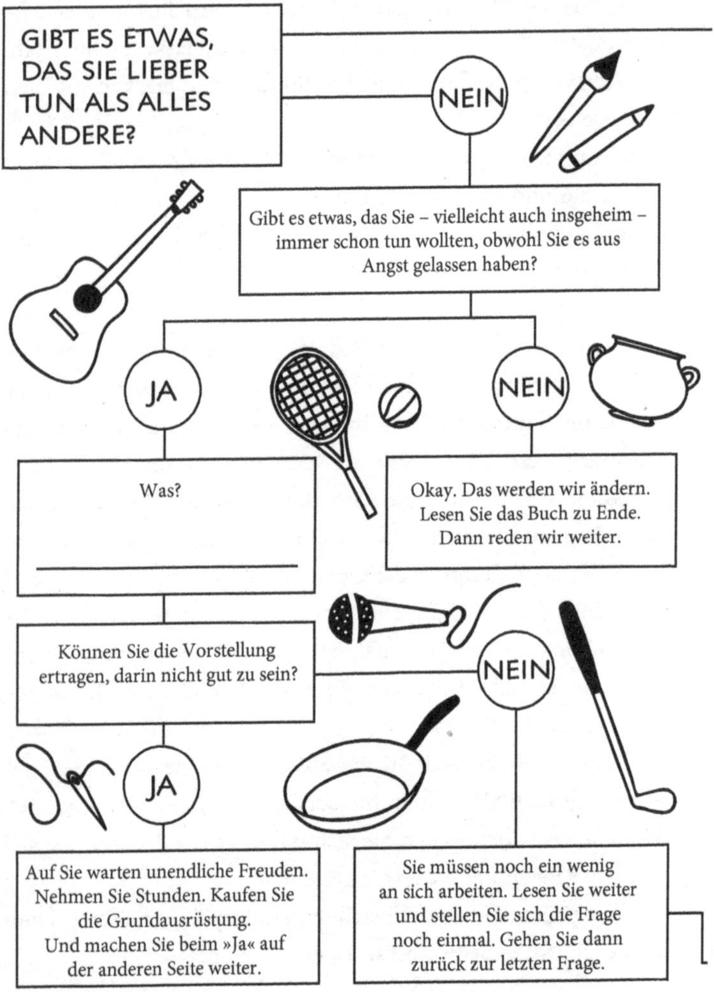

geeignet sind

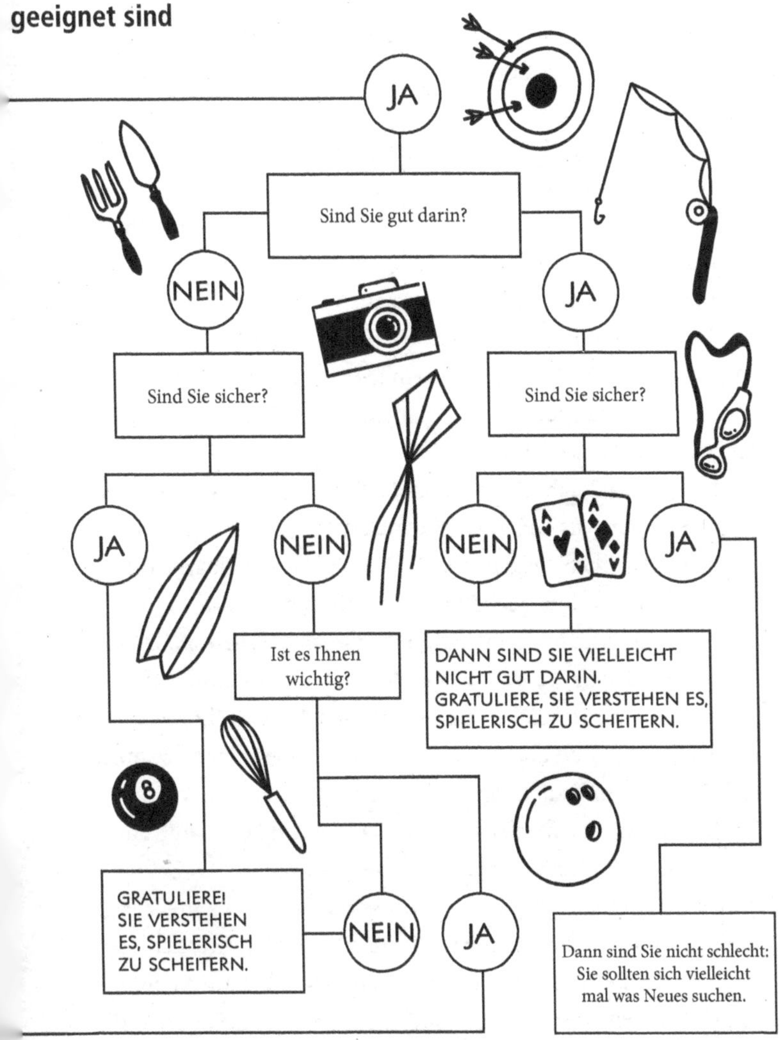

SCHLIMME TUGENDEN

Wir sind schon fast acht Milliarden Menschen auf dieser Erde. Wie viele »Beste« glauben Sie, gibt es da? Und was bedeutet das für den Rest von uns?

Ich gebe zu, dass ich eine echte Abneigung gegen alle Vorstellungen von Perfektionismus habe. Mein Widerstand dagegen ist emotional, weil ich weiß, dass ich seinem Sirenengesang immer wieder mal verfalle. Perfektionismus ist einfach so unglaublich bequem. Dieser Entschuldigung begegne ich immer wieder, wenn ich Leuten erzähle, wie toll das spielerische Scheitern sein kann. Das Streben nach Perfektion ist ein glanzvolles Signal für: Angst. Angst, blöd dazustehen. Angst, irgendwo anfangen zu müssen. Angst, schlecht zu sein.

Ich kam bald dahinter, wo hier das Problem liegt: Perfektionismus wird häufig als Tugend betrachtet, dabei ist er nur ein Schutzmechanismus mehr gegen das Gefühl der Verwundbarkeit. Und natürlich Inspirationsquelle für zahlreiche Werbeprofis. Eine europäische Luxusautomarke hat jüngst diesen Werbespot lanciert: Ein rattenscharfes neues Automodell jagt mit Höchstgeschwindigkeit eine kurvenreiche Straße entlang. Musik dröhnt aus den Lautsprechern. Und darüber ist die Stimme eines jungen Mannes zu hören: »Mein Dad hat mir immer gesagt, ganz egal, was du im Leben machst, sei einfach der Beste!« Ja, klar. Und das heißt, einen Hunderttausend-Euro-Schlitten zu kaufen?

Da Sie und ich aber auf der Straße des Scheiterns unterwegs sind, müssen wir mit dem Mythos der Perfektion brechen. Zunächst einmal werden wir ihn bei seinem wahren Namen nennen: Angst. Und wir werden exakt die feine Trennlinie vermessen, die zwischen dem Streben nach Qualität und dem nach Perfektion verläuft. Ersteres ist nämlich Ansporn, Letzteres ein steter Hemmschuh.

Das wird nicht ganz einfach werden, denn der Perfektionismus ist recht tief in uns verwurzelt.

Um die Ursprünge unseres Strebens nach Perfektion zu verstehen, werden wir uns als Erstes dem Gründervater der Individualpsychologie und der Psychotherapie zuwenden: Alfred Adler. Adler war ein Wiener Arzt, der zu Beginn des 20. Jahrhunderts praktizierte. Er fand heraus, dass das menschliche Streben nach Weiterentwicklung unser gesamtes Handeln antreibt: »Der innere Drang von unten nach oben hört niemals auf.«[11]

Das Streben nach Perfektion, die treibende Kraft hinter allen menschlichen Anstrengungen, ist uns angeboren, ist »ein Etwas, ohne das man sich das Leben nicht vorstellen kann«, schreibt Alfred Adler.[12] Ohne dieses Streben hätte die Menschheit nie überlebt.

Adler meint, dieser Drang setze schon in der Kindheit ein, wenn wir uns machtlos und unterlegen fühlen. Und er setzt sich unser Leben lang fort. Er motiviert uns, immer weiter, immer höher hinaus zu wollen, auch wenn wir das, wonach wir suchen, nie erreichen werden. Praktisch betrachtet ist das nur logisch. Ein Kleinkind, das sich nicht bemüht, würde nie lernen zu gehen, zu kommunizieren oder zu lesen. Babys, Kleinkinder und Jugendliche sind absolute Cracks im spielerischen Scheitern. Sie versuchen etwas einfach so lange, bis sie es beherrschen. So einigermaßen wenigstens. Adler nennt das »das unaufhörliche Suchen nach Wahrheit«.[13] Seiner Ansicht nach hat dies mit der Idee der Perfektion zu tun, denn das ewig unbefriedigte Streben nach Lösungen für die Probleme des Lebens wurzele irgendwie in dieser Sehnsucht nach einer Form von Perfektion. Ob es nun das Kleinkind ist, das herausfinden will, wie man sich die Schnürsenkel bindet, oder der Nobelpreisträger, der den Ursprüngen des Lebens nachgeht, wir alle suchen nach einer Form der Wahrheit, die uns ermöglichen soll, ein Problem zu lösen.

Doch auch Adler ging davon aus, dass Perfektion etwas Unerreichbares sei. Daher müsse man, seiner Ansicht nach, zwischen einem abnormen und einem normalen Streben nach Vollkommenheit unterscheiden. Bei der neurotischen oder abnormen Form dieses grundlegenden menschlichen Triebes dreht sich alles nur um das Individuum selbst (was man auch als Ego bezeichnen könnte). Das normale Perfektionsstreben hingegen wurzelt im gesunden Menschenverstand und richtet sich auf etwas, was Adler »das Idealbild eines Gemeinschaftsmenschen«[14] nennt, die letztendliche Erfüllung der sozialen Entwicklung. Vielleicht war Adler ja ein verrückter Optimist, weil er auf eine soziale Evolution zu hoffen wagte. Aber es ist doch herzerwärmend, dass er das allgemeine Streben des Menschen als eine positive Kraft betrachtete.

Für all jene unter uns, die mit Perfektionismus kämpfen: Es ist die neurotische Art dieses Strebens, von der wir uns lösen müssen. Früher bin ich rausgepaddelt und stellte mir dabei die absolut perfekte Welle vor. Heute paddle ich raus, um rauszupaddeln. Und wenn eine tolle Welle anrollt, dann gebe ich ihr keine Noten.

Sophie Lazarsfeld, eine Schülerin Adlers, erklärt, welcher Unterschied besteht zwischen einem »gesunden Streben nach Perfektion und dem neurotischen Wunsch, vollkommen sein zu wollen.«[15] In der Psychotherapie, so Lazarsfeld, »lernen die Menschen, mit ihren Unvollkommenheiten klarzukommen … Sie erobern sich den Mut, unvollkommen zu sein.« Jüngere wissenschaftliche Untersuchungen zeigen, dass Depressionen und ein geringes Selbstwertgefühl Folge dieser Unfähigkeit sein können, die eigene

Unvollkommenheit anzunehmen.[16] Das ist eine Falle. Und das Gefühl der Unzulänglichkeit, das unsere »Unvollkommenheit« in uns auslöst, hat nichts damit zu tun, dass wir vielleicht auf einem bestimmten Gebiet Dilettanten sind und bleiben. Das Gefühl der Unzulänglichkeit setzt eine Messlatte voraus, und die liegt gewöhnlich so hoch, dass es die Mühe gar nicht erst lohnt zu versuchen, ob man sie vielleicht überschreiten könnte.

Enttäuschung ist das täglich Brot aller Perfektionisten. Sie haben einen eingebauten Mechanismus, der sie daran hindert, ihr Tun zu genießen, ob es sich nun um Arbeit oder Spiel handelt. Wie kann etwas befriedigend sein oder Spaß machen, wenn Perfektion das Endziel sein soll? Da ist das Scheitern vorprogrammiert. Es geht gar nicht anders. Eine der größten Schauspielerinnen aller Zeiten kann es nicht ertragen, sich ihre Filme anzusehen, weil sie nur ihre Fehler sieht. Es ist schmerzlich, wenn wir uns nicht einfach dafür akzeptieren können, dass wir unser Bestes gegeben haben, da Perfektion doch letztlich unmöglich ist.

Verstehen wir das Streben nach Vollkommenheit aber so wie Alfred Adler, dann begreifen wir allmählich auch, warum es uns angeboren ist – es ist einfach ein natürlicher Impuls, uns kontinuierlich zu verbessern. Sobald wir akzeptieren, dass Vollkommenheit ein unerreichbares Ziel ist, dass wir nie der oder die »Beste« sein werden, finden wir vielleicht mehr Befriedigung in unseren alltäglichen Bemühungen. Zumindest können wir lernen, dies nicht als Vorwand dafür zu missbrauchen, es gar nicht erst zu versuchen. Denn auch das ist ein knallhartes Faktum: Überhaupt keine Fortschritte zu machen wäre auch ziemlich schwierig.

Sich selbst an unerreichbaren Maßstäben zu messen (letztlich nur, um sich nicht wirklich anstrengen zu müssen), hat viel damit zu tun, dass wir auch andere Menschen unfair beurteilen. Rudolf

Dreikurs, ein anderer in Österreich geborener Psychologe, der heute in den USA arbeitet, hat ein System entwickelt, um mit verhaltensauffälligen Kindern zu arbeiten. Er warnte schon 1957 bei einem Vortrag an der Universität Oregon, dass wir:

> *(…) eine fehlerorientierte (Gesellschaft werden), in der die falsche Vorstellung, Fehler seien das einzig Wichtige, uns zu einem falschen Bild unser selbst führt. Wir lassen uns viel zu sehr beeindrucken von allem, was an und um uns nicht stimmt. Aber wenn ich mich selbst dauernd kritisiere, kritisiere ich auch die anderen ständig. Wenn ich sicher bin, dass ich zu nichts tauge, dann muss ich mir sagen, dass Sie auch zu nichts taugen … Jeder, der sich selbst kritisiert, kritisiert immer auch andere. Und solange wir an der irreführenden Vorstellung hängen, dass Fehler von Bedeutung sind, können wir noch nicht mal aus unseren Fehlern lernen.*[17]

Dreikurs meinte damit die geradezu krankhafte Fixierung auf alles, was wir falsch machen. Dabei wäre es viel sinnvoller, uns das vor Augen zu führen, was wir richtig machen. Und Dreikurs merkte dies an, Jahrzehnte bevor das Internet den Trollen freie Bahn schuf und ihr Treiben zum Volkssport machte.

Die feine Unterscheidung, auf die ich zu Beginn dieses Abschnitts hinwies, ist: Es ist nur toll, mit etwas zu scheitern, wenn wir diese Tatsache akzeptieren, sie begeistert annehmen und als Teil unseres Lebens sehen können und nicht als ewige Fehlleistung. Schließlich will sich ja niemand (zu sehr) frustriert fühlen, nachdem er seine Nichtleistung abgeliefert hat. So wie ein Anfänger beim Laufen auf den ersten Kilometern Muskelschmerzen verspürt, so sollten auch Sie den guten Stress anvisieren, der daher kommt, dass Sie ein bisschen länger gelaufen sind als letztes Mal. Sonst schmeißen Sie am Ende doch noch hin oder lassen Ihren Frust über Ihre vermeintliche Unfähigkeit an anderen aus. (Manchmal auch beides zusammen.)

Dreikurs ließ sich nicht beirren. Er ging aus von der Annahme: »Wenn wir lernen, uns auf das Tun zu konzentrieren, unser Bestes zu tun, ganz egal, was es ist, einfach weil es uns Spaß macht, dann werden wir auch wachsen, vielleicht sogar besser, als wenn wir uns ständig zur Perfektion prügeln.« In anderen Worten: Finden Sie Ihre Freude am Tun, nicht am Erfolg. Wir müssen aus dem spielerischen Scheitern einen Weg zur Heilung unserer vom Perfektionismus zerrissenen Seele machen, indem wir – wie Sophie Lazarsfeld meint – »den Mut finden, unvollkommen zu sein«.

In den seltenen Fällen, in denen wir nicht auf denjenigen herumhacken, die noch größere Pfeifen sind als wir selbst, suchen wir uns Leute, denen wir die Rolle der Perfekten zuweisen, um sie ungefragt auf ein Podest stellen zu können. Einerseits gibt uns das das Gefühl, dass es da noch etwas zu erreichen gibt, andererseits verstärkt es aber auch unsere Selbstzweifel. Wir glauben, dass diese unglaublich talentierten Menschen einen Grad der Vollkommenheit erreichen und genießen können, von der wir nur träumen können. Kein Mensch wird uns je so mit Lob überhäufen.

Vor vielen Jahren hatte ich die große Freude, mit einem meiner absoluten Helden zusammenzuarbeiten: Mikhail Baryshnikov, unbestreitbar der beste Balletttänzer, den diese Welt je gesehen hat. Ich wuchs auf im magischen Lichtschein seiner Kraft, seiner Grazie, seiner Schönheit und seines Talents. Unser erstes

Treffen fand in einem Café gegenüber dem Lincoln Center statt, wo er auftreten sollte. Ich war im achten Monat schwanger und hätte kaum auf einen der Stühle dort gepasst. Unsere gemeinsame Zeit war kurz bemessen, weil er einen regelmäßigen täglichen Termin hatte, den er nicht verpassen durfte. Und das war gut so, denn als ich mich aus dem Taxi schob und zu unserer Verabredung wollte, packte mich eine brutale Wehe. Als wolle Baryshnikov meine Einschätzung von ihm als Meister des Universums bestätigen, erkannte er sofort, was los war: Die Wehen hatten eingesetzt. Dabei hatte ich gedacht, ich hätte es geschickt verborgen. (Ich war auch schlecht darin, meine Söhne zur Welt zu bringen. Sie kamen beide vier Wochen zu früh.)

Ich schwindelte: »Nein, nein. Mir geht es gut. Das sind höchstens Vorwehen. Alles okay.«

Baryshnikov nahm mir das nicht ab. »Ich habe das jedes Mal gesehen, wenn eines meiner vier Kinder zur Welt kam. Ich weiß, wie Wehen aussehen, und Sie haben Wehen.« (Sein Agent meinte später: »Misha hat diese Wirkung auf Menschen.«)

Es stellte sich heraus, dass Baryshnikov recht hatte.

»Ich mache Ihnen einen Vorschlag«, sagte ich zu ihm. »Wir führen dieses Gespräch, und hinterher fahre ich direkt ins Krankenhaus. Ist das ein Deal?«

»Deal!«

Da wir ja nun quasi intime Freunde waren, angesichts der Tatsache, dass er Zeuge eines der urtümlichsten Momente in meinem Leben war, wagte ich, dem Meister zu sagen: »Da Sie nun wissen, was ich nach unserem Treffen machen werde, verraten Sie mir doch, was Sie tun werden.«

Zu meiner großen Überraschung war seine Antwort: »Ich nehme Tanzstunden.«

Ich glaube, ich habe etwas vollkommen Uncooles rausgelassen wie: »Wie bitte?!«

Der größte Tänzer der Welt nahm Tanzstunden! Und es ging ihm nicht um Perfektion (obwohl er meiner Ansicht nach schon ziemlich nah dran war). Nein, er sagte, er höre nie auf zu lernen. Da hatte ich für die nächsten zwei Wochen Bettruhe etwas zum Nachdenken, bevor mein zweiter Sohn zur Welt kam.

EINER DER GROSSEN VORTEILE, wenn man sich von der Perfektion verabschiedet, ist, dass Sie nicht mehr so viel nachdenken müssen. Da Perfektion letztlich eine Sache der Messlatte ist (wie nahe sind Sie dran am angeblichen Sollzustand?), können Sie sich, ohne jede Messlatte im Kreuz, ganz auf das Hier und Jetzt konzentrieren. Und nicht auf das, was sein sollte. So gibt es deutlich weniger zu grübeln.

An dem Tag, an dem ich meine erste richtige Welle erwischen sollte, platschte ich mir meinen Weg auf eine klare linkshändige zu. Ich paddelte, bis ich spürte, dass die Welle mich anhob, und passte auf, dass ich mein ramponiertes Handgelenk nicht noch mehr strapazierte. Ich drückte mich mit der linken Hand vom Board ab und stützte mich auf die rechte. Irgendwie kam ich so zum Stehen. Bevor ich noch wusste, wie mir geschah, glitt ich mühelos über das Face der meterhohen Welle hinab und wandte mich instinktiv nach links (was die meisten Goofy-Footer tun – Leute, die auf dem Board den rechten Fuß vor den linken stellen), um den Teilabschnitt der Welle richtig anzugehen und anderen Surfern auszuweichen. Ich stand fast bis zum Strand. Ich hatte noch nicht mal gewusst, dass ich wusste, wie das ging. Und dann plötzlich klappte es. Ich surfte! Fünf lange Jahre des Versuchens wurden erst in dem Moment fruchtbar, als ich aufhörte zu denken.

Als wir nach der Session nach Hause zurückkehrten, fragte ich meinen Schwiegersohn: »Hast du die Welle gesehen, die ich abgeritten habe?«

Einen Zeugen zu haben ist von immenser Bedeutung. Vor allem beim Surfen. Surfer mögen es, wenn man ihnen zusieht. Deshalb ist GoPro Camera, Hersteller von Camcordern, ein Unternehmen mit Milliardenumsätzen.

»Ich habe gesehen, dass du es geschafft hast«, meinte er völlig unbeeindruckt.

»Weißt du, dass ich fünf Jahre gebraucht habe, um solch eine Welle zu erwischen?«

»Ja. Weiß ich. Wie war's denn?«, fragte er.

»Es hat sich gut angefühlt«, antwortete ich. »Richtig gut.«

Und das war's. Eines der besten Gespräche meines Lebens.

Tenno Dogo, ein Zenmeister aus dem 8. Jahrhundert, sagte einmal zu einem jungen Mönch: »Wenn du sehen willst, dann sieh. Wenn du anfängst zu denken, schaust du vorbei.«[18]

Langsam begann ich zu verstehen: Denken wird ziemlich überbewertet.

Regeln fürs spielerische Scheitern (Spickzettel)

1

Das, worin Sie scheitern wollen, muss Ihnen etwas bedeuten.

2

Vergleichen Sie sich nicht mit anderen.

3

Tun Sie, was Sie am liebsten tun, ohne Gewinn oder Belohnung zu erwarten.

4

Die Freude, die Sie empfinden, hat ihren Ursprung darin, dass Sie eben nicht gut sind. Nicht darin, dass die anderen schlecht sind.

5

Stopfen Sie Ihrem inneren Kritiker das Maul, indem Sie folgende Frage streichen: »Warum machst du es nicht einfach …?« (Es gibt kein einfach. Die Dinge sind immer schwieriger, als sie aussehen.)

6

Mannschaftssportarten sind ein ungeeignetes Feld für die Kunst des Scheiterns (außer man hat Sie ausdrücklich aufgefordert mitzumachen). Dasselbe gilt für Tattoostechen (außer Sie machen es umsonst).

7

Achten Sie darauf, dass niemand zu Schaden kommt durch die Disziplin, die Sie sich für Ihre Übung im Scheitern ausgesucht haben.

Es geht nicht darum, ungeschickt zu sein, sondern sich selbst nicht so ernst zu nehmen. —

DIE ZWEITE WELLE

Meine Pura-Vida-Welle: So jagt man Träumen nach und verscheucht Dämonen

REGEL 2

Tun Sie, was Sie gern tun, ohne auf Erfolg oder Belohnung zu schielen. Sie sind nicht Ihr Beruf.

LEKTION 2

Kämpfen Sie gegen die Welle an, bleibt die Welle grundsätzlich Sieger.

VORTEIL 2

Spielen ist gut für Sie.

Ich kaufte ein Stück Land, das ich zuvor nicht gesehen hatte, von einem Mann, den ich nicht kannte, in einem Land, in dem ich nur einmal gewesen war. Es war der krasseste Sprung ins kalte Wasser, den ich je gewagt hatte. Keine meiner drei Ehen hatte sich auch nur ansatzweise ähnlich riskant angefühlt. Auch kein Berufswechsel, selbst in eine schlechter bezahlte Position, hat mich finanziell je in eine so klamme Lage gebracht.

Das alles war mir sonnenklar. Und doch habe ich am 24. Mai 2010, als ich jeden Dollar, den ich auf dem Sparbuch hatte, an eine Bank in Costa Rica überwies, keine Minute gezögert. In einem Anflug rationalistischen Verhaltens benutzte ich sogar das Faktum, dass ich gerade mein Konto leergeräumt hatte, taktisch zu Verhandlungszwecken: »Mehr ist nicht drin«, sagte ich dem Verkäufer. »Wo das herkommt, ist nichts mehr. Nehmen Sie es oder lassen Sie es bleiben.«

Drei Wochen und viele E-Mails bzw. Telefonate später war alles unter Dach und Fach. Ich hatte ein ungefähr 1500 Quadratmeter großes Grundstück an der Playa Guiones erworben, an der Pazifikküste der Nicoya-Halbinsel, wo eine eingeschworene Surfergemeinde lebte. Quasi sofort, nachdem ich den Kauf getätigt hatte, erhielt ich einen Brief der US-Steuerbehörde.

»Wann immer Sie Geld nach Zentralamerika schicken«, erklärte mir mein Steuerberater, »melden die sich bei Ihnen.« Glücklicherweise war mein Kauf nicht illegal gewesen, nur ein bisschen irrational vielleicht. Was mir die Steuerprüfung deutlich vor Augen führte. Im Grunde war das Ganze absurd. Ich fragte mich, ob die Steuerprüfer insgeheim vielleicht Mitleid mit mir hatten.

Und die Steuerprüfer waren nicht die einzige Stimme der Vernunft in meinem Umfeld. Auch mein Mann machte sich Sorgen. Verständlicherweise.

Joel und ich waren nun seit fünfzehn Jahren zusammen. Wir hatten gemeinsam zwei Häuser gekauft und renoviert. Eine dieser Aktionen, bei der es zu allerlei persönlichen Auseinandersetzungen und rechtlichen Streitigkeiten mit Maklern und Architekten kam, hätte fast das Aus für unsere Ehe bedeutet. Joels erster Roman handelte von einem Hausbesetzer in einer Luxuswohnung im schicken New Yorker East Village. Die Geschichte wurde später sogar verfilmt – und nahm kein gutes Ende, in jeder Hinsicht.

Warum wir uns in einer wirklich prekären Zeit in unserem Leben, als wir vier Kinder zu ernähren hatten, nochmals auf ein finanzielles Abenteuer einließen, blieb für jeden, der uns kannte, ein Rätsel.

Ein Teil dieses Geheimnisses war, dass ich beim Hantieren mit Zahlen doch geschickter war als im Umgang mit Wellen. (So wunderbar es ist, auf einem Gebiet eine totale Null zu sein, so toll ist es auch, wenn das nicht für alle Belange des Lebens gilt.) Kurz gesagt, ich war durchaus in der Lage, Ausgaben einigermaßen richtig zu kalkulieren. Ich wusste, wie weit wir gehen konnten, ohne dass uns alles um die Ohren flog, und wann es besser war, unsere Finger von einer Sache zu lassen. Wir hatten schon früher meinem Risikoradar vertraut und uns regelmäßig durchlaviert, ohne all unser Hab und Gut zu verlieren.

Außerdem vertraute ich dem Makler, Erik. Er und ich hatten uns drei Stunden lang am Telefon unterhalten. Ich wusste, wie sehr seine beiden kleinen Kinder ihn erschöpften und wie stolz er gleichzeitig auf sie war. Wie er mit seinen Rückenschmerzen kämpfte. Und wie gern er seinen Lebenstraum verwirklichen und nach Costa Rica gehen würde, um dort zu arbeiten und zu surfen, denn der Bürojob in Florida würde ihn früher oder später ins Grab bringen. Wir waren quasi schon alte Freunde.

Joel war da schon skeptischer, und er hatte ja auch jedes Recht dazu. Wie jeder Erwachsene mit einiger Lebenserfahrung hatten wir genug Leute kennengelernt, die logen und betrogen und stahlen, einfach, weil sie die Möglichkeit dazu hatten. Auch wir hatten echte Arschlöcher kennengelernt, aber wir waren nicht auf sie hereingefallen, nicht schlimm jedenfalls. Wir hatten Rückschläge einstecken müssen, unsere Lektion gelernt (na ja, fast) und weitergemacht. Risiken wären keine Risiken, gäbe es nicht auch die Gefahr, dabei etwas zu verlieren.

RISIKO WIRD UNTERBEWERTET

Das Prinzip des spielerischen Scheiterns hat einen natürlichen »Zusatzartikel«: Wenn die Welt sich zwangsläufig auch mal als der gefährliche Ort erweist, der sie sein kann, bleib nicht stehen. Geh weiter. Geh tiefer. Tauche ganz ein. Schütze dich, aber schrecke nicht zurück vor der Fülle der Welt, nur weil es auch Fallstricke gibt.

Wie jeder andere Mensch habe auch ich Zeiten erlebt, in denen ich falschen Leuten vertraut habe und in einige wirklich kritische Situationen geraten bin. Ich hatte einen Mann geheiratet, der mich so massiv betrog, dass es mein Leben gefährdete – und ich habe doch wieder geheiratet, und zwar nach nur einem Date. Als einer meiner Chefs meine berufliche Integrität anzweifelte, stellte ich ihn zur Rede und wurde gefeuert. Ich hatte keinen Arbeitsvertrag und kein soziales Netz, das mich auffing. Mittlerweile stand noch mehr auf dem Spiel, weil die ganze Familie und ihr Lebensunterhalt von mir und meinem Mann abhingen. Meine möglicherweise unkluge Reaktion auf jedes dieser Traumata war: Statt mich ins Schneckenhaus zu verziehen, trotzte ich den Gefahren der Welt weiterhin, indem ich noch größere Risiken einging. Das war meine Art, das Universum herauszufordern. Eine Art kosmischer Mutprobe.

Dabei will ich hier keinesfalls dem Draufgängertum das Wort reden. Was ich in schlimmen Zeiten am meisten fürchtete, war Verbitterung, eine Art dornenreicher Untergrund des Misstrauens, der meine Seele versteinern ließ in einem Zyklus endlosen Wiederauflebens ein und derselben traumatischen Erfahrung. Meine einzige Möglichkeit, mich dem Rückzug in Angst und Misstrauen zu widersetzen, war der Glaube, dass die Welt grundlegend gut ist. Ich machte es mir zur Übung, weiterhin Vertrauen zu haben, ganz egal, wie schlimm die Erfahrung gewesen sein mochte, die ich gemacht hatte. Man könnte das als naiv bezeichnen, aber ich sehe darin eher einen sinnvollen Überlebensmechanismus.

Die buddhistische Nonne und Meditationslehrerin Pema Chödrön schreibt in ihrem unschätzbaren Buch *Wenn alles zusammenbricht*: »An unsere Grenzen zu stoßen ist so, als würden wir eine Tür zu geistiger Gesundheit und zur bedingungslosen Güte der Menschheit entdecken, statt einem Hindernis oder einer Bestrafung zu begegnen.«[19]

Chödrön erzählt von Buddha, der, kurz bevor er die Erleuchtung erlangte, von den finsteren Kräften Maras angegriffen wurde, des Herrn der Illusion. Diese Kräfte sollten seine Erleuchtung verhindern. Mara ließ Pfeile auf den Buddha abfeuern, Schwerter drangen auf ihn ein. Doch diese Waffen konnten dem Buddha nichts anhaben, sie verwandelten sich vielmehr in Blumen. Chödrön erklärt: »Ob wir das, was uns begegnet, als Hindernis und Feind oder als Lehrer und Freund erfahren, hängt voll und ganz von unserer Sicht der Wirklichkeit ab – abhängig von unserer Beziehung zu uns selbst.«[20]

Nun, ich bin total dafür, dass man Schwerter zu Blüten macht. Mein Mann aber hatte eher nüchterne Bedenken.

»Du willst mir doch nicht etwa sagen, dass du vorhast, all unser Geld nach Zentralamerika zu schicken, ohne überhaupt die Referenzen dieses Typs geprüft zu haben?«, wollte er wissen und bezog sich damit natürlich auf die verrückte Transaktion, die ich in blindem Vertrauen zu tätigen bereit war.

»Er scheint echt nett zu sein«, sagte ich zu Joel. »Ich vertraue ihm.«

»Du kennst ihn doch nicht mal«, war sein durchaus vernünftiger Einwand.

»Ja, ich weiß. Aber ich kann mir nicht vorstellen, warum er mich anlügen sollte.«

»Darum geht es doch gar nicht.«

»Du denkst also, ich sollte es nicht tun?«

Schweigen. Joel hatte seine Gründe dargelegt.

»Schon gut. Ich hole Referenzen über ihn ein.«

Mein Schmollen war eine kindische Reaktion darauf, dass jemand meine rosa Fantasieseifenblase vom Maklerengel, der mir ein Grundstück im Dschungel zum Spottpreis überlassen wollte, weil er schnell Geld brauchte, so unvermittelt mit der Nadel des Zweifels angepikst hatte. Als ich Erik um Namen von Leuten bat, für die er schon gearbeitet hätte, meinte er nur: »Die Community hier ist klein. Ich könnte mich gar nicht verstecken, selbst wenn ich wollte.«

Später sollte ich erfahren, dass die Community aus lauter Ausländern bestand, die zu Hause polizeilich gesucht wurden. Aber das war noch in den 1970ern, als man diesen Ort ohnehin nur zu Pferd erreichte. Vor vierzig Jahren bildeten Surfen und Drogenkonsum eine symbiotische Einheit in einem bewusst alternativen Lebensstil. Ganz anders jedenfalls als die Gemeinde von heute, die nur Bioprodukte zu sich nimmt, Yoga praktiziert, früh schlafen und im Morgengrauen zum Surfen geht.

Wenn man mal so richtig locker scheitern will, muss man sich nur die Wirklichkeit ein klein wenig zurechtbiegen, um einen anderen Blickwinkel zu bekommen. Die ganze Geschichte begann ein Jahr zuvor mit einem Familienurlaub in einer Surfergemeinde in Costa Rica, an der Playa Guiones. Am Ende der Ferien witzelten wir schon, dass wir uns hier irgendwann ein Stück Land kaufen und zur Ruhe setzen würden. Aber das war nur das übliche Ende-der-Ferien-Geplauder. Und natürlich macht das Leben unsere Träume häufig kaputt.

Drei Wochen, nachdem ich angefangen hatte, an diesem Ort nach einem Ferienhaus zu suchen, bekam ich einen unerwarteten Anruf von Erik.

»Hallo, Karen. Ich weiß nicht, ob du irgendwann planst, zu uns herunterzukommen, aber ich habe da gerade etwas gehört, was ich dir sagen wollte …« Er erklärte, dass wir das Geschäft innerhalb eines Monats über die Bühne bringen müssten. Und nur gegen Barzahlung. Ob ich vielleicht Interesse hätte? Wenn ja, würde er noch dieses Wochenende ein Angebot machen.

Joel war alles andere als begeistert. Ich war hingerissen.

»Ich rufe dich gleich zurück«, sagte ich zu Erik.

Als ich das Telefon beiseitelegte, kribbelte mein ganzer Körper vor Aufregung. Ich wollte immer schon ein Haus bauen, es von Anfang an selbst planen. Joel wusste, dass mich das juckte. Und nun war die Gelegenheit gekommen, sich zu kratzen. Nur dass ich dafür einen sehr langen Arm brauchen würde.

»Du spinnst doch«, sagte Joel.

Aber Joels Worte trafen mich da schon gar nicht mehr. Ich war bereits eingetaucht ins La-La-Land und tat, was ich immer tat, wenn ich dieses Kribbeln bekam: Ich nenne es den »Zahlenzauber«. Finanzielle Szenarien haben etwas Meditatives an sich: Finanzierung, Cashflow, Investmentrisiko … Als verfügte ich über irgendeine mathematische Magie, die mir zu verschleiern hilft, dass bei mir weder das vorhandene Kapital noch äußere Umstände oder Verschuldungsgrad neue finanzielle Belastungen zuließen. Wir lebten immer noch von Lohnzahlung zu Lohnzahlung, ohne ein bequemes Polster in der Hinterhand – von dem Geld abgesehen, das ich jetzt gerade zu riskieren bereit war. Das Polster war erst ein Jahr alt, und ich war bereit, es für eine Laune aufs Spiel zu setzen.

»Ich denke, wir schaffen das«, sagte ich laut zu niemand im Besonderen.

Was Joel hörte. Wie er immer alles hört, wenn ich denke, er hört nichts. Dagegen hört er so gut wie nie etwas, wenn ich ihn direkt anspreche. Wenn das nicht die perfekte Definition von Ehe ist, dann weiß ich auch nicht.

»Schaffen … was?«

»Dieses Grundstück zu kaufen und dort ein Haus zu bauen. Ich werde Erik bitten, ein Video von dem Stück Land zu machen, damit wir es uns ansehen können. Ist das nicht eine gute Idee?«

Genial.

Am nächsten Tag schickte Erik uns eine verwackelte Videoaufnahme, wie er ganz langsam zwischen meterhohen Guanacaste- und Pochotebäumen herumstreift, die angeblich im hinteren Teil des Grundstücks liegen. Dann Schwenk nach Osten, auf den dichten Wald unter dem kleinen Hügel. Als die Kamera sich auf den vorderen Teil des Grundstücks richtete, sah man die wunderbare Aussicht. Auf dem »Zu verkaufen«-Schild, das an einem der Bäume angenagelt war, verweilte sie länger. Unvermittelt verspürte ich den heftigen Wunsch, dieses Schild abzunehmen.

Meine erste Frage beim Betrachten dieses Videos aber war: »Wie hat Erik es bloß hingekriegt, sich in Flipflops durch diesen Urwald zu kämpfen? Wimmelt es dort nicht von tödlichen Spinnen und Schlangen und Skorpionen, die unter jedem Blatt, auf jedem Ast lauern?« Ich wusste ja von ihrer Existenz, hatten wir sie doch während unseres Urlaubs vor einem Jahr bei unserem Marsch an den Strand und zurück täglich beobachten können.

Die Aussicht auf reichlich Bekanntschaft mit giftigen Insekten und Schlangen war vor fünfzehn Jahren der Grund gewesen, weshalb ich keinen Urlaub in Costa Rica buchen wollte. Das Land ist stolz auf die höchste Artenvielfalt auf der ganzen Welt. Es nennt unglaublich viele nur dort vorkommende Tiere sein Eigen, da so viele unterschiedliche Mikroklimazonen nebeneinander existieren und das Land an zwei Ozeane grenzt – den Pazifik an der Westküste und die Karibik (d. h. den Atlantik) an der Ostküste. Was mein ängstliches Gehirn wie folgt übersetzte: viele, viele Tiere, die du garantiert nicht kennenlernen willst. Das war, bevor ich Kinder bekam und zu surfen anfing, zu einer Zeit also, als unheimliche Krabbeltiere mich noch in Angst und Schrecken versetzten. Aber die Dinge ändern sich nun mal. Und wie.

Eriks Video erfüllte seinen Zweck, um es mal vorsichtig auszudrücken, denn ich rief ihn sofort an, um ihm zu sagen: »Wir kaufen.« Und bevor noch jemand rufen konnte: »Wanderameisen!«, waren wir schon mit einem Anwalt in San José zugange, um ein Stück Land zu erwerben, auf das wir noch nie einen Fuß gesetzt hatten – außer natürlich virtuell auf YouTube.

Wir versuchten ja, das Ganze noch persönlich anzugehen. Aber ich war nun mal mit dem einzigen Elfjährigen gesegnet, der lieber zur Schule als zum Surfen ging, weil das nun mal das Richtige war. Wir hatten diesbezüglich eine kleine Auseinandersetzung auf dem Schulweg. Ein Gespräch, das anschaulich zeigt, wie ich als Mutter bisweilen scheitere. Mehr jedenfalls, als ich zugeben möchte.

»Hey, Rocco, wir müssen nach Nosara, um den Grundstückskauf abzuschließen. Aber das muss in den nächsten Wochen passieren.« Ich wusste, dass ich mich da auf gefährliches Terrain vorwagte, aber ich wollte es wenigstens versuchen.

»Und die Schule?«, fragte er, um die Richtung wissend, die dieses Gespräch nehmen würde und die ihm so gar nicht behagte.

»Was soll damit sein?«, fragte ich unschuldig zurück, um ihn in Sicherheit zu wiegen. Vergeblich. Rocco weiß, was ich denke, lange bevor es mir selbst klar ist.

»Verliere ich da nicht ein paar Tage? Ich will die Schule auf keinen Fall versäumen.«

»Höchstens drei oder vier … Wir überlegen uns was, wie du die wieder reinholst. Außerdem verpasst du ja den Unterricht, um zum Surfen zu gehen. Wer würde nicht lieber surfen als büffeln?« Ich sprudelte diese Worte mit gekünstelter Munterkeit hervor. Es war gemein und selbstsüchtig, denn sosehr Rocco Costa Rica und das Surfen liebte, so wurde sein unerschütterlicher Instinkt für das Richtige und Falsche nun ausgerechnet von seiner Mutter infrage gestellt. Rocco nimmt die Schule sehr ernst. Meistens finde ich das auch richtig super. Jetzt aber hatten sich die Rollen umgekehrt. Ich versuchte ihn zu beschwatzen, damit er mitfuhr.

Er aber sah mich nur an und weigerte sich schlichtweg: »Das mache ich nicht. Warum können wir nicht warten, bis die Schule vorbei ist?«

»Wir können nicht warten. Aber wenn du nicht mitwillst, dann können ja Oma und Opa auf dich und deinen Bruder aufpassen, während Papa und ich nach Costa Rica fliegen.« Das war ein Schlag unter die Gürtellinie, und ich wusste das. Rocco stiegen Tränen in die Augen. Er liebte seine Großeltern, aber er wollte auch diesen spontanen Ausflug nicht verpassen. Aber darum ging es eigentlich nicht. Es waren vielmehr meine dämlichen Prioritäten, die ihm plötzlich bewusst wurden. An diesem Punkt habe ich als Mutter vollkommen versagt, aber irgendetwas in mir schrie: »Weißt du nicht, wie wichtig das für mich ist?«

Wie konnte er? Wieso sollte diese verrückte Transaktion – der Kauf eines Grundstücks, von dem ich fast nichts wusste, nur damit ich mehr surfen konnte, wenn auch schlecht – plötzlich wichtiger für mich sein als das, was für meinen Sohn zählte?

Rocco hat mich in die Knie gezwungen und mich Demut ge lehrt von dem Moment an, als er geboren wurde. Ich hatte vorher nicht gewusst, was Hingabe und Liebe war – obwohl ich viel geliebt hatte, kam dem nichts gleich. Nichts war wie die Liebe zu meinem kleinen Sohn. Die meisten Leute erzählen, dass sich bei der Geburt ihrer Kinder ihre Prioritäten völlig verändern. Fast niemand redet aber darüber, dass sich auch jedes Molekül in deinem Körper wandelt. Ich jedenfalls empfand es so, als Rocco und Gio zur Welt kamen. Ich hatte das Gefühl, mein Herz müsse platzen vor lauter Liebe zu ihnen. Alles, was davor gewesen war, zählte nicht mehr. Durch meine Jungs habe ich die allergrößte Liebe kennengelernt, und alles andere ist eben genau das: alles andere.

Roccos wilde Entschlossenheit, die Schule nicht zu versäumen und seiner vergnügungssüchtigen, kindischen Mutter zu widersprechen, brachte mich wieder auf Kurs. Ich sortierte meine Prioritäten neu und beschloss, wir würden alle zusammen hinfliegen – in den Sommerferien. Dann allerdings gäbe es kein Zurück mehr, was das Grundstück anginge. Meine Ersparnisse würden längst in anderen Händen sein, und ein Stück costa-ricanischer Regenwald wäre unser. Während Rocco und Gio die dritte bzw. fünfte Klasse ohne Unterbrechung absolvierten, schloss ich den Kauf ab.

Am 15. Juni 2010 erhielt ich eine E-Mail von meinem Anwalt in San José, in der stand, dass wir das Grundstück erworben hatten. Alle relevanten Papiere seien auf dem Weg nach Amerika. Als sie eintrafen, öffnete ich das Päckchen und fand darin einen handschriftlich mit blauem Kugelschreiber aufgesetzten Vertrag. Ich gehöre leider auch im Spanischen zu den Dilettanten, daher nahm ich einfach an, da stünde, wir seien nun die stolzen Besitzer von Grundstück Nr. K-17 in Guiones. Ich heftete den Kaufvertrag noch am selben Tag in einem meiner Ordner ab. Ich war ja sicher, dass der Vertrag so in Ordnung war.

EINE STERNSCHNUPPE, EIN TELEFONANRUF UND DIE SYNCHRONIZITÄT

Was jetzt ein bisschen so rüberkommt wie eine launenhaft-impulsive Anwandlung, ein Haus in Nosara zu kaufen, macht vielleicht etwas mehr Sinn, betrachtet man es durch die rosarote Brille der Abendsonne in den Familien-Surferferien, die wir achtzehn Monate zuvor dort verlebt hatten. Ich war seit über zehn Jahren nicht mehr zum Privatvergnügen gereist, seit der Zeit, als meine Jungs das Licht der Welt erblickten.

Ich war noch immer eine miese Surferin, aber wenn man lange genug schlecht in etwas war, fängt man langsam an, darüber zu spekulieren, ob nicht bessere äußere Bedingungen etwas bringen könnten. Sobald ich einmal überzeugt war, dass ich tatsächlich Surfen lernen könnte, begann ich von anderen Surfgründen, fern von New Jersey, zu träumen. Ich bin nicht abgehärtet oder geschickt genug, um es vor Mai oder nach Dezember mit den Wellen im Nordatlantik aufzunehmen. Der kalte, dunkle, schwere Atlantikwinterozean ist super für die junge und talentierte Garde, für mich war das einfach Wildwasser. Wollte ich also ernsthaft surfen lernen, musste ich wärmere Gefilde aufsuchen. Das hieß, wir mussten sehr viel näher an den Äquator ran, als wir es in Ocean County in New Jersey waren.

In meiner beruflichen Tätigkeit ist die Fähigkeit der Risikoabwägung ein wichtiger Part. Privat aber hatte ich gelernt, mich mehr und mehr dem Zufall zu überlassen oder – um es poetischer auszudrücken – Gelassenheit walten zu lassen. Das führte mich nach Nosara.

Ich hatte erkannt, dass Gelassenheit ohnehin das einzig mögliche Fundament ist, auf dem sich die Kunst des spielenden Scheiterns entfalten kann. Unter anderen Umständen würden Sie in Ihrer neuen Disziplin eher über die Meilensteine des Meisterns springen. Der Rechenweg liegt ja auf der Hand: Zuerst fahren Sie Dreirad, dann Zweirad mit Stützrädern und zum Schluss lassen Sie auch die Stützräder weg. Die Frage: »Und was kommt als Nächstes?« beantwortet sich selbst, wenn Sie sich Ziele setzen. Streben Sie nach Könnerschaft, dann liegt Ihr Weg klar vor Ihnen.

So klar, so langweilig.

Wenn Sie aber durch Mittelmaß brillieren, müssen Sie lernen, der Gelassenheit in Ihrem Leben mehr Raum zu geben. Nennen wir es eine Art Dominoeffekt, mit dem das Universum Ihnen wiederholt zeigt, wie absolut durchschnittlich Sie sein können. Sich in die Dinge zu fügen ist eine echte Droge.

Ich habe versucht, all die kleinen Impulse aufzuschlüsseln, die sich zu den unwahrscheinlichen Umständen verdichteten, die mich schließlich glauben ließen, ich würde ein Haus an einem Ort bauen, den ich aufgrund der schieren Größe der dort beheimateten Insekten schon einmal von meiner Reiseroute gestrichen hatte. Hätte ich Erik nicht an jenem Samstagnachmittag während eines der wenigen freien Augenblicke angerufen – und mit ihm über seine Familie gesprochen, was mein Vertrauen zu ihm stärkte –, hätte ich wirklich unbedingt dieses Stück Land haben wollen? Die unerklärlichen Umstände, die sich von den Anfängen dieses Abenteuers bis zum heutigen Tag dehnen, lassen diese Entscheidung vielleicht nicht als eben schicksalhaft erscheinen, aber irgendwie doch so, als stünde mehr dahinter als nur blanker Zufall.

Diese ewigen »Wenn dies, dann jenes«-Spekulationen sind eine völlig sinnfreie Übung, aber es ist schwer, ihr nicht zu verfallen. Wir versuchen ja immer, irgendeinen Sinn in den Dingen zu erkennen, um sie besser zu verstehen. Aber es sind eben gerade nicht die Kausalzusammenhänge, die uns Sinnhaftigkeit offenbaren.

Offen zu sein für die Schönheit der Synchronizität erfüllt unser Leben auf eine so mystische Weise mit Sinn, dass der logische Verstand da schlicht überfordert ist. Wir halten Ausschau nach Zeichen, die uns den Weg weisen sollen, selbst wenn sie so flüchtig sind wie Sternschnuppen, die man nur schnell aus dem Augenwinkel am Nachthimmel erkennt. Wir geben uns skeptisch – war das wirklich ein Meteor oder nur Einbildung? – und verwerfen die Zeichen, weil wir wie rationale Wesen handeln wollen. Wir denken ja immer, dass die Ratio uns schützt und uns die Zügel in die Hand legt.

Um spielerisch zu scheitern, müssen Sie lernen, die Kontrollillusion loszulassen. Mein liebstes Surf-Mantra ist: Hingabe-Kontrolle-Hingabe. Ein Mantra, das auf einem Foto des legendären Midget Farrelly, des ersten Weltmeisters im Surfen, wunderschön verkörpert ist. Das Foto wurde 1968 von LeRoy Grannis aufgenommen: Farrelly steht auf der Nase seines Boards, die Füße exakt parallel, die Knie leicht gebeugt, die Arme locker vor dem Körper herabhängend. Er presst die Hände zusammen und neigt den Kopf, fast als würde er beten.[21] Das Bild beweist, dass Farrellys Kontrolle über das Board extrem war, da er auf einer sich bewegenden Welle in dieser Position stehen konnte. Ein Schnappschuss, in dem sich beides vereint: Hingabe und Kontrolle.

Dieses Foto umgibt mich überall: zu Hause, im Büro, ja sogar auf meinem Handy. Ich habe es im Kopf und denke wenigstens einmal am Tag daran.

Das ist aber nicht nur so eine Surfersache. Diese Verflechtung von Hingabe, Gelassenheit, Sinn (und Scheitern) wurde über die Jahre gründlich erforscht. Ich möchte Ihnen diese Sicht auf die Dinge als praktisches Hilfsmittel präsentieren. Andere haben sich mit ihren theoretischen Grundlagen auseinandergesetzt.

Carl Gustav Jung war zum Beispiel von der Idee der »Synchronizität« felsenfest überzeugt. Seiner Ansicht nach hängt dieses Phänomen damit zusammen, dass wir alle uns eine Welt teilen – *unus mundus*. Er stand in regem Austausch mit dem Physiker Wolfgang Pauli, der den Nobelpreis für seine Quantentheorie erhalten hatte. Die Ergebnisse dieser Zusammenarbeit haben einen durchaus mystischen Zug, doch Jung suchte immer nach wissenschaftlichen Erklärungen für die sinnhaften Zufälle, die seiner Ansicht nach geschahen, weil es zwischen der psychischen und der physischen Welt eine Raum-Zeit-Verbindung gibt. Angeregt durch frühe Gespräche mit Albert Einstein fing Jung an, sich für die psychische Form der Raumzeit zu interessieren. Der Zusammenhang zwischen scheinbar zufälligen Ereignissen entzieht sich zwar der unmittelbaren Wahrnehmung, ist jedoch veranlasst von den seelischen und emotionalen Erfahrungen des Betreffenden.[22] Jung glaubte, diese synchronistischen Ereignisse zeigten, dass »die

Psyche nicht im Raum lokalisiert werden kann oder dass der Raum sich auf die Psyche bezieht«.[23] In anderen Worten: Es gibt Ereignisse, die eine Bedeutung haben, weil sie akausal miteinander verknüpft sind. Jung und Pauli arbeiteten jahrelang an einer wissenschaftlichen Erklärung, die diese Phänomene mit unserem bewussten bzw. unbewussten Geist verband. Trotzdem blieben sie der Ansicht, dass Synchronizität etwas höchst Geheimnisvolles ist. Jung aber war der Meinung, dass solche Zusammenhänge nicht auf Zufall oder Kausalität zurückgingen, sondern »so unwahrscheinlich sind, dass wir annehmen müssen, hinter ihnen stehe eine Art Prinzip, eine Eigenschaft der empirischen Welt.«[24]

Jung und Pauli fanden keine Gleichung, die diese synchronistischen Ereignisse hätte erklären können. Doch die lebenslangen Bemühungen dieser Meister der Wissenschaft, Einstein eingeschlossen, belegen ihre Überzeugung, dass die Wissenschaft auch die Sinnfrage umfasst: Sie brachten einen großen Teil ihres Lebens damit zu, die Wirkung der Synchronizität zu beweisen bzw. zu messen. Kein Wunder, dass Wissenschaft und Philosophie schon seit der Antike Hand in Hand gehen. Empirische Messdaten sind nötig, um die Wissenschaft der harten Fakten voranzubringen, doch erst wenn Wissenschaft und die Frage nach dem Sinn zusammenkommen, bringt das die Menschheit wirklich einen Schritt weiter.

Jungs Nachfolger, wie zum Beispiel der Schriftsteller Remo Roth, gehen noch weiter in ihrer Erforschung eines Denkens, das sich nicht völlig von Kausalvorstellungen bzw. unserem ständig zielgerichteten dualen Denken abhängig macht. Roth meint, wenn wir das Bedürfnis nach Kausalität ablegen können, dann öffnen wir uns für Möglichkeiten, zu denen wir sonst keinen Zugang haben.[25] Wir werden empfänglich für Dinge, die wir vorher nicht bemerkt haben. Und wer weiß, wohin eine offene Wahrnehmung uns führen kann? Wenn wir uns nicht ständig um Bestleistungen bemühen, bleiben wir auf Empfang.

Ich denke, das fehlende Glied in der Kette ist die Kontrolle. Das Bedürfnis, die Ursachen von etwas zu erkennen, entspricht dem Bedürfnis, Möglichkeiten zu finden, um das, was wir vor der Nase haben, zu kontrollieren. Mit Ursachen kann unser Hirn etwas anfangen. Wir führen unser Leben unter der Annahme, wir könnten alles kontrollieren, und verquicken diese elegant mit unserer Auffassung davon, wie die Dinge sein sollten. Doch so funktioniert das Leben nicht. Lassen wir hingegen dieses trügerische Gefühl der Kontrolle los – die Vorstellung, dass wo ein Wille, auch ein Weg ist – und akzeptieren stattdessen, dass es nun mal auch so richtig schlecht kommen kann und man sich sinnvollerweise darauf einstellt, dann haben wir den Weg zum Glück gefunden. Etwas frei von jedem Ehrgeiz zu tun öffnet Ihnen das Tor zu diesem Pfad. Spielerisch scheiternd machen Sie Schwerter zu Blüten.

SCHON DIE FAHRT vom costa-ricanischen Flughafen in Liberia zu unserer Enklave an der Küste war ein Abenteuer. Wir hatten nur eine rudimentäre Wegbeschreibung und wussten nicht, wie lange die Reise in etwa dauern würde. Acht Menschen zwängten sich in den größten SUV, den wir vor Ort mieten konnten. Bequem war das trotz allem nicht, wir hatten ja schließlich auch noch Gepäck. Draußen waren siebenunddreißig Grad, und die Äquatorialsonne brannte vertikal auf uns herunter. Wir waren müde und durstig. Gio, mein Jüngster, ein lautstarker Achtjähriger, der normalerweise das Klageweib für die gesamte Mannschaft spielt, beschwerte sich während der ganzen Fahrt, und das mit gutem Grund. Da er der Kleinste war, saß er auf der hinteren Rückbank, eingeklemmt zwischen seinen Geschwistern und Cousins.

Es gab keine Wegbeschreibung, keine Hinweisschilder, und wir waren auf die eineinhalb Stunden Fahrt, die es dauerte, um nach Nosara zu kommen, einfach nicht vorbereitet. Vollkommen ausgetrocknet hielten wir am Straßenrand, wo jemand perfekte kleine Wassermelonen feilbot. Wir suchten uns drei Melonen aus und ließen sie von der *chica*, die den Stand betrieb, mit ihrer Machete öffnen. Gierig schluckten wir das zartrosafarbene Fleisch der Melonen, wobei wir uns vorbeugten, damit der Fruchtsaft uns nicht auf die Kleidung tropfte.

Die Straßen von und nach Liberia sind alle einspurig. Als wir Nicoya hinter uns gelassen hatten, den einzigen größeren Ort zwischen dem Flughafen und Nosara, trafen wir auf einen Trupp Straßenarbeiter. Ein Arbeiter hielt uns auf und drückte Joel eine rote Fahne in die Hand. Soweit wir ihn verstanden, sollte Joel das Ding während der Fahrt aus dem Fenster halten, bis wir in etwa eineinhalb Kilometer Entfernung auf einen zweiten Trupp stoßen würden, der uns das Fähnchen wieder abnähme. Dann winkte der Trupp die Autos aus der anderen Richtung durch, bis – so dachten wir – alle ihre rote Fahne abgegeben hatten. Dann konnte das Spiel wieder von vorn losgehen.

Dass wir als Träger der roten Fahne auserwählt wurden, empfand die ganze Familie als tollen Willkommensgruß. Wir johlten alle laut, als Joel die Fahne stolz einem Arbeiter aus dem Trupp auf der anderen Seite übergab. Dieser sagte etwas, was wir als Segenswunsch empfanden: »Pura vida!«

Eher unelegant übersetzt mit »reines Leben« war dieser Ausdruck das Erste, was wir in Costa Rica lernten. Bald benutzten wir ihn selbst. Für uns drückte sich darin der ganze Geist dieses ebenso schönen wie gastfreundlichen Landes aus. »Pura vida« sagt man, um jemanden zu begrüßen, zu verabschieden, ihn willkommen zu heißen und ihm zu sagen, dass alles okay ist oder ihm einen schönen Tag zu wünschen. Und alles, was dazwischen liegt. Unser erster Austausch an dem Ort, den wir bald als unsere Heimat adoptieren sollten, schien uns eine stillschweigende Zugehörigkeit zu signalisieren. Die rote Fahne des Willkommens, die uns während des ganzen Aufenthalts begleiten sollte.

Ich hatte online ein Ferienhaus gebucht und rechnete fast damit, dass es sich vor Ort als Katastrophe entpuppen würde. Doch kaum waren wir in Playa Guiones angekommen, wiesen uns handgemalte Schilder an Bäumen den Weg. Wir fanden das Harbor Reef Hotel ohne Mühe, jene Einrichtung, die den größten Teil der Ferienunterkünfte in der Umgebung managte. Der Mann hinter dem Empfangsschalter im Hauptbüro gab uns die Schlüssel für die Villa Belitza und wies uns den Weg eine staubige Straße hinunter. Ein paar Runden über die schlaglochübersäten Lehmstraßen und fünfzehn Minuten später waren wir da. Wir kamen erst später dahinter, dass unsere Villa nur ungefähr hundert Meter vom Hauptbüro entfernt war. Ein rotes Ziegeldach krönte die safranfarbenen Wände des Hauses, das hinter einem schmiedeeisernen Gitter lag. Es war größer, als ich erwartet hatte. Und sein Inneres war sauber, geräumig und einladend. Die Böden aus Terrakottafliesen, die schweren Teakmöbel und die solide Bauweise entsprachen ganz dem Stil jener Region. Wir konnten die Wellen hinter dem dichten Dschungel nicht sehen, aber wir hörten ihr Rauschen, über dem sich zwitschernd die Stimmen der Vögel erhoben.

Die Nacht kam schnell, und mit ihr erklang das Singen der Zikaden. Die Abenddämmerung war erfüllt von einem durchdringenden, pulsierenden Kreischen, das im Dschungel widerhallte, als rührte es von einem einzigen Tier. Sobald es dunkel war, schwiegen die Insekten.

Und »dunkel« ist gar kein Ausdruck. Um sieben Uhr abends waren wir halb verhungert und vollkommen erschöpft von der Reise, die ja um vier Uhr morgens begonnen hatte. Das Adrenalin trieb uns pulsierend zur Erfüllung von zwei grundlegenden Bedürfnissen: Essen. Schlafen. Also gingen wir zum Harbor Reef Restaurant, dem Einzigen, das wir bisher entdeckt hatten. Joel und ich waren die Blinden, die die Blinden führten. Wir sahen die Hand vor Augen nicht, und die Straße zum Hauptgebäude schon gar nicht. Der Himmel war klar, doch das dichte Laubdach des Dschungels ließ sein Licht nicht durch. Wir stolperten vorwärts, zu unerfahren, um Angst vor dem zu haben, worauf wir vielleicht stoßen würden. Eine der wichtigsten Regeln, wenn Sie Urlaub an einem Ort ohne Straßenbeleuchtung machen: Bringen Sie Taschenlampen mit.

Am nächsten Morgen war Christopher der Erste, der wach war. Er war schon um sechs Uhr morgens am Line-up. Die Wellen an den ersten Tagen waren ansehnlich – schnell aufeinanderfolgende Sets, immer einen oder einen halben Meter über Kopf. Aber das Wasser war warm, das Meer leer und die Sonne stieg gerade über die Berge. Von seiner ersten Session kam er strahlend zurück, glücklicher, als ich ihn je gesehen hatte. Und er sagte: »Es war schon ein bisschen unheimlich. Ich war ganz allein da draußen.«

Ich verstand damals nicht, was er meinte. Jahre später, als ich eine morgendliche Runde mit Rocco machte, hatte ich dasselbe Gefühl. Wir waren allein dort draußen. Das ist einerseits etwas, was sich jeder Surfer wünscht, weil es keinen Wettbewerb um die

Wellen gibt. Andererseits gibt es auch keinen Wettbewerb um die Beutetiere – nämlich Sie! Da draußen wird man sich der Hackordnung des Universums schmerzlich bewusst.

Bald bildete sich ein Muster heraus, das den Rhythmus unserer Tage vorgab: Wir standen vor Morgengrauen auf und gingen surfen. Dann Mittagessen. Nachmittags Scrabble, Kartenspiele, eine Siesta und schließlich noch eine Session bei Sonnenuntergang, gefolgt von einem atemberaubenden Abendessen. Und vor neun Uhr abends lagen wir im Bett. Morgens weckten uns die Vögel, Insekten und die Brüllaffen, die tatsächlich mindestens zweimal pro Tag ihr Territorium durch ohrenbetäubenden Lärm für sich reklamieren: morgens und abends. Eines Nachmittags wurde Joel in einen Brüllwettbewerb – eigentlich eher einen Grunz- und Blök-Wettbewerb – mit dem Boss unserer örtlichen Affengruppe verwickelt.

Chris und ich kamen gerade von einer Session im goldenen Abendsonnenlicht zurück, als wir das unfassbar laute Geschrei eines Brüllaffen hörten – besser gesagt: in der Brust vibrieren fühlten. Der Ruf dieser zierlichen Primaten trägt weiter als der jedes anderen Landtieres. Sie können ihn noch in fast fünf Kilometer Entfernung hören. Aus kürzerer Distanz ist das ein Radau, als würde der Dschungel selbst Alarm schlagen. Der Rest der Familie hielt sich gerade hinter dem Haus auf, wo ein weiterer Primat sich durch die Bäume schlug. Joel provozierte das Alphamännchen – das mit den lautesten Gutturaltönen –, als wolle er ihm sein Territorium streitig machen. Der Brüllaffe hatte buchstäblich einen dicken Hals. Mit seinen schwarzen Augen stierte er auf einen Joel, der eindeutig nicht brüllaffenähnliche Laute von sich gab. Der Affe antwortete mit einem tieferen und lauteren Blöken, als man ihm das bei seiner Größe zugetraut hätte. Seine großen *cojones* (Eier) schwangen im Abendwind wie Glocken. Das Wettbrüllen dauerte fort, bis die Jungtiere und die Mütter mit den Babys in Sicherheit waren vor den großen, weißen, haarlosen Affen da am Boden.

Wenn nicht die Wildtiere für Unterhaltung sorgten, so gab es eine ganze Reihe von domestizierten Vierbeinern, die das für sie übernahmen. Eines Nachmittags mussten wir wegen einer Kuhherde auf der Hauptstraße anhalten. Ein besonders aggressiver Longhorn-Jungbulle wollte sich eine Mutprobe mit unserem Auto liefern. Ich war fast sicher, dass er unseren Kühlergrill auf die Hörner nehmen würde. Erst in wirklich allerletzter Sekunde wich er dann doch noch nach rechts aus. Pferde trabten neben der Straße, scheinbar ohne Ziel und ohne Hüter. Wohin sie wohl wollten? Am Strand wimmelte es nur so von verlausten Hunden vom Typus: »Ha, ich renne über den Sand und jage Fische bzw. Kokosnüsse.«

Einer von ihnen adoptierte uns. Ein drahthaariger brauner Mischling mit langer Schnauze und spitzen Ohren folgte uns eines Tages nach Hause und beschloss, bei uns einzuziehen. Wir nannten ihn Hector. Er war eine Woche lang unser Hund, und wir liebten ihn innig.

Selbst all die Warnungen von wegen Kriminalität in Costa Rica schienen ohne jede Grundlage. Wir verloren unsere neue Flip-Cam am Strand, eine handtellergroße Videokamera, die sich großer Beliebtheit erfreute, bevor iPhones und GoPros sie in die Bedeutungslosigkeit verbannten. Wir hatten die ganze Woche mit der Kamera gefilmt und hatten die Aufnahmen noch nicht auf dem Computer gespeichert. Joel dachte, er habe die Kamera vielleicht bei dem Baumstamm verloren, vor dem wir unser Lager aufgeschlagen hatten, doch als er später danach suchte, fand er nichts. Ich nahm einfach an, dass jemand sie gestohlen hatte. Als unverbesserlicher Optimist heftete Joel an den Zaun des Haupteingangs zum Strand einen Zettel:

Am Strand verloren: Flip Camcorder
Hinterlassen Sie eine Nachricht für Joel
im Jungle Jave Café.

Am nächsten Tag kam Christopher von seiner Morgensession zurück und entdeckte einen anderen Zettel auf der Rückseite des Pfostens:

Am Strand gefunden: Camcorder
Steve@Nosara Paradise Rental. Casa Capitan.

Als wir an die Tür der Casa Capitan klopften, übergab uns ein meganettes Paar unsere geliebte Kamera und wollte noch nicht einmal einen Colón Finderlohn annehmen.

Etwa sechs Tage später fuhr ein Lieferwagen unter lautstarkem Hupen auf unser Grundstück. Als die Kinder und ich zur Tür hinausgingen, war die Lade schon heruntergeklappt und gab den Blick frei auf mehrere Regale mit deutschem Brot, Kuchen und Keksen. Niemand fragte, wieso es im Dschungel deutsches Brot gab. Wir waren hungrig und hellauf begeistert.

Doch das weitaus Schönste an dieser Reise war, dass ich mich von meinem Energielevel her so ganz auf das Durchschnittsalter unserer Gruppe einstellen konnte. Unsere Kinder waren zwischen acht und achtundzwanzig Jahre alt. Und ich benahm mich, als stünde ich genau in der Mitte, was heißt: süße neunzehn. Christopher mal ausgenommen waren wir alle Anfänger, was das Surfen anging. Jeden Tag schleppten wir sieben Boards an den Strand und plätscherten stundenlang in den Wellen herum. Meine Surfzeit in New Jersey wurde ja immer wieder von Verpflichtungen der ein oder anderen Art unterbrochen. In Costa Rica war meine einzige Verpflichtung, Spaß zu haben.

SPIELEN SIE – IN VOLLEM ERNST!

In meinem Leben hatte es seit einer Ewigkeit keine ganze Woche mehr gegeben, in der ich mich unbeschwert amüsieren konnte. Ich meldete mich nicht einmal im Büro, eine durch und durch befreiende Übung, die ich unbedingt mal wiederholen muss. Die spielerische Haltung der Kinder war so ungeheuer ansteckend, und ich schnappte das Virus unmittelbar nach unserer Ankunft am Flughafen auf.

Mitte der Woche spürte ich den örtlichen Tattoo-Spezialisten auf und versuchte, die Familie davon zu überzeugen, sich doch vor der Abfahrt zueinander passende Tattoos stechen zu lassen. Sogar meinen achtjährigen Sohn Gio. (Regeln schienen im Dschungel irgendwie außer Kraft gesetzt zu sein.) Vielleicht habe ich's da ein bisschen übertrieben. Joel jedenfalls bremste mich und meine solargespeiste Regression ins Teeniealter ein wenig aus. Aber das Gefühl des Spielerischen war mir einfach neu. Ich war damals so glücklich wie seit Jahren nicht mehr. Hatte ich vielleicht ein wenig von meiner Erwachsenenvernunft eingebüßt? Mag sein, aber mir spukte immer ein Sprichwort im Kopf herum, das die meisten von uns kennen: »Immer nur schaffe, schaffe Häusle baue, lässt unser Hänsle ganz versaure.« Stimmt schon: Wenn man keinen Spaß hat, wird es schnell gruselig.

Sobald Sie Ihr Dilettantentum ernsthaft pflegen, wird der Rest der Welt – aus Gewohnheit oder Höflichkeit – darauf bestehen, dass das, was Sie da treiben, unter Freizeitbeschäftigung fällt. Okay. Nah dran. Während der Begriff »Freizeit« einige der wichtigsten Aktivitäten der Menschheit in eine Schublade steckt, hat »Spiel« etwas, was für unsere Zwecke recht nützlich ist.

Stephen King war ja nicht der Erste, der diese alte Volksweisheit in *Shining* mit Gewinn verwertete. Tatsächlich taucht sie schon 1659 in der Sprichwörtersammlung des Walisers James Howell auf. Doch die Unterscheidung zwischen Arbeit und Muße reicht viel weiter zurück, zumindest bis zu den griechischen Philosophen, die zwischen diesen beiden unterschieden, um das Loblied der Muße zu singen. Natürlich dachte damals noch niemand ans Surfen, sonst hätte Homer seinen Odysseus auf dem Heimweg sicher ein paar steile Wellen nehmen lassen.

Doch das Lob des Spiels verstummte nicht mit den alten Griechen. Im 18. Jahrhundert war es Friedrich Schiller, der in seiner Abhandlung *Über die ästhetische Erziehung des Menschen* schrieb: »Der Mensch spielt nur, wo er in voller Bedeutung des Wortes Mensch ist, und er ist nur da ganz Mensch, wo er spielt.«[26]

Es ist schwierig, Dilettant zu sein, wenn Sie keinen Sinn fürs Spielerische haben. Und wenn Sie nicht zu spielen wissen, werden Sie es nie zum Dilettanten bringen. Aber was meinen wir eigentlich mit »Spiel«? Das ist ein bisschen wie mit der Pornografie: Man erkennt es, sobald man es sieht. Dabei kann durchaus der Satz zutreffen: Was dem einen sein Spiel, ist dem anderen seine Marter (Frisbee, Golf oder Surfen).

Verhaltenstechnisch gesehen spielen Tier und Mensch, um Fähigkeiten zu entwickeln, die ihnen später im Leben mal nützlich sein werden. Die Schwertspiele junger Männer im 14. Jahrhundert verkürzten ihre Lebensspanne allerdings deutlich. Entweder du lernst gut zu kämpfen, oder du wirst Hackfleisch. Das Spiel von Tieren zielt tatsächlich auf grundlegende Überlebenstechniken ab. Löwenjunge jagen den zuckenden Schwanz der Mutter und lauern ihren Geschwistern auf, damit sie später mal das Zebra überwältigen können, mit dem sie ihren Hunger stillen. Man betrachtet das Spiel als Instinktverhalten, aber wenn es Instinkt ist, müsste es dann nicht einen entwicklungsgeschichtlichen Zweck haben? Was das Spiel von einer als angenehm empfundenen, zweckgerichteten Betätigung unterscheidet, wird seit Jahrhunderten erforscht.

Ende des 19. Jahrhunderts wurde das Spiel Gegenstand professioneller Untersuchungen. Der deutsche Philosoph Karl Groos schrieb sozusagen einen Leitfaden zur Theorie des Spiels. Zuerst forschte er über das Spiel von Tieren, dann wandte er seine Erkenntnisse auf die höheren Geschöpfe des Tierreiches an, die Menschen. In seinem Buch *Die Spiele der Menschen* stellt er Schillers Theorie auf eine wissenschaftliche Grundlage. Im Anschluss an seine erste Studie *Die Spiele der Tiere* schrieb er in der Abhandlung über das menschliche Spiel, »dass in der höheren Tierwelt einige Instinkte vorhanden sind, die vor allem in der Jugend, in geringem Maße auch im reiferen Alter, ohne ernstlichen Anlass zur Betätigung drängen und so die Erscheinungen hervorrufen, die wir unter dem Namen ›Spiel‹ zusammenfassen. (...) Wo eine Tätigkeit rein um der Lust an der Tätigkeit selbst willen stattfindet, da ist ein Spiel vorhanden«.[27] So weit, so klar. Aber hinter all dieser deutschen Definitionsverliebtheit steht eine wunderbare

Vorstellung: Das Spiel existiert für Sie und mich absolut grundlos, und das gilt bis zum Tag unseres Todes.

Doch der Instinkt oder Impuls des Spiels ist für die gesamte Gesellschaft von Bedeutung. Ein Zeitgenosse Groos', der Theologe Max Reischle, schrieb: »Die menschliche Gesellschaft entfaltet ihren Reichtum nur in ausgeprägten Persönlichkeiten, und diese allein sind zu einer rechten Erfüllung ihres Dienstes für die Gesamtheit fähig.«[28] Was also den entwicklungsgeschichtlichen Imperativ des Spielens angeht, so tun wir als Gesellschaft gut daran, unser Erfahrungsspektrum darum zu erweitern. Monokulturen werden nämlich dezimiert – sowohl in der Natur als auch im Kern unseres Wesens. Und das betrifft die Gesellschaft als Ganzes.

In einem meiner liebsten Surferfilme, *Step Into Liquid*, antwortet der Profisurfer und Schriftsteller Sam George auf die Frage, wozu das Surfen eigentlich gut sei: »Wenn ich aus dem Wasser komme und bin viel besser gelaunt als zu dem Zeitpunkt, als ich reingegangen bin, dann schwappt das irgendwie in mein Leben über, und ich bin ein glücklicherer, netterer Mensch als zuvor. Daher könnte man wohl sagen, dass Surfen der Gesellschaft dient.«[29] Dabei ist die Stimmungsaufhellung nur ein positiver Aspekt des Spiels.

Konrad Lange, ein anderer Zeitgenosse von Groos, schreibt: »Und zwar werden bei der Berufsarbeit in der Regel nur einige wenige Kräfte des menschlichen Geistes, diese aber in einseitiger Weise in Anspruch genommen. Zahllose Gefühle, die in der Natur des Menschen liegen, hat er niemals Gelegenheit zu erproben.«[30] Und er erklärt, dass dies eine katastrophale Wirkung auf die Menschheit hat. Aber warum sollten wir uns Herausforderungen denn entziehen? Besser, wir gehen raus und tun etwas. Irgendetwas, was mit Arbeit nichts zu tun hat. Irgendetwas, worin wir ganz wunderbar dilettieren können.

Groos' recht umfassende Definition des Spiels zeigt, dass es dabei nicht nur um das Herumlaufen auf einem Spielplatz geht oder den Abstecher in ein Geschäft für Sportartikel. Ja, dies hier ist ein Buch, in dem viel übers Surfen geschrieben wird. Und ja, rein wortgeschichtlich hat »Spiel« mit aktiver Bewegung zu tun (von althochdeutsch *spilon*, »sich lebhaft bewegen«). Aber wenn es um etwas geht, das man nur zum Vergnügen tut, dann sind damit auch gedankliche Bewegungen gemeint. Am besten aber ist es, wenn Ihr Spiel all das umfasst. Denn die kontemplativen, passiven Momente des Surfens sind ebenso vergnüglich wie die Tätigkeit selbst. Wenn ich auf meinem Board dahingleite, auf den Horizont zu, und nach einer ankommenden Welle Ausschau halte, höre ich dem Wind und dem Wasser zu und fühle ihre Bewegung um mich herum. Ich bin eins mit dem Ozean und verfalle in meditative Versenkung.

WAS ABER HAT ALL DAS mit Gelassenheit zu tun? Mit dem Eingehen in etwas Größeres, Geheimnisvolleres?

Unendlich viel. Denn so absurd sich das anhören mag: Spielen ist nicht leicht. Für keinen von uns. So wenige Menschen tun es wirklich. So wenige wollen es wirklich. Wenn es so einfach wäre, hätten wir nicht die ständigen Debatten über Work-Life-Balance. Wären wir alle begnadete Spieler, dann hätten wir alle ein Haus oder eine Wohnung am Parkrand – einfach weil es sehr viel mehr Parks gäbe.

Die Verpflichtung zum Spiel ist mühselig, aber nicht, weil wir alle so unendlich viel Verantwortung tragen. Es fällt uns – wie das Scheitern – schwer, weil wir dabei die Vorstellung aufgeben müssen, meisterhaft zu sein. Wenn Sie spielen, lassen Sie Ihrer Spontaneität freien Lauf. Und das erfordert Demut. Sehen Sie mal Kindern zu, die auf dem Spielplatz zugange sind. Wären sie so komplexbeladen wie wir, wären sie nie in der Lage, in der kichernden Rasselbande zu verschwinden, in der solche Spiele immer enden. Spielen ist schwer, weil es von uns Selbstaufgabe verlangt. Man kann sich nicht ernst nehmen, wenn man spielt.

Und dass unsere Kultur die Vorstellung von Arbeit und Spiel sowie deren mystische Überschneidungen total durcheinandergeworfen hat, macht die Sache nicht leichter.

Die Erforschung der Unterschiede zwischen Spiel und Arbeit beschäftigt prominente Denker seit Jahren, und trotzdem sind wir noch kein bisschen weitergekommen bzw. haben wir uns von einem ausgeglichenen Leben sogar noch weiter entfernt. Irgendwann jedenfalls haben wir angefangen, uns an ein Sprichwort zu halten, das erst kürzlich für einen Werbespot benutzt wurde: »Du bist, was du tust.« Soll heißen: Wir sollten uns stolz mit dem identifizieren, was wir im Beruf leisten. Das hieße dann, dass Arbeit um der Arbeit willen verrichtet wird. Ein höchst gefährlicher Fallstrick.

ARBEIT WIRD GNADENLOS ÜBERBEWERTET

Botschaften, die Leben und Arbeit in eins setzen, schallen uns heute allenthalben entgegen. Der oben zitierte Werbeslogan passt zu einem anderen Spruch: »Tu, was du gern tust, und du wirst nicht einen Tag in deinem Leben arbeiten.« Ähnliches habe ich selbst auch schon gesagt. Ich mache meine Arbeit gern, und meine Arbeit ist eng mit meinem Privatleben verknüpft. Ich werde auch mein Leben lang dankbar sein, dass ich eine für mich sinnvolle

Arbeit gefunden habe, die noch dazu meine Familie ernährt. Aber eines ist für mich trotzdem klar: Wenn ich arbeite, dann arbeite ich. Arbeit ist nicht gleich Spiel. Ein Großteil meiner Faszination fürs Surfen rührt daher, dass es so wenig mit meinem Arbeitsleben zu tun hat. (Ich sage »wenig«, denn es gibt ja immer willkommene Überschneidungen, die die Welt von Wasser und Wellen mit der Welt der Worte und Weisheit verbinden. Aber es sind nicht diese mengendiagrammartigen Überschneidungen, die mich meine Mitte halten lassen.) Die Arbeit auch mal hinter sich zu lassen ist lebenswichtig, nicht nur für das Individuum, sondern für die Gesellschaft als Ganzes. Wäre es nicht großartig, in das übliche Cocktailparty-Geplauder mal nicht mit der Frage einzusteigen: »Ach, hallo, und was machen Sie so?«, sondern mit: »Ach, hallo, und worin sind Sie so richtig schlecht?«

Ich denke oft an eine Titelgeschichte der Zeitschrift *Surfer* über Andy Irons, einen der größten Surfer aller Zeiten. Die Schlagzeile lautete: »Ich will mich noch einmal verlieben in den Sport, der mir alles gegeben hat!« Andy Irons war Weltmeister im Surfen, und nicht einmal er konnte diese Leidenschaft halten, obwohl er sein Leben damit zubrachte, die größten Wellen der Welt zu reiten, und als einer der besten Surfer aller Zeiten gefeiert wurde. Ich weiß noch, was ich dachte, als ich diese Schlagzeile las: Selbst das Surfen ist also für manche Leute Arbeit. Das ändert nichts daran, dass es großartig ist. Aber es macht deutlich, dass die Dynamik eine andere ist, sobald Leistungsdenken und Erwartungen ins Spiel kommen. Keine Tätigkeit ist an sich Arbeit bzw. Spiel.

Das hört sich jetzt ein bisschen existenzialistisch an, und das hat seinen Grund. Ich denke, Spiel bzw. Arbeit sind Haltungen, die wir in eine Tätigkeit hineintragen, wenn wir sie zu der unseren machen. Es ist nicht das, was die Essenz dieser Tätigkeit ausmacht. Ich konnte nicht widerstehen und präsentierte diese Idee meinem Freund Andy Martin. Andy ist Dozent für französische Literatur an der Universität Cambridge und natürlich Surfer. Er war schon überall auf dieser Welt zum Surfen und redet so nebenbei über Sartre, als hätte er ihn persönlich gekannt – und das ist schon eine Leistung. Als ich ihn fragte, was wohl Sartre zu meiner Idee gesagt hätte, dass Dilettantentum ein Ausweg aus existenzieller Angst sein kann, verwies er mich auf *Das Sein und das Nichts,* da Sartre dort das Skifahren und Gleiten anspricht.

»Was Sartre meint, ist, dass jeder – ob beim Skifahren oder beim Surfen oder wobei auch immer – versucht, ein sokratischer Philosoph zu sein. Und das heißt: sterben, transzendieren, gottähnlich werden. Unsere menschliche Fehlbarkeit zu überwinden. Wenn ich Ski fahre, will ich nichts weniger sein als DER Skifahrer – auf eine fast sinnbildhafte Weise. Vollkommen. Untadelig. Sartres Begriffe dafür sind An-sich- und Für-sich-Sein. Jeder Mensch will Gott sein. Aber an diesem Punkt kommen wir an die Bruchstelle, die dem Bewusstsein selbst innewohnt. Da ist nämlich stets diese unvermeidliche Asymmetrie zwischen Traum und Erfahrung.«[31]

Dieser Mythos, der Wunsch nach Perfektion, ist uns angeboren, meint Sartre. Und natürlich werden wir die Vollkommenheit nie erlangen. Darum kann es so verdammt schwierig sein, in etwas einfach Mittelmaß zu bleiben. Es wird sich immer unvollständig anfühlen.

Sartre nimmt die Herausforderung aber an. Wie Martin erklärt: »Der schmelzende Schnee ist für Sartre ein Sinnbild dieses Phänomens. Philosophisch meint er letztlich Folgendes: Okay, ich mache Fehler, aber ich habe diesen absurden inneren Drang nach dem Erhabenen. Das ist die emotionale Achterbahn des Manisch-Depressiven. Das Gefühl der Enttäuschung. Die kognitive Dissonanz. Hin und wieder kommen die beiden zusammen, wenn auch nur ganz kurz, und in diesem Augenblick hat man das Gefühl, unsterblich zu sein.«

Wenn sich das für Sie jetzt so anhört, als müssten wir einen bestimmten Grad an Vollkommenheit erreichen, um einen Vorgeschmack auf die Unsterblichkeit zu bekommen, dann halte ich dagegen: Da Perfektion ja ohnehin außerhalb unserer Reichweite liegt, können wir weiter unten einsteigen, indem wir unsere Mängel akzeptieren und so zum Erhabenen gelangen. Und das passiert, wenn wir uns die Freiheit geben, zu spielen und dabei mittelmäßig zu sein.

Aber wir kommen nie an diesen Punkt, wenn unser einziges Ziel eben genau das ist: zielgerichtet zu sein. Auf Resultate zu schielen ist etwas für Utilitaristen. Aber Sie, der Sie dieses Buch lesen, sind eine ehrliche Null und ein guter Existenzialist. Ich übrigens auch. Wie Sartre sagt: Spiel ist Freiheit.[32] Ein Mensch, dessen einziger Lebenszweck die »Ernsthaftigkeit« ist, wie Sartre das definiert, dem fehlt es an Zeit und Raum für intellektuelle oder spirituelle Kontemplation und Entwicklung. Das ist vor allem heute von Bedeutung, wo wir es schon fast als Ehrensache betrachten, Workaholics zu sein. Der Workaholic verbannt mittels seiner Arbeit andere erfüllende Aspekte aus seinem Dasein – ob nun aus Angst, aus fehlgeleitetem Konkurrenzdenken, Mangel an Fantasie oder absoluter »Ernsthaftigkeit«. Wir alle kennen Workaholics, die ihre Arbeit als Rechtfertigung dafür anführen, dass sie ihr Dasein nicht in all seiner Fülle leben und genießen können. Wegen der Arbeit haben sie angeblich als Vater oder Partner nicht mehr Zeit für die Familie; können nicht öfter ins Fitnessstudio gehen; müssen die Wäsche liegen lassen und können die alten Eltern nicht öfter besuchen. Die Arbeit gilt auch als Ausrede, um sich nicht die Zeit zu nehmen, etwas Neues zu lernen.

Noch verblüffender ist die Tatsache, dass wir damit prahlen, wie schwer und lange wir arbeiten. Als würden wir damit angeben, dass wir nicht schlafen können. Ich weiß nicht, wie es anderen Menschen geht, aber ich arbeite lieber nicht so viel und schlafe dafür ausreichend. Und wenn ich das tue, dann habe ich auch das Gefühl, alles richtig zu machen. Andererseits wäre es aber auch ganz schon großmäulig (und erlogen), würde ich von mir behaupten, dass ich dieser »Arbeit adelt«-Ideologie nie auf den Leim gehe.

Eine der erhellendsten Fragen, die Gio mir je gestellt hat, war: »Mama, warum lassen die dich immer so viel arbeiten?«

Ich atmete kurz durch, bevor ich antwortete, denn diese absolut unschuldige Frage zielte direkt auf das Mark einer beschämenden Antwort.

»Die? Es gibt kein ›die‹«, sagte ich ihm und wurde mir der Tatsache bewusst, dass mein Zeitmanagement Optimierungspotenzial besaß.

»Warum arbeitest du dann so viel und beschwerst dich darüber?«

Und wieder mal hatte mein Neunjähriger den Nagel auf den Kopf getroffen.

Dieser innere Imperativ, in unserer Arbeit aufzugehen, ist ein falsches Loblied auf Sinnerfüllung im Leben und der Hauptgrund dafür, dass es uns so schwerfällt, unsere Mittelmäßigkeit anzunehmen. Doch es besteht ein wesentlicher Unterschied zwischen beruflichem Engagement und dem totalen Aufgehen im Job, das blind macht für alle anderen Erfahrungen außerhalb der Arbeit. Am Ende kann diese völlige Fixierung auf die Arbeit uns von jenem Rest unseres Geistes abkoppeln, der uns menschlich macht. Und das gilt für jedermann, egal wo er auf der sozio-ökonomischen Leiter steht, denn was wir uns als Spielwiese für unser Scheitern erwählen, ist keine Kostenfrage, sondern eher eine Frage unserer geistigen Einstellung (von unserer Energie mal abgesehen).

Es ist nicht so wichtig, welche Betätigung wir uns für Spiel und Freizeit wählen. Josef Pieper ist der Ansicht, dass es dabei tatsächlich um mehr geht. Er schreibt: »Muße ist ... (dieses Selbstverständliche muss nämlich festgehalten werden: Muße ist mit den äußeren Fakten von Arbeitspause, Freizeit, Wochenende, Urlaub nicht schon gegeben) ein Zustand der Seele.«[33]

Dabei beschäftigt das Thema Muße sowohl die Philosophen als auch die Wissenschaftler unterschiedlichster Fachrichtungen. Ganz sicher ist Freizeit ein wichtiger Faktor im Denken der Ökonomen, denn freie Zeit korreliert mit Arbeitszeit und daher mit Produktivität.

Der bedeutende britische Wirtschaftswissenschaftler John Maynard Keynes sagte 1931 in seinem Essay »Economic Possibilities for Our Grandchildren« voraus, dass die Weltwirtschaft bis 2028 so entwickelt und effizient sein würde, dass man die Wochenarbeitszeit auf fünfzehn Stunden verkürzen könnte. Seiner Ansicht nach wäre das Problem nur, was die Leute mit ihrer Freizeit anstellen sollten. »Müssen wir da nicht einen allgemeinen Nervenzusammenbruch befürchten?«, fragt er. Keynes lässt durchblicken, dass er nur wenig Vertrauen in unsere geistigen und spirituellen Qualitäten hat, auf die Pieper setzt, und schreibt weiter: »Wir sind viel zu lange darauf getrimmt worden, uns anzustrengen und keine Freude daran zu haben.«[34]

Keynes machte seine Prognose am Wachstum der Weltwirtschaft fest. Er lag zwar völlig daneben, was die Verkürzung der

Arbeitszeit angeht, doch seine Zweifel an der Fähigkeit des Menschen, seine Freizeit zu genießen, waren keineswegs unbegründet. Die Leute arbeiten nicht nur fast genauso viel wie zu Beginn des 20. Jahrhunderts, auch die Aufteilung der Arbeitsstunden hat sich umgekehrt: Menschen, die durch ihre Arbeit Einfluss ausüben können, arbeiten mehr als ungelernte Arbeitskräfte, und jeder scheint immer weniger Freizeit zu haben statt mehr. Da andererseits hinsichtlich der Reichtumsverteilung die Schere immer weiter auseinanderklafft, haben auch ungelernte Arbeitskräfte immer weniger Freizeit. Was heißt das nun für uns?

2008, als man sich der von Keynes genannten Marke allmählich näherte, stellte sich eine Gruppe weltbekannter Ökonomen die Frage, warum wir so verdammt viel arbeiten. Sechzehn führende Köpfe veröffentlichten ihre Beiträge in dem Buch *Revisiting Keynes*. Die Antworten reichten von den sozialen Vorzügen der Arbeit bis hin zum wachsenden Konsum. Wir müssen mehr arbeiten, um unseren wirtschaftlichen Standard halten zu können. Noch schlimmer ist, dass die höheren Löhne einhergehen mit höheren Kosten für die Freizeit.

Auch die Einkommensungleichheit spielt dabei eine wesentliche Rolle. Studien zeigen, dass umso mehr Arbeitsstunden pro Person geleistet werden, desto höher die Unterschiede in der Entlohnung sind. Dieser Effekt wird durch unser turnierartiges Wirtschaftssystem und die leistungsabhängigen Boni noch verstärkt. Harvard-Ökonom Richard Freeman meint, dass dies Menschen, die Überstunden machen, auf einen realen Gewinn hoffen lässt.[35] Wer also mehr arbeitet, bekommt auch mehr Geld!

Es verwundert nicht, dass US-Amerikaner dabei am schlimmsten sind. Freeman schreibt: »Die Vereinigten Staaten sind das bemerkenswerteste Gegenbeispiel zu Keynes Vorhersage, dass mehr

Reichtum zu mehr Freizeit führen würde.«[36] Er fährt fort: »Die Amerikaner engagieren sich so sehr für ihre Arbeit, dass sie von den zwei Wochen Urlaub, die sie üblicherweise pro Jahr haben, vier Tage verfallen lassen. Die Europäer hingegen nehmen von ihren üblicherweise vier bis fünf Urlaubswochen jeden einzelnen Tag.« Üblicherweise heißt es dann, dass Amerikaner mehr arbeiten und der Zusammenhang zwischen Arbeitsstunden und hoher Produktivität die grassierende Workaholic-Kultur der USA rechtfertigen würde. Aber sind wir denn wirklich produktiver? Und noch wichtiger: Macht uns das wirklich glücklicher?

Was die Produktivität angeht, so belegen Studien immer wieder, dass diese einbricht, sobald ein gewisses Quantum an Wochenarbeitszeit überschritten wird. Überstunden helfen niemandem. Weder dem Arbeitnehmer. Noch dem Arbeitgeber.

Im Januar 2017 beschloss das französische Parlament ein Gesetz, das es Arbeitgebern verbietet, von ihren Angestellten zu verlangen, außerhalb der Arbeitsstunden per E-Mail erreichbar zu sein.[37] Natürlich bleibt es jedem Einzelnen überlassen, was er in seiner Freizeit tut, doch das Gesetz erkennt zumindest an, dass berufliche Pflichten das Privatleben beeinträchtigen. Klare Grenzen zu ziehen ist ausgesprochen hilfreich, wenn wir eine Kultur schaffen wollen, in der Freizeit einen festen Stellenwert hat. Die Politik der Franzosen erscheint zwar absolut unamerikanisch, doch die Statistik zeigt, dass man in Frankreich zwar fünfzehn Prozent weniger arbeitet als in den USA, die Produktivität aber genauso hoch ist.[38]

Wer also ist hier der Gewinner?

Und was das Glücklichsein angeht, nehme ich mal an, das hängt ganz davon ab, wo man seinen Kick findet. Oder wie Freeman schreibt: »Viele Menschen arbeiten aus Gründen, die über die monetäre Entlohnung hinausgehen … Arbeitsplätze sind ein soziales Umfeld, in dem Menschen sich begegnen und miteinander interagieren. Etwa 40 bis 60 Prozent der Amerikaner sind schon mal mit Personen aus ihrem Arbeitsumfeld ausgegangen.«[39] Das allerdings liegt wohl daran, dass die Leute ja ständig in der Arbeit sind. Wo sonst sollten sie einen potenziellen Partner kennenlernen? Denn eigentlich bestünde diese Möglichkeit auch im Yogastudio oder an der Töpferscheibe bzw. in der Schlange im Supermarkt. Außerdem haftet Beziehungen im Arbeitsumfeld in der Post-Weinstein-Ära doch eher ein gewisses Geschmäckle an. Vielleicht sollten wir uns doch besser woanders umsehen.

Ein anderer Autor aus dem Sammelband *Revisiting Keynes* ist der Ökonom der Columbia University Edmund S. Phelps. Er meint, Arbeit stelle eine Gelegenheit für die Menschen dar, ihren Kopf anzustrengen und neue Talente zu entwickeln. In einer Zeit steten technischen Fortschritts, schreibt er, »bietet eine immer größer werdende Anzahl von Jobs den Menschen Herausforderung und Veränderung, die es so nur in der kapitalistischen Gesellschaft mit ihrer spezifischen Dynamik gibt.«[40]

Natürlich kann Arbeit auch Spaß machen. Dagegen habe ich auch gar nichts einzuwenden. Wer das Glück hat, in einem derart dynamischen Umfeld zu arbeiten, findet in seinem täglichen Broterwerb erheblichen sozialen und intellektuellen Gewinn. Aber ganz egal, aus welchem Blickwinkel wir sie auch betrachten, Arbeit hat stets mit materiellen Errungenschaften zu tun. Wenn wir uns von diesem Aspekt lösen können, können wir uns auf bedeutsame und nicht messbare Weise entwickeln.

Jüngere wissenschaftliche Untersuchungen stützen meine Ansicht, dass es von Vorteil ist, wieder zu werden wie die Kinder (und zwar für die ganze Familie!). Schillers zweieinhalb Jahrhunderte alte Philosophie, Piepers antitotalitäre Argumentation, Sartres Existentialismus und Keynes' Ideen – all das wird gestützt durch neueste Erkenntnisse von Alison Gopnik, Professorin für Psychologie an der University of California in Berkeley und Spezialistin für kindliche Entwicklung und Lernen.

Wie wir immer wieder feststellen können, scheinen Kinder instinktiv zu begreifen, welche Weisheit im Scheitern steckt. In Gopniks bekanntem TED Talk *What Do Babies Think?* vergleicht die Professorin die Denkprozesse von Babys mit denen Erwachsener.[41] Sie erklärt, wie Erwachsene ihren Blickwinkel verengen, um die volle Kapazität jenes Gehirnteils zu nutzen, der uns kalkulierte Entscheidungen treffen lässt. (Wenn ich mehr arbeite, verdiene ich mehr!) Zweifellos ist so gewährleistet, dass unser Lebensunterhalt gesichert ist, wir Arbeit haben und produktiv und sozial kompatibel bleiben. Babys hingegen stellen ihren Fokus weit. Sie sind nicht gut im Konzentrieren, weil die hemmenden Regionen des Gehirns noch nicht so weit entwickelt sind, dass sie andere Reize einfach ausblenden könnten. Für sie ist alles in ihrer Umgebung interessant, und sie nehmen alles auf. So funktioniert auch das kreative, fantasievolle und innovative Lernen. Zwar wären wir aufgeschmissen, würden wir nicht lernen, uns auf bestimmte Dinge zu konzentrieren, damit wir unsere Aufgaben bewältigen und unser Überleben sichern können. Nichtsdestotrotz hätte es gewisse Vorteile, wenn wir lernen könnten, hin und wieder zu denken wie Babys und Kleinkinder. Dann wären wir bedeutend offener.

Und diese Überlegung lässt sich zurückverfolgen bis zu Aristoteles und Platon. Beide waren der Ansicht, dass Muße und Spiel unseren Geist für intellektuelle und spirituelle Entwicklung öffnen. Es ist für unser Leben als zivilisierte Geschöpfe elementar, dass wir unsere Ziele – unsere belohnungsorientierten Impulse –

auch mal vergessen können und das Tor aufstoßen für Tätigkeiten, in denen wir bestenfalls Mittelmaß sind, die wir jedoch auch ohne produktiv zu sein genießen können.

Irgendwo auf dem Weg vom Tändeln des Kindes zum erwachsenen Spiel mit harten Bandagen geht uns etwas verloren. Unser Geist ist plötzlich besessen von Zielen und Belohnungen. Unsere Kultur ist so erfolgsorientiert, dass nicht einmal Kinder mehr rein zum Spaß spielen. Wenn sie spielen, dann gibt es dafür eine Plakette oder einen Pokal – nur fürs Mitmachen. Vierjährige werden getestet, um festzustellen, in welche Klasse des Kindergartens sie am besten passen. Highschool-Schüler geraten an den Rand des Nervenzusammenbruchs, wenn sie darum kämpfen, an möglichst prestigeträchtigen Universitäten angenommen zu werden. Und die Universitäten erweisen sich dann als Druckkochtopf für Wettbewerb und Leistung.

Dabei geht diese Ideologie, die Erfolg und persönlichen Wert gleichsetzt, vollkommen an den Bedürfnissen unserer Kinder vorbei. Kinder nehmen mehr Medikamente ein als je zuvor. Das US-amerikanische Gesundheitsministerium berichtet, dass die Verschreibung von Psychopharmaka für Kinder zwischen 1994 und 2010 um das Fünffache angestiegen ist.[42] Diese zielorientierte Welt, in der wir mittlerweile leben, schenkt uns eines mit Sicherheit nicht: belastbare und selbstsichere Kinder und Erwachsene. Als Eltern aber können wir diesem unglückseligen Trend gegensteuern, indem wir ein besseres Vorbild abgeben.

Und »besseres Vorbild« heißt in diesem Fall nicht, dass wir vor den Kindern so tun, als wären wir Übermenschen. »Besser« heißt, dass wir ihnen ähnlicher werden. Dass wir Dinge geschehen lassen, sie annehmen und gelassen bleiben.

SICH DEM PARADIES UND DER HÖLLE HINGEBEN

Als wir zum zweiten Mal nach Costa Rica flogen, waren wir stolze Grundbesitzer. Wir waren so ungeheuer aufgeregt, und das hat uns wohl daran gehindert, unseren Job zu machen. Die Suche nach den 1242 Quadratmetern Dschungel, die jetzt uns gehörten, hätte eigentlich schwierig sein sollen. Doch kaum waren wir in Playa Guiones, der Gemeinde, die wir nun unser Heim nennen durften, fuhren wir ein, zwei Kilometer, und ich bog dabei nach rechts oder links ab, als wüsste ich, was ich tat.

»Woher weißt du eigentlich, wo du abbiegen musst?«, fragte mich Joel.

»Ich weiß es nicht, aber ich spule im Kopf Eriks Video ab. Ich glaube, wir sind gleich da.«

Ein paar Mal steckten wir in einer Sackgasse, aber am Ende arbeitete sich unser Wagen einen steilen und schlammigen Weg hinauf, in den Lastwagen tiefe Fahrrinnen gegraben hatten, als würden wir von einem unsichtbaren Seil gezogen. Meine Gedanken hüpften hin und her zwischen »Wo zum Teufel sind wir bloß?« und »Das ist unsere neue Heimat!«. Und tatsächlich, als wir uns dem Ende der Straße näherten, erkannte ich das »Zu verkaufen«-Schild an einem der Bäume. »Hoppla«, sagte ich in Gedanken zu mir, »wieso hängt das denn immer noch da?«

Und laut: »Das ist es! Das ist unser Grundstück!«

Joel sagte: »Bist du sicher?«

Die sprudelnde Vorfreude in meinem Herzen legte sich plötzlich. Eine ungewöhnliche Ruhe überkam mich. »Ja, das ist es.«

Das Grundstück lag zu unserer Linken, das vorletzte an diesem Straßenabschnitt. Rechts befand sich ein dichtes Gestrüpp, durch dessen Zweige der blaue Pazifik hindurchschimmerte. Wir sahen, wie die Wellensets ans Ufer schlugen. Wir hörten das Rauschen des Meeres, als wir den Hügel hinauffuhren, trunken vom Geruch des Wassers, den Ausdünstungen des Erdreichs und dem süßen Duft blühender Bäume.

Ich sprang aus dem Auto und eilte auf den Baum zu, an dem das besagte Schild hing. Ich riss es auf der Stelle ab. Dann betrat ich in Flip-Flops das blühende Grundstück, wobei mir sofort klar wurde, dass Angst etwas vollkommen Abstraktes ist.

Unsere Vorstellung von Guiones und seiner Geografie war immer noch rein theoretisch. Sicher, wir hatten Eriks Video, in dem er über die Lehmstraße holperte, die zu unserem Grundstück führte. Aber bei unserer ersten Reise nach Nosara hatten wir uns nie weiter als einen halben Kilometer von dem gemieteten Haus entfernt. Das war ein bisschen so, als hätten wir uns gerade verliebt. Der Rest der Welt ist unsichtbar, man hat nur Augen für das, was unmittelbar vor einem liegt. Wäre die Reise damals ein Flop gewesen, hätten wir nun immer noch genug Geld auf der Bank gehabt. Und eine deutlich geringere Hypothek auf unsere Wohnung. Jetzt aber hatten wir nicht mehr viel Kohle. Und das Potenzial für ein glückliches Leben im Dschungel direkt vor der Nase.

Jetzt also ran ans Bauen.

Wo sollten wir damit anfangen, wenn nicht bei unserem neuen (und einzigen) Freund in Nosara, nämlich Erik. Dieser stellte sich als Zwei-Meter-Wikinger mit blondem Schopf und blauen Augen heraus. Ganz anders als der stämmige, dunkelhaarige und braun gebrannte Typ, als den ich ihn mir vorgestellt hatte. Ich hätte das als Omen nehmen sollen – nicht als böses, aber als Demut einflößendes Zeichen, dass wir nicht mal ansatzweise wussten, worauf wir uns bei diesem irren Abenteuer eingelassen hatten. Später hörten wir Horrorgeschichten von Leuten, die versucht hatten, in

Costa Rica zu bauen. Von naiv optimistischen Amerikanern, Kanadiern und Europäern, die in dieses gastfreundliche Land kamen, um Jahre darauf zu verwenden, ihre Häuser fertigzustellen, wenn es überhaupt zu einem Baubeginn kam. Menschen verloren die Ersparnisse eines ganzen Lebens und versanken im Morast der Justiz. Ich aber hatte irgendwie das Gefühl, dass das alles schon seinen rechten Gang gehen würde.

Es wäre natürlich eine viel bessere Geschichte, wenn in dem Moment, als wir, 5000 Kilometer von New York entfernt, unsere Heimstatt im Paradies zu bauen begannen, alles zum Teufel gegangen wäre. Aber so war es nicht. Erik stellte sich als echte Stütze heraus, wir sind bis heute mit ihm befreundet. Wir lernten vor Ort Architekten kennen, die trotz der Sprachbarriere genau verstanden, was wir wollten. Sie hörten sich unsere Ideen an und entwarfen schließlich einen von traditionellen japanischen Häusern inspirierten Bau, der genau dem entsprach, was ich mir für dieses Haus gewünscht hatte. Unser Haus beeinflusste den Baustil in Playa Guiones so sehr, dass selbst die Einheimischen sich heute daran orientieren.

Als wir unseren Bauleiter engagierten, hatten wir mit ihm nur E-Mail-Kontakt gehabt. Wir hatten nur ein paar Beispiele seiner Arbeit gesehen, denn Erik zeigte uns vor Ort Häuser unterschiedlicher Bauleiter. Und seine Häuser gefielen uns am besten, weil sie etwas Modernes hatten. Wir akzeptierten seine Preisvorstellungen, und noch bevor wir den Vertrag unterschrieben hatten, fing er mit den Erdarbeiten an. Als er mir sagte, dass er angefangen hatte, fragte ich ihn: »Ja, wollen Sie denn kein Geld sehen, bevor Sie loslegen?«

»Das ist schon in Ordnung«, antwortete er. »Da mache ich mir gar keine Sorgen. Sie werden auf jeden Fall bezahlen.«

Woher wollte er das wissen?

In den nächsten eineinhalb Jahren nutzten wir alle Schulferien, um mit den Jungs nach Nosara zu fliegen und das Projekt zu überwachen. Der Bauleiter war nicht der Typ in mittleren Jahren, den ich erwartet hatte. Er stellte sich als knackiger und überschwänglicher junger Israeli heraus, der hier geheiratet hatte und mit seiner Liebsten in Nosara eine Familie aufbaute. Das Erste, was er zu Joel sagte, als wir uns bei unserem ersten Besuch auf der Baustelle vorstellten, war: »Sie sind Jude, nicht wahr? Kommen Sie doch heute Abend zu uns zur Sederfeier! Meine Eltern sind zu Besuch aus Tel Aviv!«

Wir aßen gebratenes Schweinefleisch (richtig gelesen, *Schweinefleisch)* in ihrem Haus am Rio Nosara. Sie erzählten uns, dass der Fluss jedes Jahr über die Ufer trat und dann das Haus von schlammigen Wassermassen umgeben war und der ein oder andere Kaiman Jagd auf den Familienhund machte. Marion und seine Familie wurden zu unserer erweiterten Familie in Nosara.

Trotz der zahlreichen Warnungen – meist von Freunden, die uns für verrückt hielten – war der Bau unseres Traumhauses in Zentralamerika keineswegs ein chaotischer Albtraum, wie man dies von vielen solcher Projekte in aller Welt hört. Hätte ich nach Zeichen der Verlässlichkeit meiner Mitmenschen gesucht, ich hätte sie überall gefunden – wie die handgemalten Hinweisschilder, die Fremde zu den Schönheiten Nosaras führen sollten. Diesen Zeichen gefolgt zu sein vertiefte meinen Glauben, dass die Welt ein wunderbarer Ort ist und dass Augenblicke, die das Gegenteil zu beweisen scheinen, die Ausnahme sind. Zumindest für den Moment war ich dort, wohin mich der bessere Teil meines Spinnertums geführt hatte, und ich war glücklich.

ES WAREN DIE WELLEN in Guiones, die mich überhaupt nach Nosara geführt hatten. Und diese Wellen brachten mir mehr über Hingabe und Surfen bei als alle anderen. An wilden Tagen donnerte die Dünung laut an den Break, den Punkt, an dem die Wellen brachen. Dann wieder bildeten sich dort jene vollkommenen Wellen von Hüft- bis Kopfhöhe, die ich brauchte, um mich auf dem Board aufzurichten und loszugleiten. Diese Welle flößte mir das instinktive Gefühl ein, wie es ist, die Kontrolle loszulassen, um das tun zu können, was ich mir wünschte – auf einer Welle dahingleiten. Bis ich in Guiones gesurft bin, hatte ich mich immer mit Muskelkraft zum Line-up und dann in die Welle hineingeschoben. Ich wandte viel zu viel Kraft auf, beim Paddeln und beim Aufstehen – Surfen war für mich eine Herkulesaufgabe. Ich fühlte mich nie stark genug, geschmeidig genug, jung genug, um locker meine Bahn auf dem Face der Welle zu ziehen. Ich verschwendete kostbare Energie, indem ich gegen den Ozean arbeitete, und ich brauche nicht viele Worte, um zu erklären, wohin mich das brachte. Nämlich nirgendwohin.

Es gab Tausende von Gründen, warum ich bei meinem Lieblingszeitvertreib so schlecht war, aber das grundlegende Missverständnis meinerseits, wie man mit der Welle arbeitet statt gegen sie, war sicher ein Teil davon. Die Lektion, die das ändern sollte, lernte ich – wie das meist der Fall ist – durchs Scheitern.

Nach einer längeren Krankheit war ich erschöpft und erschlagen, als ich in Guiones surfte. Ich brachte einfach nicht die Kraft auf, mich aufzurichten, wenn ich eine Welle erwischte. Meine Arme knickten auf dem Board ein. Mein Körper fühlte sich an wie Blei, die Schwerkraft war an jenem Tag nicht mein Verbündeter.

Um meinen Mangel an Kraft wettzumachen, überließ ich mich meiner Schwäche und der Welle, die das Board genau unter mich stellte, sodass ich meine Füße darauf abstützen und in den Stand kommen konnte. Statt mich mit Muskelkraft zu erheben, überließ ich mich den Gesetzen der Physik. Wie durch Zauberhand stand ich, ohne mich angestrengt zu haben. Eine Surflektion basierend auf den Naturgesetzen, die sich mir bis zu diesem Moment entzogen hatten. Wie ein nichtnewtonsches Fluid, das einem mehr Widerstand entgegensetzt, je stärker die Krafteinwirkung ist, so ist es mit der Welle: Wenn du gegen sie ankämpfst, dann ist sie schwerer zu reiten und bringt dich … nirgendwohin.

Wenn Sie gegen das Wasser kämpfen, gewinnt das Wasser.

Als ich meine nutzlosen Strategien aufgab und mich einfach der Welle überließ, begriff ich endlich, dass ein Großteil meiner Schwierigkeiten beim Surfen nicht auf die Herausforderungen des Sports zurückging (die an sich schon erheblich sind), sondern auf die Energie, die ich im Kampf gegen meine Umgebung verschwendete, statt ihrer Einladung zu folgen.

Wie oben, so unten. Das gilt auch für das Wasser und gerade beim Surfen, denn unten enden Surfer, wenn sie eine Welle verpassen oder heruntergleiten.

Je besser ich im Surfen wurde (relativ gesehen, denn richtig gut werde ich in diesem Sport nie), desto größer wurden die Wellen, die ich surfen wollte. Ich rede hier nicht vom Unterschied zwischen vier oder sechs Fuß (1,20 bzw. 1,50 Meter) und acht bis zehn Fuß (2,40 bzw. 3,00 Meter). Hier geht es um Wellen von ein bis zwei Fuß (dreißig bis sechzig Zentimeter) im Unterschied zu solchen von Kopfhöhe. Ich sage das deswegen so deutlich, weil jeder Anfänger gern auf die Höhe der von ihm gesurften Wellen was drauflegt, ebenso wie jeder Profi sie kleiner macht. Das ganze Gegenteil zum klassischen Anglerlatein also, wo der Fisch umso größer wird, je öfter man die Geschichte erzählt. Wenn Sie es in der Surferkultur mit echten Bomben (Big Waves) zu tun haben, zucken erfahrene Surfer nur mit den Schultern und sagen: »Na ja, das sind ja vielleicht drei Fuß, maximal vier Fuß.« In Hawaii verdoppelt sich das Ganze noch – in die umgekehrte Richtung. Was in Kalifornien eine Acht- bis Zehn-Fuß-Welle ist, ist in Hawaii eine von vier bis sechs Fuß. Das hat mit der Messmethode zu tun: entweder von der Rückseite her (hawaiianische Messmethode) oder vom Wellenkamm bis zum Tal (wie es alle anderen tun). Das hat natürlich viel mit Machotum zu tun.

Und wer ist nun definitiv kein Macho? Genau, ich. Alles was größer als hüfthoch ist, ist für mich einfach gigantisch. Außerdem sehen Wellen vom Ufer aus *immer* kleiner aus. Immer.

Je größer die Welle, desto größer der Wipe-out, der mögliche Sturz. Ich hatte ganz bewusst keine großen Wellen gesurft, bis ich nach Guiones kam. Umso öfter stürzte ich ab. Anfangs machte mir das eine Scheißangst. Ich hatte so viel Angst, dass ich mich nach einem schlimmen Sturz vom Weißwasser fast bis an den Strand schwemmen ließ. Bis ich auf die Stürze dieselbe Logik anwandte, die ich für den Einstieg in eine Welle gelernt hatte. Wenn ich die Welle machen ließ, was Wellen nun mal machen – was in diesem Fall hieß, mich ordentlich herumzuwirbeln (was man »durcharbeiten« nennt oder »herumschütteln wie eine Stoffpuppe«) –, wenn ich es einfach geschehen ließe ohne jeden Kontrollversuch, dann würde mich die Welle schließlich loslassen, und ich konnte auftauchen. Gegen die Kraft des Wassers anzukämpfen war sinnlos. Wenn ich mich entspannte und die Welle machen ließ, war ich viel ruhiger, verbrauchte weniger kostbaren Sauerstoff und trug weniger Verletzungen davon. Kämpfe gegen die Welle an, und sie gewinnt. Ausnahmslos. Das wurde für mich zum Mantra. Entspanne dich, setze ihr nichts entgegen, werde eins mit ihr. Kämpfe nicht gegen die Welle. Werde wie sie.

Eine Lektion, die ich seitdem auf jede Situation anzuwenden versuche.

Andy Martin und ich überlegten, ob Sartre etwas vom Surfen verstand, selbst wenn er nicht wusste, dass es so etwas gab. Sartre schrieb ausführlich über das Skifahren, und er glaubte, dass der Akt des Gleitens (der dem Surfen sehr nahekommt) idealerweise so aussieht: »gleiten, ohne eine Spur zu hinterlassen«.[43] Und das wäre eben das Gleiten auf dem Wasser. Sartre bezog sich dabei auf das damals gerade in Mode kommende Wasserskifahren – man schrieb das Jahr 1943, als es zwar schon Surfer gab, aber vermutlich noch keine Tausend an der Zahl. Es war also unwahrscheinlich, dass Sartre einen Surfer in seinem Bekanntenkreis hatte. Der Existenzialist war ja auch nicht unbedingt ein Strandmensch. Das war schon eher die Domäne von Albert Camus. Oder wie Andy Martin es ausdrückt: »Sartre verachtete das ganze Strandgetue.«[44] Doch Sartre schreibt, im Hinblick auf das Ski- und Wasserskifahren: »Das Gleiten erscheint also einer fortwährenden Schöpfung gleichsetzbar.«[45] Fortwährend, das heißt bis zum Moment des Sturzes. Und dann sind wir wieder ganz menschliche Menschen.

Dieser Akt der Schöpfung umfasst auch einen Akt der Eroberung, denn der Mensch muss zuerst den Berg erklimmen, um dann nach unten gleiten zu können – oder hinauspaddeln, um eine Welle zu erwischen. Der Berg und der Ozean, beide unbezähmbar, führen den Menschen mitten hinein in die wahre Natur seiner Suche nach dem Sein. Für Sartre und seine existenzialistischen Freunde ist dies ein ständiger Kampf, weil man gerade das sein will, was man beherrschen möchte. Am Ende ist es diese Frustration über die Unmöglichkeit der Harmonie, die den Menschen in existenzielle Angst versetzt. Wenn ich könnte, würde ich ihm sagen: Kämpfe nicht gegen die Welle. Verschmilz mit ihr.

UNSER ABENTEUER IN COSTA RICA wurde zu einem neuen Lebensweg für unsere Familie. Wir freundeten uns mit vielen Menschen an und machten jedes Mal, wenn wir dort waren, verrückte – und ja, sehr sinnhafte – Erfahrungen. Mein Surfen wurde besser. Ich gewöhnte mir an, nach jeder Session eine Weile im Hinterhof unseres Hauses zu sitzen und die Bäume zu betrachten und die Affen und Eidechsen, die darin wohnten. Ich sah die Hummeln und Schmetterlinge stundenlang um die Strelitzien tanzen. Dort tat ich am wenigsten und fühlte mich am lebendigsten.

Aber das Paradies hat so seine Eigenheiten. Eine davon ist, dass es gleichzeitig die Hölle ist.

Als das Leben mir Zitronen gab, machte ich Limonade daraus. Dann aber verstreute ich den Zucker, und das lockte die Ameisen an. Unmengen von Ameisen. Eben das, was man unter Biomasse versteht!

Wir hatten ein Haus ohne Türen gebaut, in einem Dschungel, der niemals zur Ruhe kommt. Wo einen Tiere besuchen, die meisten davon ohne vorherige Einladung (mit der einen Ausnahme: das Hündchen unseres Nachbarn, das wir den »Dschungelmops« getauft hatten). Wir wurden von Erdbeben geweckt. Eines verursachte Sprünge im Fundament. Wir mussten tagelang ohne Wasser auskommen, und der Strom fiel mehrmals am Tag aus. Wir wurden von aggressiven Bienen attackiert und von fliegenden, winzigen Ameisen. Jeden Tag entwickelten sich die Dinge ein bisschen schlechter.

Wir glaubten gerne daran, dass es einen Ort gibt, an dem verlorene Kameras zu ihren rechtmäßigen Besitzern zurückfinden und nette Hunde sich zum Haustier machen, ohne dass wir dafür die Verantwortung übernehmen mussten. Orte, an denen Lieferwagen mit gebackenen Köstlichkeiten vor der Tür stehen, wenn man hungrig ist. Aber das ist eben nur die eine Seite des Paradieses.

Die andere Seite ist schmuddelig und kann absolut entnervend sein. Das bedeutet nicht, dass Sie ihr den Rücken kehren müssen. Immer nur frisch und Kopf voran hineingetaucht ins Abenteuer – ohne Erwartungen, was es wohl bringen mag. So finden Sie zwar nicht, was Sie suchen, aber etwas anderes, das viel wichtiger ist.

Es geht nicht um Selbstverurteilung, sondern um Mitgefühl mit sich selbst –

DIE DRITTE WELLE

Meine schlimmste Welle: sich trotzdem wieder aufraffen

REGEL 3

Vergleichen Sie sich nicht mit anderen.

LEKTION 3

Jetzt wird's garstig.

VORTEIL 3

Sie lernen sich selbst kennen – das ist vermutlich der härteste Job Ihres Lebens.

Jeder Surfer schließt früher oder später intime Bekanntschaft mit seiner Finne. Jeder, der surft, landet irgendwann mal im Krankenhaus – wenn Sie das Glück haben, dass es dort, wo Sie surfen, eines gibt. Jeder wird irgendwann mal genäht, bekommt einen Knochen eingerenkt oder wird im Extremfall reanimiert. Wellen sind stärker als wir, und Surfbretter können zu Selbstvernichtungswaffen werden. Surfboardfinnen bestehen aus einem sehr harten Materialmix, meistens Hartschaum und Glasfaserschichten. Und sie sind so geformt, dass sie wunderbar durchs Wasser gleiten. Die Finnen eines Boards funktionieren im Grunde genauso wie beim Delfin oder beim Hai. Sie wirken einerseits stabilisierend, andererseits sorgen sie für den nötigen Vortrieb. Sie schneiden durchs Wasser, um mehr Geschwindigkeit, Effizienz bzw. Kontrolle zu ermöglichen, je nach Anzahl bzw. Art der benutzten Finnen. Da Menschen einen gewissen biologischen Nachteil haben, weil von Natur aus nicht mit Finne ausgestattet, müssen wir uns mit menschengemachten Pendants an unserem Surfbrett behelfen.

Über die Jahre habe ich so allerlei Horrorgeschichten über Finnen gehört, von abgesäbelten Ohren, abgetrennten Hoden und selbst einem zweiten After, den sich ein Surfer mit seiner Finne selbst gebohrt hatte. Ein Junge wurde skalpiert, bei einem anderen musste die Ferse dran glauben. Eine der brutalsten Survivor-Geschichten ist die in Susan Caseys berühmtem Buch *Monsterwellen.*[46] Der Surfer Brett Lickle erlebte eine Nahtoderfahrung, als er eine dreißig Meter hohe Welle surfte und die rasiermesserscharfe Finne seines Tow-in-Boards ihm die Rückseite der Wade aufriss. Wäre sein Partner Laird Hamilton nicht dabei gewesen, der im Wasser seinen Surfanzug auszog, um die Wunde abzubinden, bis Lickle in Sicherheit war, wäre er in der stürmischen See Hawaiis mit Sicherheit verblutet. Es heißt, Laird sei nackt an Land geschwommen und habe dort Hilfe gesucht: ein nackter Neptun, der das Leben seines Freundes rettete.

Wann immer Sie Geschichten von Surfunfällen hören, gibt es darin unweigerlich ein heroisches Moment. In Brett Lickles Fall versuchten er und Laird, die größte Welle der Welt zu reiten. Zwei der größten Surfer, die dieser königliche Sport je gesehen hat, versuchen, von einem Berg Wasser in die Tiefe zu gleiten. Mensch gegen Natur. Wenn die Natur gewinnt, verneigen wir uns vor den scheinbar furchtlosen Seelen, die Dinge tun, die Stoff unserer schlimmsten Albträume oder unserer hochfliegendsten Tagträume sind, je nachdem, was wir fürchten oder was uns lockt.

Obwohl es die Gesetze der Wahrscheinlichkeit gebieten, dass absolut jeder, der regelmäßig surft, verletzt wird – egal ob blutiger Anfänger oder Vollprofi –, versinke ich dennoch jedes Mal, wenn ich mir eine Verletzung zuziehe, in Selbstkritik und -zweifel. Meine bisherige Unfallbilanz: Meniskusriss im linken Knie, ein angerissener Wadenmuskel, ein gebrochener Finger sowie mehrere Gehirnerschütterungen, weil mir das Brett an den Kopf gekracht ist. Nach einem spektakulären Sturz am Ocean Beach in San Diego war meine ganze rechte Seite taub. Das Wasser hatte meinen Oberkörper so weit nach hinten gedrückt, dass meine Fersen meinen Kopf berührten. Eine Welle der Übelkeit überfiel mich, als ich merkte, wie unnatürlich sich mein Körper gerade verbogen hatte. Kaum hatte ich mich wieder aus den Fluten und zurück ans Ufer gekämpft, spann der Freund, mit dem ich surfen war, aus meinem Sturz und meiner ungeschickten Bewegung auch schon eine Spitzengeschichte, mit der er noch tagelang hausieren ging.

Und damit Sie mich jetzt nicht, was Fehlschläge angeht, für eine unverbesserliche Optimistin halten: Verletzungen gehören einfach dazu. Sie werden herumgeschleudert, und es knallt Ihnen was gegen den Kopf. Aber diese Feststellung trifft genauso auf den Job zu. Oder auf Sachen, in denen Sie richtig gut sind. Der Unterschied ist: Wenn Sie bei der Arbeit einen Fehler machen, so zählt das. Klar, Sie können einen humanen Boss haben und eine verständnisvolle Personalabteilung. Aber jedes Mal, wenn Sie Murks machen, haben Sie einen Versuch weniger, etwas falsch zu machen. Hier gilt das Gesetz der Knappheit.

Doch da zu patzen, wo Sie ohnehin nur Mittelmaß anstreben – ist völlig unschädlich. Gut, es tut vielleicht weh, aber damit hat sich's auch schon. Es hat keine weitergehenden Konsequenzen, und Sie können so oft versuchen und irren, wie Sie wollen. Schließlich steht hier niemand mit der Uhr hinter Ihnen.

Tatsächlich wird es Sie stärker machen. Denn jedes Mal, wenn Sie auf der Welle scheitern, üben Sie für Zeiten, in denen Sie im Job eine Deadline reißen oder etwas verbocken, was ein Projekt wochenlang ausbremst. Schlecht sein heißt scheitern, heißt innerhalb bestimmter Grenzen zu stürzen. Sie überstehen den ganzen Prozess und lernen, dass Scheitern nicht das Ende der Welt ist. So sind Sie für künftige Schlappen besser gerüstet.

WÜNSCHE SIND NICHT IHRE FREUNDE

Ablandige Winde bauten an diesem schönen Spätsommertag kleine Wellen auf. An unserem Line-up in Jersey drängten sich die Surfer. Wir waren etwa zwanzig da draußen, Freunde, Angehörige, Kids, Beinahe-Profis und ein paar Longboarder mittleren Alters (zu denen auch ich zählte). Es war ein wunderbarer Tag im Wasser. Die Sonne schien, das Wasser hatte gut dreiundzwanzig Grad und war ungewöhnlich klar. Das reiche Leben in diesem Ozean inspirierte einen unserer Freunde zu dem Ausruf: »Das ist ja hier wie im Aquarium!« Eine Menge kleiner Fische und auch ein paar größere sprangen aus dem Wasser, um ihren Verfolgern dort unten zu entfliehen. Hin und wieder wurde das Wasser rund um mein Brett aufgewühlt von kleinen silbrigen Fischlein, die schließlich darüber hinwegglitten. Ein Schwarm Großer Tümmler zeigte sich knapp hinter dem Line-up. Sie erhoben sich in elegantem Schwung über die Wasseroberfläche, schnappten nach Luft und tauchten wieder ein ins Wasser. Einige machten hier auf dem Weg nach Süden Station. Sie schwammen im Kreis an der Wasseroberfläche und peitschten mit ihren Schwanzflossen das Wasser auf, um die kleinen Fische zu verwirren. So waren sie leichter zu fangen.

Jeder Surfer, der schon mal da draußen war, weiß: Eine reiche Meeresfauna bedeutet zwangsläufig, dass es auch größere Fische gibt, über deren Existenz wir nicht so gern sprechen. An Land vielleicht noch eher, aber sobald wir draußen auf dem Wasser sind, erwähnen wir sie kaum noch, wenn überhaupt. Das hat weniger mit Aberglauben zu tun als mit Ehrfurcht vor der Ordnung des Universums, vor allem, wenn wir den festen Boden unter unseren Füßen aufgeben und damit auch unseren Status als Jäger, den wir gegen den des Gejagten eintauschen.

Der Tag war umwerfend schön, surftechnisch dagegen nicht so prächtig. Es war kaum eine richtig gute Welle zu kriegen. Aber wir nehmen demütig an, was das Meer uns schickt. Die Wellen brachen hohl über einer Sandbank zu Niedrigwasser. Ich passte genau auf, welche Welle ich anpaddelte bzw. vorbeirollen ließ. Ein paar Mal verzichtete ich, um nicht mit einem anderen Surfer zusammenzuprallen oder auf der Sandbank zu landen. Nach zwei Stunden hatte ich immer noch keine richtige Welle erwischt. Und obwohl der Tag einfach perfekt war – schon mit Freunden am Line-up zu sein stimmte mich glücklich –, so wollte ich unbedingt eine Welle haben. Die Gier nagt eher selten an mir, und ich bin gewöhnlich zufrieden mit dem, was ich bekomme, aber hier sah ich dauernd Leute, die einen kurzen, aber gelungenen Ritt hinlegten, während ich bei jeder einzelnen Welle passte. Allmählich verwandelte sich mein Glücksgefühl in saures, unerfülltes Wünschen. Von da an ging alles schief.

NACH ALL DIESEN JAHREN, in denen ich mich damit zufriedengegeben hatte, im Surfen Mittelmaß zu sein, hatte ich einige Bewältigungsstrategien entwickelt, die mir ermöglichten weiterzumachen (mit Mittelmaß-Surfen), ohne meine geistige Gesundheit einzubüßen oder – schlimmer noch – aufzugeben. Eine dieser Strategien ist es, mich in einen Geisteszustand zu versetzen, in dem ich mich frei von Wünschen mache. Ich schiebe alle Wunschvorstellungen beiseite und entwickle das Gefühl, dass allein der Aufenthalt im Wasser, das Paddeln, das Sitzen auf dem Board mir genügen. Wenn eine Welle auf mich zukommt, dann sage ich mir, dass sie ein Geschenk ist. Diese Welle zu nehmen und erfolgreich abzureiten ist nur ein kurzer Moment der Befriedigung – den ich weder erwarten noch wünschen (sollte).

Aber wenn ich ganz ehrlich mit mir selbst bin: Ich schaffe es nicht immer, die Dinge so zu sehen. Es ist eine Sache, wenn man den Wunsch, eine Welle zu kriegen, vor dem Computer kleinredet. Aber wenn Sie da draußen sind und sehen, wie andere Leute, die auch nicht talentierter sind als Sie, ihre Welle packen? In solchen Momenten sollten Sie sich an die weisen Worte von Experten halten.

Wie zum Beispiel Jaimal Yogis. Er ist der Autor von *Surfing Buddha* und hat im gleichnamigen Film mitgewirkt. Und ein weiteres Buch übers Surfen geschrieben: *All Our Waves Are Water.*[47] Marksteine seines lebenslangen Versuchs, die zwei Disziplinen von Spiritualität und Surfen unter einen Hut zu bringen, um sich auf das Leben einen Reim zu machen. Ich habe mit Jaimal über das Scheitern gesprochen, und ich musste ihm meine Sicht nicht lange erklären. Er verstand sofort, was ich meinte. Gleich zu Anfang unseres Gesprächs schnitt er eines der grundlegenden Prinzipien des Scheiterns an. »Wir sind einfach richtig schlecht darin, uns Dinge zu erlauben, in denen wir schlecht sind. Es ist ja nicht so, dass Surfen nervt, aber es zu erlernen ist schwierig. Und es zur Perfektion zu bringen unmöglich.« Jaimal vergleicht das Surfen mit der Zen-Praxis des Koan-Lösens. »Dabei erhält der Schüler eine Frage, die sich unmöglich lösen lässt. Er arbeitet daran, bis er aufgibt, weil er die Lösung nicht findet. Am Ende muss er loslassen und begreifen, dass es Dinge gibt, die man nicht wissen kann.« Oder nicht tun, ganz egal, wie leidenschaftlich man es versucht.

Das Geheimnis ist, einfach weiterzumachen, ohne nach Antworten, Erfolg oder Lösungen zu verlangen.

Um uns von jeder Ergebnisfixierung frei zu machen, müssen wir erst mal verstehen, woher dieser Wunsch überhaupt kommt. Unser ursprünglichstes Sehnen ist, so der aus Vietnam stammende buddhistische Mönch Thich Nhat Hanh, der Wunsch zu überleben, der in uns entsteht, sobald wir den Mutterleib verlassen haben.[48] In China und Vietnam bezeichnet man den Mutterleib als Palast des Kindes. In diesem Palast sind wir sicher. Unsere Mütter ernähren uns, atmen für uns und stoßen für uns die Schlacken aus, während wir in dem weichen Fruchtwasser-Kissen schweben. Sobald man uns aber aus dem Leib ausstößt, sind wir verwundbar und nackt. Wir müssen all das plötzlich alleine schaffen. Schon der erste Atemzug ist schwierig: Wir müssen die Flüssigkeit aus der Lunge ausstoßen, um Platz für die Luft zu schaffen.

Dieser ursprüngliche Wunsch zu überleben begleitet uns durch die Kindheit und das Erwachsenenleben. Wir lernen zwar zu atmen, zu essen und zu funktionieren, doch dieser tiefinnere Wunsch ist immer noch in uns verankert, als eine Art ständigen Sehnens. Ich habe diese Sehnsucht mein Leben lang gespürt, ohne jedoch zu wissen, wonach ich mich sehnte. Als ich mit dem Surfen anfing, erlebte ich, wie es Gestalt annahm in meinem Verlangen nach den Wellen. Ich hatte diesen Wunsch schon, bevor ich überhaupt wusste, wie es sich anfühlte, eine Welle zu reiten.

Und natürlich hat das wenig mit der Welle als solcher zu tun. Was für mich die Wellen sind, ist für jemand anderen vielleicht der Wunsch, mit dem Ball auf das Grün zu kommen, den Kopfstand im Lotussitz zu schaffen oder ein bestimmtes Stück auf der Geige spielen zu können. Es geht hier gar nicht um die Gestalt des Wunsches, sondern nur um das Ergebnis, das man sich wünscht. Gerade beim Surfen komme ich dem ursprünglichen Wunsch, Luft in die Lungen zu bekommen, häufig recht nahe, wenn eine Welle mich wieder mal unter Wasser hält und ich nicht nach oben komme, um Sauerstoff zu tanken. Ganz besonders, wenn dazu noch der Schmerz kommt. Das klingt jetzt vielleicht ein bisschen übertrieben, aber ich fühle mich wirklich wie neugeboren, wann immer ich surfe.

Aber wie Thich Nhat Hanh erklärt: »Die Behauptung, alles Leben sei Leiden, ist zu allgemein.«[49] Wir müssen den Grund unseres Leidens verstehen, wenn wir einen Weg finden wollen, uns selbst zu heilen. Wenn unser Leid also in dem Wunsch wurzelt, bestimmte Resultate erzielen zu wollen, dann kann uns die Praxis der Wunschlosigkeit helfen, auf Sanskrit *apranihita*.

Die buddhistische Praxis der Wunschlosigkeit ist beim bewussten Scheitern sehr nützlich. Das berühmte *Herzsutra* lehrt uns, dass es nichts zu erreichen gibt. Wenn wir aufhören, irgendwelchen Augenblicken momentaner Befriedigung hinterherzurennen, wenn wir die Wunschlosigkeit akzeptieren und üben, dann werden wir entdecken, dass wir längst haben, was wir brauchen. Thich Nhat Hanh schreibt über das *Herzsutra*: »Wenn wir nicht aufhören können zu rennen, werden wir die Wunder des Lebens in uns und um uns herum nicht mitbekommen … Wenn Sie Wunschlosigkeit praktizieren, müssen Sie nichts mehr hinterherrennen.«[50]

Der Trick ist, präsent zu sein, ohne von den eigenen Wünschen umgetrieben zu werden. Meister Hanh fasst das wunderschön zusammen: »Sind wir aus einer liebevollen Geisteshaltung heraus in Kontakt mit den Dingen, so haben wir nicht das Bedürfnis fortzulaufen oder hinter etwas herzujagen. Das ist die Basis für Freiheit. Absichtslosigkeit tritt an die Stelle von Ergreifen.«[51]

Ich brauche diese Welle nicht. Überhaupt muss ich weder gut noch schön surfen. Der Erfolg ist uns wichtig, weil wir ihm eine bestimmte Bedeutung beimessen. Und je mehr Sinn oder Bedeutung wir einem bestimmten Ergebnis beimessen, desto wichtiger wird es uns. Das Bedürfnis nach Bedeutung loszulassen kann uns die Freiheit schenken. »Und Freiheit ist die einzige Bedingung für Glück.«[52] Daher kann uns die Freiheit zu scheitern glücklich machen. Aber die Sache mit dem Loslassen ist nicht so einfach, wie es sich anhört. Das erfordert eine gewisse Übung.

Eine Übung, die ich wirklich brauche.

Als ich an einem dieser (für mich) wellenlosen Vormittage wieder einmal eine Welle verpasste, sagte ich zu mir: »Du blöde, dumme Gans.« Das hatte nichts mit Freiheit zu tun oder damit, dass man der Welt mit Liebe begegnet. Ich machte mich vielmehr nieder.

Einen Augenblick später, als ich merkte, was ich da trieb, fing ich laut an zu lachen. »Was bist du doch für eine dumme Gans, dass du dich selbst als dumme Gans beschimpfst«, dachte ich. Die zweite Selbstbeschimpfung hatte mich zum Lachen gebracht. Über mich selbst zu lachen legte den Schalter um: von einer unbefriedigenden Erfahrung zu einer anderen, angenehmeren (wenn auch immer noch nicht befriedigenden). Zu etwas, was weniger schlimm war. Ich kehrte also um und paddelte wieder zum Line-up. Übung erfordert Übung.

Doch nicht nur in Zen-Koans existiert die Vorstellung, dass es hilfreich ist, uns einzugestehen, dass wir unvollkommen sind und auf die Nase fallen, wenn wir dann in wichtigeren Dingen Schiffbruch erleiden. Dass Akzeptanz eine gute Übung ist, wissen wir schon seit den Anfängen der Neurowissenschaften.

Und richtig geübt kann diese Übung unsere Wahrnehmung verändern, weil das menschliche Hirn keine fixe Struktur ist. Man nennt dieses Phänomen »Neuroplastizität«, und es bedeutet genau das, wonach es sich anhört: Die neuronalen Pfade im Gehirn sind formbar, sie wandeln sich. Deshalb können wir lernen und uns ein Leben lang verändern. Und was für die Mittelmäßigen unter uns von besonderer Bedeutung ist: Wenn wir unser Hirn ständig fordern, bleiben wir länger gesund. Stellen Sie sich eine Zukunft vor mit lauter ältlichen Losern, die nur Sachen treiben, die völlig belanglos sind. Und dabei auch noch viel gesünder und cleverer sind, als wären sie nur zu Hause auf dem Sofa hocken geblieben.

Die Neuroplastizität lässt sich in einem Satz zusammenfassen: »Neuronen, die gemeinsam feuern, sind miteinander verbunden.« Dieses Prinzip formulierte Donald Hebb, der Vater der Neuropsychologie, schon 1949 in seiner Erklärung, wie das Lernen auf neuronaler Ebene vor sich geht.[53] Vereinfacht ausgedrückt: Die Neuronen in unserem Gehirn setzen Neurotransmitter frei, Botenstoffe, die mit anderen Neuronen kommunizieren. Diese neuronale Übertragung schafft Pfade, die sich umso mehr verfestigen, je öfter genau dieser Übertragungsweg genutzt wird. Daraus folgt, dass positive Erfahrungen den Weg bereiten für weitere positive Erfahrungen.

Aber dieses Prinzip kennt keinerlei Wertmaßstäbe. Unser Gehirn unterscheidet nicht zwischen »guten« und »schlechten« Pfaden. Sie sind einfach, was sie eben sind. Negative Gedanken sind vom Wirken der Neuroplastizität nicht ausgenommen. Uns ständig vorzusagen, dass wir nur glücklich sein können, wenn wir dies oder das bekommen, verstärkt nur unsere Frustration und unser Unglück, wenn wir das Gewünschte tatsächlich nicht bekommen.

Wenn wir uns darauf versteifen, nur bestimmte Resultate zu akzeptieren, dann sehen wir keine anderen Wege und Möglichkeiten mehr. Geistig ist das ein ganz anderer Zustand als der, der für das Lernen erforderlich ist. Natürlich ist es lohnend, wenn wir uns verbessern, aber das Lernen an sich ist eher ein Prozess des Erntens und Sammelns, nicht des Aussäens. Lernen öffnet uns für die Welt.

Daher hat mittelmäßig zu sein viel mit Lernen zu tun. Wenn wir akzeptieren, dass wir nicht besonders gut sind, weisen wir unserem zielfixierten Denken die Tür. Erwarten wir aber ein ganz bestimmtes Ergebnis, dann wird aus dem Ganzen eine Art Tauschhandel – bei dem womöglich auch alles schiefläuft. Umso mehr, wenn das gewünschte Ergebnis sich nicht einstellen will. Dann fährt unser Gehirn sich in einer negativen Feedbackschleife fest, weil wir unbedingt etwas erzwingen wollen, was sich in der von uns ersehnten Form nicht einstellen wird. Haben wir das Gefühl, zu versagen und zu versagen und noch mal zu versagen, dann endet dies in einem Gefühl enormer Frustration. Und wir verlieren jeden Spaß am Ausprobieren.

GESCHICHTEN SIND WICHTIG

Leider ist, wenn Sie jetzt dieses Buch in Händen halten, Ihr Gehirn bereits dicht vernetzt mit neuronalen Pfaden. Viele davon sind negativ besetzt. Vielleicht sogar die meisten. Bei mir jedenfalls ist das so.

Da erhebt sich doch die Frage: Wie kann mir das spielerische Scheitern helfen, diese Pfade neu zu verschalten? Natürlich können wir einfach neue Pfade anlegen, aber was tun mit den alten, die bloß in die Negativität führen?

In seinem Bestseller *Capture* erläutert David Kessler, dass man einen negativen neuronalen Pfad am besten dadurch überschreibt, indem man ihn durch einen positiven ersetzt. Er bezeichnet dieses Phänomen als »capture«: Ein Reiz, der unsere Aufmerksamkeit bindet, wird durch ständige Konzentration darauf in seiner Wirkung verstärkt. Dabei kann der ursprüngliche Reiz eigentlich ganz banal sein, zum Beispiel die Stimme des nervigen Zeitgenossen am Nebentisch im Restaurant: Sobald Ihr Gehirn sich daran festbeißt, können Sie Ihrem Partner gar nicht mehr richtig zuhören oder Ihr Essen genießen. Das ist ein eher harmloses Beispiel, aber es zeigt, wie schnell etwas unsere Aufmerksamkeit bindet und uns in einen Teufelskreis hineinzieht. Auf der anderen Seite kann dieses Phänomen auch plötzliche Erleuchtungen auslösen. Haben wir einen neuen Konzentrationspunkt gefunden, dann bewirkt dies so einiges. Auf jeden Fall schwächt es die Macht des alten neuronalen Treidelpfades.

Kessler schreibt dazu: »Wir können unseren Geist Schritt für Schritt verändern, bis sich am Ende unsere ganze Wahrnehmung gewandelt hat, wenn wir eine Form des Capturings durch eine andere überwinden.«[54]

Aber damit allein ist es noch nicht getan. Wir brauchen auch neue positive Pfade, damit das passieren kann. Kessler fährt fort: »Im Laufe unseres Lebens spinnt sich jeder von uns eine kohärente Erzählung aus dem wilden und meist zufälligen Chaos unseres Daseins – die Geschichte unseres Lebens, die immer weiter und weiter geht (…) Ohne diesen selbstgeschaffenen Handlungsstrang würde unser Leben sich anfühlen, als schleudere uns der Zufall ständig neue Erfahrungsfragmente entgegen (…) Die entscheidende Frage ist also, wie wir unsere Geschichten spinnen.«[55]

Das ist meiner Ansicht nach das Geheimnis. Geschichten erzählen. Joan Didion, eine Meisterin des Fachs, führt dies weiter aus: »Wir erzählen Geschichten, um überleben zu können.«[56] Geschichten sind für uns so wichtig wie das Atmen.

Wie also überschreiben wir den Pfad eines negativen Handlungsstrangs mit einem positiven? Kessler meint, dazu müssten wir aktiv einwirken auf das, was unsere Aufmerksamkeit fesselt. An diesem Punkt muss der Geist dem Gehirn entgegenwirken. Wenn wir zwischen diesen beiden unterscheiden lernen, kann uns das auf diesem rutschigen Pfad weiterhelfen.

Das Thema Unterscheidung zwischen Geist und Gehirn ist dabei keineswegs abgearbeitet. Nicht, dass wir das nicht versucht hätten. Über dieses Thema debattiert die Menschheit schon seit den Anfängen des philosophischen und wissenschaftlichen Denkens. Gerade in jüngster Zeit ist die Diskussion wieder hitziger geworden. Das liegt an den Fortschritten der Neurowissenschaften. Wir verfügen heute ja über fMRT (funktionelle Magnetresonanztomografie), die uns zeigt, wo in unserem Gehirn gerade Blut fließt. Dies ist ein Anzeichen dafür, welche Gehirnregionen gerade aktiv sind. Wir können also bis zu einem gewissen Grad Ursache und Wirkung messen. Trotzdem kann die Neurochemie des Gehirns nicht unbedingt unser Verhalten voraussagen. »Diese Aufnahmen sind umwerfend und unbestreitbar faszinierend«, meint Sally Satel, Neurowissenschaftlerin und Co-Autorin des Buches *Brainwashed.* »Doch um den Fokus nicht zu verlieren, sollten wir uns klarmachen, dass Gehirn und Geist zwei verschiedene Rahmenkonzepte sind.«[57]

Kompliziert wird diese Trennung noch dadurch, dass jüngere Studien beweisen, wie sehr unser Verhalten durch unbewusste Motive beeinflusst wird. Mehr jedenfalls, als wir bislang dachten. Unser Gehirn verhält sich zwar mitunter recht herrisch, doch kann man nicht sagen, dass es unser Herr ist. An diesem Punkt mischt sich der Geist ein und verleiht den Geschichten, die wir uns erzählen, eine enorme Macht.

Wir können die wissenschaftlichen Fakten und ihre Grenzen ja mal im Hinterkopf behalten, während wir gleichzeitig zu einem der wichtigsten buddhistischen Prinzipien überhaupt übergehen: rechte Achtsamkeit. Damit ist die Technik gemeint, den Geist immer zurück in die Gegenwart zu bringen. Das hilft uns, die Erfahrung eines einzigen Augenblicks nicht endlos in die Zukunft fortzuschreiben oder ständig auf Vergangenem herumzureiten. Oder eine Erfahrung stets als angenehm oder unangenehm zu werten. Statt etwas als »gut«, »schlecht« oder »neutral« einzustufen, registriert der achtsame Geist es als das, was es ist. Auf diese Weise greifen wir auf die neuronalen Pfade im Gehirn zu: Die Zellen urteilen ja auch nicht. Sie tun einfach das, wofür sie da sind. Der Buddha hat uns gelehrt, dass die Samen der Güte wie auch der Negativität in jedem von uns ruhen. Wir müssen nur die richtigen Samen gießen. Tun wir das, so können wir unsere Gewohnheitsenergie – den Teufelskreis, der zu unserem Leid beiträgt – in Achtsamkeit verwandeln. Wenn Sie in etwas schlecht sind, sagt

Ihnen Ihr gewohnheitsmäßiges Denken, dass Sie es gut sein lassen sollten. Wenn Sie aber rechte Achtsamkeit üben, fahren Sie in Ihrem Tun fort, ohne sich zu verurteilen. Und das ist Freiheit. Die Freiheit, jene Geschichte zu erzählen, die Sie erzählen wollen.

Mich erinnert das an Lucy Marsden aus dem Roman *Die älteste noch lebende Rebellenwitwe erzählt* von Allan Gurganus: neunundneunzig Jahre alt und keck wie ein Teenager. Über die wilden Geschichten ihres Mannes, Captain Marsden, mit denen er sie herumgekriegt hat, meint sie nur: »Weißt du was, mein Lieber? Geschichten passieren nur Leuten, die sie erzählen können.«[58] Und die Tatsache, was wir uns zu erzählen entscheiden, ist ebenso wichtig wie die Geschichte selbst.

Ob wir diese Lektion nun von der fiktionalen Figur Lucy Marsden lernen oder von der sehr realen Joan Didion, ob von der Fiktion oder der Nicht-Fiktion, letztlich ist es die Geschichte, die zählt. Die Unterscheidung zwischen Fiktion und Nicht-Fiktion ist ohnehin weitgehend ein Konstrukt der englischen Sprache, das in anderen Sprachen längst nicht so schwarz-weiß daherkommt wie bei uns. Denn Menschen erzählten sich schon vor elftausend Jahren Geschichten, auch wenn wir nicht wissen, wie wir sie nennen sollen. Geschichten machen einen Großteil unseres Menschseins aus. Welche Art Mensch wir sein wollen, hängt von den Geschichten ab, die wir erzählen, und davon, wie wir sie ersinnen.

Ich hege den starken Verdacht, dass diese Technik, uns Geschichten zu erzählen, um negative Storys zu überschreiben, etwas ist, was wir ohnehin alle ganz instinktiv machen – vor allem wenn wir über jene Teile unseres Lebens reden, die mit Freizeit, Spiel und Zufriedenheit zu tun haben. Überlegen Sie doch mal: Welche Geschichte zaubern Sie aus dem Ärmel, um jemanden sicher zum Lachen zu bringen? Vielleicht bei einem ersten Date.

Oder um das Schweigen in der Mittagspause zu überbrücken. Einen idealen Eisbrecher eben.

Meiner Erfahrung nach handelt diese Geschichte meist von etwas, was Sie wirklich gerne tun – und nicht eben bravourös beherrschen. Zum Beispiel damals, als Sie tänzerisch den Weg von der Karaoke-Bühne zum Billardtisch wagten (um dann im Krankenhaus zu landen). Oder als Ihre Freundin Sie gebeten hat, bei ihrer Hochzeit zu singen. Die meisten Menschen beziehen ihre lustigsten Geschichten aus – früheren – Augenblicken, in denen sie grandios scheiterten. Gebrochene Knochen, Löcher im Boden, in denen man vor Scham versinken möchte, Frust. Aber mit der Zeit schreiben wir diesen vermeintlich negativen Pfad in etwas Lustiges um. Das machen wir nun mal so. Und es funktioniert. Ich kann davon ein Lied singen.

SCHMERZ IST INFORMATION, TEIL 1

Damals an jenem wunderschönen Nachmittag am Strand von New Jersey fand keiner dieser klugen Gedanken seinen Weg in mein Gehirn. Alles, was mich beschäftigte, war: Ich wollte endlich meine Welle, und ich würde verdammt noch mal eine kriegen.

Die Flut kam zurück, die Wellen waren nicht mehr so niedrig wie zu Anfang. Außerdem brachen sie jetzt in tieferem Wasser – was heißt, dass man nicht unbedingt Bekanntschaft mit dem sandigen Untergrund schließen würde. Allerdings war ich schon recht müde vom Paddeln und Auslassen, Paddeln und Auslassen. Ich konnte einfach nicht aus dem Wasser gehen ohne einen Ritt. Also beschloss ich, dass ich die nächste auch nur ansatzweise brauchbare Welle nehmen würde. Ich sah, wie sich meine Welle am Horizont aufbaute, eine recht große, verglichen mit dem Rest des Tages. Ich schätzte, dass sie sauber und etwa schulterhoch bei mir ankommen würde. Ich war gut positioniert, hatte Priorität und sagte mir, dass das jetzt meine Welle war. Als ich mich drehte, um sie anzupaddeln, wurde mir klar, dass es schwierig sein würde, sie zu nehmen. Bei hohlen Wellen muss man sich spät hineinfallen lassen. Das heißt, der Surfer muss genau unter der Lippe aufstehen und schnell hineingleiten, um die Kontrolle zu bekommen und über die Wellenwand zu gleiten. Auf einem Longboard ist das echt schwierig, weil es schwerer und langsamer ist als ein kurzes Board.

Ich schlug also alle Vorsicht in den Wind und beschloss, mich an Erik (den Makler) zu halten, einer der besten Surfer, die ich kenne. Er sagte: »Manchmal hilft es, es einfach zu machen, auch wenn du weißt, dass du runterfallen wirst. Wenn dich das Wasser dann durchgenudelt hat und du hast es hinter dir, kannst du dich entspannen.« Dieser Rat war allerdings für den Beginn einer Session gedacht, nicht für das Ende.

Ich erwischte die Welle und stand auf – oh Freude! Aber sobald ich das Board ausrichten wollte, spürte ich, wie unter mir die Unterstützung wegbrach. Die Lippe verschluckte mich und mein Board zugleich. Dabei wurde das Brett umgedreht, sodass die Oberseite unten lag und die Finne oben. Ein stechender Schmerz zwischen meinen Beinen sagte mir, dass die Finne mich dort erwischt hatte. Die Welle klebte die Unterseite des Boards an meinen Körper, und wir rollten so auf den Strand zu. Nach zwei vollen Umdrehungen unter Wasser bekam ich die Finne mit den Händen zu fassen, um sie von meinen intimsten Stellen wegzuhalten. Daran erinnerte ich mich allerdings erst später, als ich den fünfzehn Zentimeter langen Schnitt in der rechten Handfläche bemerkte. Wir beide (mein Board und ich) versanken im Weißwasser, ehe ich wieder laut nach Luft schnappend auftauchte, weil es höllisch wehtut, von der Finne getroffen zu werden. Ach ja, und ich bekam noch saftig eine auf die Rübe. Mein Board fickte mich also und zog mir dann eins über. Sie können ein Surfboard nicht wegen Körperverletzung anzeigen, und eine Welle macht mit Ihnen immer, was sie will, aber das ging mir jetzt doch einen Schritt zu weit.

Als ich sprotzelnd in der Suppe saß – dort, wo die Wellen brechen und das chaotische Weißwasser einen durchschüttelt – und versuchte, meine fünf Sinne wieder zusammenzubekommen und den Schaden abzuschätzen, wollte mein Freund Jimmy zurück zum Line-up, nachdem er mit seinem Zehn-Fuß-Board elegant eine hübsche kleine linksbrechende Welle abgeritten hatte.

Da er den lamentablen Vorfall mitangesehen hatte, fragte Jimmy: »Geht's dir gut?«

»Ich weiß noch nicht …«, sagte ich, munterer, als mir tatsächlich zumute war. Es fühlte sich an, als wäre meine Stimme immer noch da unten, wo die Finne mich wenige Minuten vorher erwischt hatte. Dann sagte ich ihm, wo ich getroffen worden war.

»Ach ja, das kenne ich!«, meinte er, bevor er sich umwandte und wieder für das nächste Set Wellen rauspaddelte. Mitgefühl gehört nicht unbedingt zu den Emotionen, von denen ein Surfer überfließt. Außer natürlich, man hat es wirklich verdient, und das bedeutet: Man ist beinahe draufgegangen.

Stocksteif und fassungslos stand ich im hüfthohen Wasser und fragte mich, ob ich noch mal hinauspaddeln sollte. Der pochende Schmerz, so sagte ich mir, würde schon vergehen. Es war ein schöner Tag, und ich wollte meine Session noch nicht beenden. Aber allein der Gedanke, mich rittlings auf das Board zu setzen, ließ mich erschaudern.

Der Schmerz vom Aufprall wurde allmählich dumpfer – oder mein Körper nahm ihn nicht mehr so scharf wahr –, also war die nächste Frage, ob ich irgendwo blutete. Ich wollte nicht ins Wasser bluten, wo doch so viele Leute draußen waren, auch mein Sohn. Blut und kleine Fische im Wasser locken ganz schnell die großen Fische an. Dass manche Haie Blut selbst dann wahrnehmen, wenn es eins zu zehn Milliarden verdünnt ist, lässt selbst die schrägste Surferlogik, wonach es nicht schlimm ist, mit einer blutenden Wunde zu surfen, verstummen. Sicher, der Ozean ist riesig, die Rechnung geht also vielleicht gar nicht auf, aber die Vorstellungskraft ist nun mal stärker. Also beschloss ich, es für heute sein zu lassen.

Ich musterte das Wasser um meinen Unterleib. Es war nicht rosa, also war erst mal Erleichterung angesagt. Sobald ich aus dem Wasser hinkte, sah ich den Schnitt innen am Oberschenkel. Es blutete, aber es spritzte nicht. Erste Einschätzung: kein größeres Blutgefäß betroffen, nur eine oberflächliche Wunde. Alles gut. Aber verdammt noch mal, das Gehen tat weh.

Da ich zwei Kinder auf ganz altmodische Weise geboren hatte, waren mir Schmerzen in dieser Körperpartie nicht unbekannt. Das Pochen, der Druck, das erschreckende Gefühl des Befreitseins, als es endlich so weit war. Man überlebt und erholt sich, aber ich wusste, es würde Wochen dauern, bis ich wieder ins Wasser konnte. Schlimmer noch: Ich schimpfte mit meinem Luschen-Selbst, weil ich vom Board gefallen war. Ich ging sinnloserweise jede Bewegung noch mal im Geist durch und fragte mich, ob ich vielleicht gezögert hatte, bevor ich in die Wand gegangen war, und mir die Verletzung damit verdient hatte.

Zögern beim Surfen ist ein sicheres Zeichen dafür, dass Sie es mit einer Null zu tun haben. Wenn Sie eine Welle anpaddeln und ängstlich zögern, werden Sie sie entweder verpassen oder stürzen. Einer Welle mit Mut zu begegnen, wenn Sie sich in die Wand fallen lassen, selbst wenn diese nicht hoch ist, ist jene noble Form von Einsatz, die Sie brauchen, um gut zu surfen. Hatte ich die Welle wirklich nehmen wollen oder war ich zu zögerlich? Ich spielte das Ganze im Geist wieder und immer wieder durch.

Nachdem ich vom Strand nach Hause gehumpelt war, nahm ich eine schnelle Dusche, damit mein Mann den Schmetterlingsverband anlegen konnte, den er in der Zwischenzeit aus der Apotheke holen wollte. Als ich mich einseifte, schrie ich auf vor Schmerz, sobald der Duschschaum die Region zwischen meinen Beinen berührte. Ich holte einen Spiegel, um herauszufinden, was ich gar nicht wissen wollte: Was meine Finne mir beschert hatte, gab dem Wort »Schlitz« eine ganze neue Bedeutung. Ich hatte mir eine zweite Öffnung beigebracht, wie der arme Surfer, von dem ich gehört hatte, nur dass meine nicht an der Körperrückseite saß. Das Gewebe lag blank und bloß, offen wie ein frisch geschnittenes Steak. Und meine Scheide tat höllisch weh.

»Joel«, schrie ich. »Vergiss den Schmetterlingsverband.«

Als ich in der Notaufnahme vor den Schreibtisch der Schwester trat, um ihr meine Verletzung zu schildern, übersah sie zunächst das Handtuch, das ich mit der linken Hand zwischen meinen Beinen hielt. Die Verletzung an der rechten Hand aber sah sie sofort.

»Ach, hat die Finne Sie erwischt?«, meinte sie.

»Oh ja«, antwortete ich.

»Mein Sohn hat sich damit fast das Ohr abgeschnitten. Wir mussten es wieder annähen …« Sie war typisch unbeeindruckt.

»Das an der Hand ist nur oberflächlich … Deshalb bin ich nicht hier.«

Die Krankenschwester sah mich fragend an. »Wo denn?«

Ich deutete auf das Handtuch zwischen meinen Beinen. Das sicherte mir sofort ihre Aufmerksamkeit.

Sie warf den Kopf zurück und lachte laut heraus. »Wow!«, rief sie. »Das wird den Ärzten gefallen!« Unter schallendem Gelächter marschierte sie zu dem Mitarbeiter, der die Zugänge nach Schweregrad einstuft. Niemand war am Verbluten oder hatte einen Herzinfarkt, also kam ich auf Platz 1 der Behandlungsliste. Es freute mich ja, dass wenigstens ein paar Leute Spaß bei der Sache hatten.

Eineinhalb Stunden später schlurfte ich aus der Notaufnahme mit siebzehn Stichen an der Oberschenkelinnenseite und der Vulva und dem glucksenden Gelächter des Notarztes im Ohr. Nun ja, es war ja auch verfickt noch mal witzig.

Ich konnte wochenlang nicht sitzen. Ich stand an meinem Arbeitstisch und auch bei jedem Meeting. (Meine Kollegen zeigten exakt dieselbe Reaktion wie die Jungs und Mädels in der Notaufnahme.) Ich konnte einen Monat lang keine Hose anziehen. Als ich mit einem Spiegel die Heilungsfortschritte kontrollieren wollte, sah ich, dass meine Genitalien ganz schwarz waren. Ich rief Joel zu: »Mein Gott, ich habe sie umgebracht.«

Als ich am Tag nach der Surfsession Jimmy traf und ihm von der Schwere meiner Verletzung erzählte, meinte er: »Ja, ich habe mich schon gefragt, was du mit dem Ding willst. Die war ganz schön steil!« Okay, vielleicht konnte ich doch stolz auf mich sein. Vielleicht hatte ich ja gar nicht gezögert. Vielleicht kam bei mir ja der Fall vor dem Hochmut. Während ich einen Augenblick lang stolz war, dass ich mich getraut hatte, und kleinlaut, weil ich versagt hatte, sagte Jimmy etwas, das ich nicht so leicht loswerden konnte.

»Vielleicht will dir jemand etwas sagen damit. Vielleicht will da jemand nicht, dass du surfst?«

Wäre er nicht Religionslehrer und Surfer, hätte ich keinen Gedanken auf diese Aussage verschwendet. Aber vielleicht hatte er ja einen direkten Draht nach oben, zum »Conductor«, wie man den Meister der Wellen im Surferjargon nennt. Vielleicht *wusste* Jimmy ja etwas.

Es mochte absurd erscheinen, dass eine höhere Macht sich mit meinem Recht zu surfen befasste, aber Jimmys lockere Warnung hallte irgendwie in mir nach. Das Surfen hatte eine latente Spiritualität in mir geweckt. Ich erschaudere vor Ehrfurcht vor der Macht des Ozeans, wenn ich rauspaddle. Auf eine Welle zu warten ist wie ein Gebet. Ich würde es nicht meine Religion nennen, aber das Surfen ist für mich wie eine spirituelle Übung, denn bei jeder Sitzung müssen Sie Geduld, Demut und Geschick üben. Aber da ich als Katholikin geboren und erzogen wurde, sitzen die biblischen Lektionen bei mir gut. Vielleicht wollte »jemand« ja wirklich nicht, dass ich surfe.

Die Idee saß mir wie ein Kloß im Hals. Als ich darüber nachdachte, wurde mir klar, dass fraglicher »Jemand« die Stimme in meinem Kopf war. Wo die nur herkam? Und die tat weit mehr weh als der Schmerz und die Unannehmlichkeiten von den Prellungen und Schwellungen.

Schmerz ist nützlich. Er richtet Ihre Aufmerksamkeit dorthin, wo sie gebraucht wird. Keinen Schmerz zu fühlen ist viel gefährlicher, denn wenn Sie nicht wissen, wo Sie verletzt sind, können Sie die Wunden auch nicht versorgen. Doch der körperliche Schmerz war in diesem Fall weit weniger tragisch als der seelische. Vielleicht hatte ich mir ja eine Verletzung zugezogen, so der Kritiker in meinem Kopf, weil ich es nicht verdiente zu surfen. Das sagte ich mir in den nächsten Tagen immer wieder und blieb dem Wasser fern.

ES HAT SEINEN PREIS, wenn man so spät im Leben zu surfen anfängt. Ein Teil dieses Preises sind die Fehlschläge, die man wegstecken muss. Und ich akzeptiere, dass ich nie gut surfen werde. Ich werde langsam besser, in meinem Rhythmus, und nehme die Schlappen als das, was sie sind: nicht weiter wichtig. Kleine Stäubchen im Lauf der Zeit, vor allem, weil ich ja doch etwas mache, was ich wirklich gern tue.

Aber ich habe auch zu kämpfen. Dieser Kampf äußert sich bei mir in Gefühlen der Beschämung. Diese Gefühle haben ihre Wurzeln unter anderem in einem Satz, den ich in einem der besten Bücher, die es über das Surfen gibt, gelesen habe: *Barbarentage* von William Finnegan.

Ich fand Finnegans Buch so gut, dass ich es, nachdem ich es durchhatte, gleich noch einmal las. Als ich mir das Buch dann das dritte Mal vornehmen wollte, merkte ich: Ich war total fixiert auf dieses Buch. Es zu lesen war sowohl schmerzlich als auch wunderbar. Schmerzlich, weil Finnegan ein Surferleben führte, ein Leben, über das ich nichts gewusst hatte, und nun war ich zu alt, um noch wirklich etwas davon zu haben. Wunderbar, weil es fast fünfhundert Seiten glänzender Prosa sind, die sich größtenteils ums Wellenreiten dreht. Für eine Schriftstellerin, Verlagsleiterin und Surferin wie mich ist dies der verlegerische Himmel oder kommt ihm zumindest ziemlich nah. Andererseits sagt Finnegan in dem Buch etwas, was mich genauso verstörte wie das schlimme Erlebnis, das ich mit meiner Finne gehabt hatte.

Finnegan schreibt über seine Freundin im Teenie-Alter: »Caryn zeigte keinerlei Interesse daran, surfen zu lernen, was ich sehr vernünftig fand. Menschen, die in fortgeschrittenem Alter – sprich: mit über vierzehn – noch damit anfangen wollen, hatten nach meiner Erfahrung kaum Chancen, noch so etwas wie Können zu entwickeln, und mussten einiges an Schmerz und Leid einstecken, bis sie schließlich aufgaben.«[59]

Vierzehn. Vierzehn! Vierzehn? Ich war vierzig, als ich anfing – was Finnegan zufolge alles erklärte. Da stand es nun, schwarz auf weiß, die Bestätigung meiner Illusionen und die Einsicht in das Warum und Wieso meiner Schmerzen und Sorgen. Da stand ja sogar mein Name (wenn auch etwas anders geschrieben). Vielleicht wusste ja auch Finnegan irgendwie *Bescheid.*

Der Gedanke, dass ich sechsundzwanzig Jahre zu spät mit dem Surfen angefangen hatte, hatte anfangs irgendwie was Schwarzhumoriges. Dann merkte ich, dass diese absurde Zahl an etwas Tiefersitzendes in mir rührte. Tiefer jedenfalls als die Katastrophenstimmung, die meine Schlappen begleitete. Mit der konnte ich mittlerweile umgehen.

Es war etwas anderes, was ich nicht einfach abschütteln konnte. Selbstzweifel im Allgemeinen. Die sechsundzwanzig Jahre waren ja offensichtlich recht willkürlich. (Es gibt eine ganze Reihe guter Surfer, die nicht schon mit vierzehn angefangen haben.) Aber darum ging es gar nicht. Der Satz hatte mich so getroffen, weil er in mir einen bisher ungekannten Widerhall fand. Die Vorstellung nämlich, dass ich mich vermutlich selbst täuschte.

Woher kam dieser Selbstzweifel bloß? Ich war immer davon ausgegangen, ein recht gesundes Selbstbewusstsein zu besitzen und mir gleichzeitig eingestehen zu können, was ich nicht wusste oder konnte – ohne negative Gefühle. Ich war im Grunde Autodidakt und folgte meiner Neugier noch in die verschlungensten wundersamen Kaninchenbauten, um jene Dinge zu lernen, die während meiner formalen Ausbildung zu kurz gekommen waren. Mein Dasein als Lektorin war meinem lebenslangen Lernen förderlicher als jede Ausbildung an egal welcher Einrichtung. Aber das Surfen legte eben genau jene Stellen bloß, an denen mein Nervenkostüm dünn und abgewetzt war. Denn ich bringe mich dabei ständig in Situationen, in denen ich eine Heidenangst habe. Ich habe mir so viele Verletzungen zugezogen, dass eine verantwortungsbewusste Mutter von zwei Kindern sich eigentlich mal fragen müsste, ob es so klug ist, mit einer ans Bein gebundenen Waffe auf den Ozean hinauszupaddeln – ein Surfboard mit einer Leine dran.

Ich war mir über meine Fähigkeiten durchaus im Klaren und versuchte auch nicht, mir etwas vorzumachen. Aber Jimmys Kommentar traf mitten hinein ins Mark meiner Unsicherheit, die mir bis dato verborgen geblieben war. Er legte eine Schwachstelle in meinem Selbstbild bloß.

Ein Großteil des Problems war, dass man Surfen in aller Öffentlichkeit lernt und übt, unter den aufmerksamen Blicken der anderen Surfer. Schlimm, denn meist sind das Leute, die deutlich besser surfen als ich. Und sie wollen verständlicherweise, dass ich ihnen dabei nicht im Weg bin. Ich versuchte zu verstehen, warum ich mich gerade für diese Verletzung so sehr schämte, und fragte mich, ob dies vielleicht eine urtümliche Angst ausgelöst hatte, den Stamm entehrt zu haben, dem ich nicht anzugehören glaubte. Selbst wenn wir es besser wissen, fürchten wir, dass die Leute uns zugucken und uns verurteilen, obwohl es sie für gewöhnlich gar nicht interessiert, was wir da treiben. Die meisten Leute haben nämlich Wichtigeres zu tun und müssen sich um sich selbst kümmern.

Wir alle kennen das Heuchler-Syndrom – diesen inneren Checkpoint, quasi ein Gemeingut und verantwortlich für die Angst, demaskiert zu werden, nicht zu genügen. Doch dieser Maßstab ist ein künstliches Konstrukt, ein stumpfer Gegenstand, bei dem Größenwahn und Minderwertigkeitsgefühle aufeinandertreffen – und beides miteinander verschmilzt. Und wenn es die Beobachter nun doch interessiert, ob wir schlecht sind oder nicht? Dann müssen wir einsehen, dass unser inneres Problem eine Geschichte ist, die wir uns selbst erzählen. Und dass es an uns liegt, wie wir damit umgehen.

»Das Pfeilsutra ist ein cooles buddhistisches Riff, das uns zeigt, dass es zwei Arten von Leid gibt: körperlichen Schmerz, der real ist, und seelischen, den wir uns selbst schaffen«, sagt Jaimal Yogis, der den Surferslang auf unnachahmliche Weise mit der Einsicht in die Untiefen unserer Seele verbindet.[60] »Sie müssen die Geschichten erkennen, die Sie sich selbst erzählen, und merken, dass Sie sie geschrieben haben«, meint er. »Vielleicht nehmen Sie sich das anfangs noch übel, aber erst wenn Sie diese Geschichten verdrängen, wird es wirklich schlimm.« Denn auch seelischer Schmerz hält Informationen für uns bereit und lenkt unsere Aufmerksamkeit dorthin, wo sie gebraucht wird. Insofern verhält es sich mit ihm wie mit jeder Form von körperlichem Schmerz. Es geht nicht darum, diese Geschichten wegzuschieben, sondern zu lernen, wie man mit ihnen umgeht. Dafür zu sorgen, dass sie keine Wurzeln schlagen können. Es hat keinen Sinn, schlechte Samen zu bewässern.

Geschichten können auch ganz schön nervig sein.

VERTRAUEN INS SCHEITERN

Ich vertiefte mich in die wissenschaftlichen wie auch die geheimnisvollen Seiten des Selbstbewusstseins, weil ich hoffte, das würde mir helfen, die richtige Art Geschichten zu spinnen – solche, die die Seele nicht kleinmachen, sondern sie nähren, Geschichten, die die negativen neuronalen Pfade überschreiben konnten.

Zu meiner Freude stellte ich fest, dass es auch andere Leute gab, die William Finnegans Alterswarnung ignoriert hatten (oder gar nicht kannten). Katty Kay zum Beispiel fing mit vierzig mit dem Kitesurfen an. Und sie schrieb darüber ein Buch, in dem es hauptsächlich um Selbstbewusstsein geht. Also hoffte ich, darin Aufschluss darüber zu finden, wie das Scheitern unser Selbstbewusstsein stärken kann. Ich war mir sicher, dass sie einige Tipps aus eigener Erfahrung beisteuern könne.

In *Das neue Selbstbewusstsein. Was Frauen zum Erfolg führt* sind die BBC-Journalistin Katty Kay und die ABC-Korrespondentin Claire Shipman der Frage nachgegangen, wie Selbstvertrauen mit dem zusammenhängt, was sie die »Verwandten des Selbstvertrauens« nennen: Selbstwertgefühl, Optimismus, Selbstmitgefühl und Selbstwirksamkeit.[61] Mein Surfunfall hatte mich da in nahezu jeder Hinsicht verunsichert. Jede einzelne dieser Eigenschaften steht für einen anderen Aspekt unseres Selbstbilds, aber letztendlich hängen sie alle zusammen. Trotzdem sind sie nicht zwangsläufig alle gleichzeitig im selben Ausmaß gegeben – man kann zum Beispiel eine hohe Selbstachtung besitzen, aber sich trotzdem nicht zutrauen, eine bestimmte Aufgabe zu lösen. Optimismus bringt nicht automatisch Selbstwirksamkeit mit sich, weil es sich dabei in erster Linie um den Glauben handelt, dass in der Außenwelt am Ende schon alles gut gehen wird. Selbstvertrauen ist der

Glaube, dass man eine bestimmte Aufgabe bewältigen wird – selbst wenn man auf diesem Gebiet nicht sonderlich gut ist. Auch wenn zwischen diesen Eigenschaften durchaus gewisse Unterschiede bestehen, so sind doch Selbstvertrauen, Optimismus und Selbstwirksamkeit – den Autorinnen des Buches zufolge – alle »mit einem Gefühl persönlicher Stärke verknüpft«[62].

Wie Kay und Shipman festgestellt haben, wird diese persönliche Stärke gestützt durch ein leicht übersteigertes Selbstvertrauen. Da Selbstvertrauen einhergeht mit dem Impuls zu handeln, führt fehlendes Selbstvertrauen zu Untätigkeit. »Selbstvertrauen ist das Zeug, das Gedanken in Handlungen umwandelt«, sagt Richard Petty, Professor für Psychologie an der Ohio State University und Experte für dieses Thema.[63] Nichts auszuprobieren oder passiv zu verharren bringt uns nicht weiter. Ein starkes Selbstvertrauen – das immer mit Optimismus Hand in Hand geht – reizt uns dagegen zum Handeln. Was aber passiert, wenn ein überwertiges Selbstbewusstsein uns stattdessen zu Versuch und Irrtum führt? Auch auf der anderen Seite des Spektrums ist Entschlossenheit gefordert. Wenn wir akzeptieren, dass wir auf einem bestimmten Gebiet nicht so richtig gut sein können, dann haben wir auch keine Angst, uns dort auszuprobieren. Das Wissen um das eigene Mittelmaß und ein gesundes Selbstbewusstsein gleichen das Auf und Ab unseres Egos aus und geben uns den Mut, einfach draufloszumachen. »Ich kann das!«, sagen wir uns. Und gleichzeitig: »Und wenn nicht, auch egal!«

Kays Wissen um diese Zusammenhänge von Selbstbewusstsein und Mittelmaß ist sowohl Frucht ihrer Nachforschungen als auch ihrer persönlichen Erfahrung. Sie gesteht mir, sie habe mit dem Kitesurfen angefangen, weil »das Element der Herausforderung mich reizte. Ich besiegte meine Dämonen. Als ich vor dreizehn Jahren anfing, gab es beim Kitesurfen noch nicht viele Frauen. Ein Teil des Reizes lag einfach darin, dass ich eine Sportart beherrschen wollte, die hauptsächlich Männerdomäne war.«[64]

Kay erklärt, gut sei sie aber auch nur an ihrem gewohnten Surfspot. An Stränden, die sie nicht so gut kennt, klappe es einfach nicht. Sie klagt auch: »Ich bekomme das mit dem Springen einfach nicht hin. Ich war deswegen schon drauf und dran aufzugeben, weil ich einfach nicht richtig gut wurde.«[65] Springen beim Kitesurfen heißt, dass Sie sich vom Drachen hochheben lassen, um den Schirm neu auszurichten, damit er den Wind besser einfängt. Dann landen Sie mit dem Board wieder auf der Wasseroberfläche und surfen weiter. Aber auch wenn Kay das nicht hinbekommt, so bleibt sie ihrem Sport doch treu.

»Es wäre nützlich«, meint Kay, »wenn man akzeptieren könnte, dass es Sachen gibt, in denen man nie richtig gut sein wird. Zumindest in manchen Dingen. Wenn Sie perfekt sein wollen, dann gehen Sie das Risiko erst gar nicht ein, etwas einfach nur mal auszuprobieren. Aber wenn man bereit ist, einmal einen Versuch zu wagen, dann gibt es viele interessante Dinge, die man plötzlich austesten kann. Wenn Sie sich erlauben, auch mal schlecht zu sein, dann öffnen sich tausend Wege zu neuen Aktivitäten.«[66] Ihre Worte bestätigten, dass es uns Selbstvertrauen gibt, wenn wir uns gestatten, mittelmäßig zu sein, aber in ihren Augen braucht es dafür einen bestimmten Rahmen. »Es ist wichtig, dass man sich nicht mit anderen vergleicht«, meint sie. »Bei meinem Kampf mit dem Kitesurfen gab es mir Selbstvertrauen, dass ich einfach dabeigeblieben bin. Ich hatte die persönliche Stärke und den Mumm weiterzumachen.«

Eine Einsicht, die ich aus meinem Gespräch mit Kay mitnahm, war, dass wir möglicherweise nie ein Heilmittel gegen unsere

Selbstzweifel finden werden. Doch wir haben möglicherweise etwas, was uns Linderung verschaffen kann. Was ich lernte – und an mir selbst erproben konnte –, war, dass Selbstzweifel mich vermutlich immer begleiten werden, ich sie mit Selbstmitgefühl aber recht schnell verstummen lassen konnte. Sie dürfen ruhig an sich zweifeln. Seien Sie ehrlich. Das gehört zum Scheitern dazu, und Selbstzweifel werden uns immer begleiten.

Aber verzeihen Sie sich.

Vergessen Sie beim Selbstmitgefühl das »Selbst« nicht. Ihr Clan wird Sie den Klauen Ihrer Dämonen nicht entreißen. Ihre Zweifel sind Ihre ureigenste Angelegenheit.

Mitgefühl wurzelt in der Liebe, und wenn wir uns auch scheiternd lieben können, dann stehen die Chancen recht gut, dass wir das nötige Selbstbewusstsein haben, einen neuen Anlauf zu wagen. Einmal mehr hilft uns das Scheiternkönnen bei Dingen, bei denen wir gewöhnlich nicht scheitern. Wenn wir gelernt haben, uns zu vergeben und zu lieben, selbst wenn wir auf die Nase fallen, dann wissen wir, wie sich das anfühlt, wenn die Zeit kommt, um uns in anderen Lebensbereichen zu vergeben.

Thich Nhat Hanh lehrt uns: »Ist unser Herz voller Mitgefühl, so kann jeder Gedanke, jedes Wort, jede Tat ein Wunder zuwege bringen.«[67]

Selbstkritik hingegen ist beim Selbstmitgefühl verboten. Wenn wir lernen, uns selbst nicht mehr zu verurteilen, dann können wir auch unsere weniger ausgeprägten Talente mit Mitgefühl betrachten. Das hat nichts damit zu tun, dass wir unser Mittelmaß anerkennen – es soll nur heißen, dass wir uns lieben und netter zu uns sind, auch wenn wir den Versuch wagen und scheitern. Selbstkritik erhebt sich doch nur dann, wenn wir Ziele verfolgen, von denen wir glauben, sie um jeden Preis erreichen zu müssen. Ziele, hinter denen wir zurückbleiben. Sie unterlaufen die Messlatte. Und so weiter …

Als werdender Dilettant müssen Sie Ziele loslassen. Sie müssen von Anfang an akzeptieren, dass Ihr Tun keinen Zweck verfolgt. Wo sollte da ein Kritiker einhaken?

Wichtig wird diese Haltung vor allem in Situationen, in denen viel auf dem Spiel steht. Wenn Sie sich scheiternd annehmen können, wenn es um nichts geht, dann entwickeln Sie die nötigen Strategien, um konstruktiv zu agieren, wenn die Kacke am Dampfen ist und es wirklich drauf ankommt. Ob nun im Job, als Vater oder Mutter oder als Mitglied einer Sportmannschaft, wir machen alle Fehler. Doch aufgemerkt: Ich sage nicht, dass es okay ist, die eigenen Fehler auf die leichte Schulter zu nehmen, wenn andere davon betroffen sind. Ich will Sie keinesfalls ermutigen, sich im Versagen gemütlich einzurichten, wenn Sie Krankenschwester in der Notaufnahme sind oder Chirurg oder wenn Sie sonst eine Tätigkeit ausüben, bei der das Wohl der Menschen von Ihnen abhängt. Die Rede ist von den zwecklosen Dingen, den unwichtigen, bei denen eine Belanglosigkeit der nächsten folgt, eine Welle der anderen, ein Augenblick dem nächsten – nur um dann ein für alle Mal zu vergehen. Das ist das Feld, das Sie scheiternd bestellen sollten. Wenn Sie sich darin üben, im Mittelmaß jede Niederlage in Akzeptanz zu verwandeln, dann bereiten Sie den Pfad, der zu besseren Ergebnissen führt, wenn der Einsatz hoch ist.

Wir neigen dazu, uns zu sehr auf unsere persönlichen Erfahrungen zu konzentrieren, die wir für einzigartig halten. Wenn wir einen schlechten Tag haben, unseren Job verlieren oder der Partner mit uns Schluss macht, wenn wir eine schlechte medizinische Diagnose wegstecken müssen, dann denken wir meist: »Warum ich? Warum passiert mir so etwas?« Eigentlich sollten wir uns besser fragen: »Warum nicht ich?« Ein ganz wesentlicher Teil des Selbstmitgefühls ist die Einsicht, dass wir alle Teil einer großen menschlichen Gemeinschaft sind – und jede und jeder negative Erfahrungen macht.

Jaimal Yogis kennt das aus seiner lebenslangen Praxis: »Die Geschichte, die wir glauben, ist, dass wir diese einzigartigen Menschen sind, die getrennt von allen anderen existieren – und das nervt immer, denn das Gras auf der anderen Wiese ist immer grüner als das auf der eigenen. Aber die Erleuchtung spielt sich nicht in unserem selbstgebastelten Ego ab.«[68]

Ich kann diese Theorie über Spiel und Resilienz nur bestätigen. Auf einer meiner Reisen nach Costa Rica kam ich von einer ungewöhnlich erfolgreichen Surfsession nach Hause (das heißt, ich hatte ein paar nicht allzu kleine Wellen elegant abgesurft) und war mit mir vollauf zufrieden. Ich guckte in meinen E-Mail-Posteingang, und da war eine Mail, in der stand, dass mein Geschäft nicht lief. Ich hatte für jenes Jahr keine besonders guten Zahlen erwartet, ich wusste, dass ich mein Ziel nicht erreichen würde, aber mir war nicht klar, wie weit ich davon entfernt war. Die Mail haute mich glatt aus den Socken, denn ich weiß im Jahresverlauf normalerweise immer ungefähr, wo ich stehe. Ich behandle Zahlen genauso wie Buchstaben: Zusammenhängend erzählen sie eine Geschichte, und ich bildete mir ein, meine Zahlengeschichte ganz gut zu kennen. Aber in diesem Jahr lag ich da völlig falsch. Die Nachricht verursachte mir Übelkeit und rief Erinnerungen wach an ein Gespräch, das ich einige Jahre zuvor geführt hatte.

Ich hatte mich mit Alex Dick-Read unterhalten, der damals Chefredakteur einer großartigen, mittlerweile eingestellten Surfzeitschrift namens *The Surfer's Path* war. Wir sprachen übers Surfen, Schreiben und Verlegen, und ich beschwerte mich, dass ich nie genug Zeit auf dem Wasser hatte, sodass ich beim Surfen keine merklichen Fortschritte machte. Ich gleite oft in diese innere – und völlig nutzlose – Debatte ab: Soll ich meine Arbeit in New York aufgeben und meinen Lebensstil runterschrauben, um jeden Tag surfen zu können? Natürlich würde ich auch dann noch mittelmäßig sein, was jedem klar war, der mich kannte. Außerdem könnte ich so meinen Lebensunterhalt nicht verdienen, daher ist allein der Gedanke schon doof. Aber die Leute, die mich kennen, wissen, dass ich ihnen diesbezüglich gerne was vorjammere. Wir alle wissen, dass das mit dem grüneren Gras auf Nachbars Wiese Unfug ist, aber wir sind doch immer wieder dafür empfänglich.

Nichtsdestotrotz hörte Alex mir geduldig zu. Dann stellte er mir folgende Frage: »Was wärst du denn lieber, eine gute Verlagsleiterin oder eine gute Surferin?«

»Eine gute Verlagsleiterin natürlich!«, antwortete ich wie aus der Pistole geschossen.

»Na dann«, sagte er mit einer Güte, die ich nicht verdient hatte. »Dann bist du ja am richtigen Fleck.«

Ich denke oft an dieses Gespräch, wenn ich mal wieder anfange, mich darüber zu beschweren, dass ich mehr Zeit im Büro verbringe als auf dem Wasser. Denn die Selbstverständlichkeit meiner Antwort straft mich noch heute Lügen. Natürlich will ich in meinem Job besser sein als bei etwas, das ich nur zum Vergnügen mache.

Aber jetzt hatte es plötzlich den Anschein, als wäre ich auch keine gute Verlagsleiterin mehr. Mist. Wie in anderen Lebenslagen hilft Scheiternkönnen auch nicht immer. Und ich hatte das Gefühl, dass dieser Punkt nun erreicht war.

Die nächsten Tage verbrachte ich damit, all das zu tun, was ich gewöhnlich mache, wenn ich im Wasser bin und die Wellen ausbleiben. Sitzen, atmen, entspannen. Sein. Sobald ich dazu in der Lage war, ohne dass in meinem Kopf das Hintergrundgeräusch der Angst aufflackerte, versuchte ich herauszufinden, wieso zum Teufel ich derart danebenliegen konnte bei etwas, das ich dreißig Jahre lang tagtäglich gemacht hatte. Die Hälfte dieser Zeit hatte ich auf dem Surfbrett das Scheitern geübt. Das half mir, mich zu der Einsicht durchzuringen, dass ich auch damit fertigwerden würde, wenn ich auf einem Gebiet scheiterte, in das ich meine ganze berufliche Energie investiert hatte.

Also saß ich. Und atmete. Nicht gerade meditativ, aber immerhin auf die Weg-mit-der-Panik-damit-sie-mich-nicht-auffrisst-Art. In diesem Raum fand ich Klarheit für mein Problem. Ich musste wichtige Dinge erledigen und war bereit, das anzugehen. Ich musste mir eingestehen und akzeptieren, dass ich einige nicht besonders profitable Entscheidungen getroffen hatte. Und ich würde meine Strategie ändern müssen, um bessere Ergebnisse zu erzielen.

Einige Tage später hörte ich, dass die ursprünglichen Zahlen nicht auf den neuesten Verkaufszahlen beruhten. Die neuen Zahlen erzählten genau die Geschichte, die ich erwartet hatte. Ich hatte mein Ziel immer noch nicht erreicht und musste etwas unternehmen. Ich hatte meine Zahlen vielleicht falsch kalkuliert, lag aber nicht so weit daneben. Und ich hatte keine völlig falsche Vorstellung von meinen Zahlen und wie viel zum Plus fehlte. Ein bisschen vielleicht. Gerade so viel, dass es mir half, mich auf die vor mir liegenden Aufgaben zu konzentrieren. Und ich war bereit, mich dieser Arbeit zu stellen, statt mich auf das zu fixieren, was ich noch nicht erreicht hatte. Ich war gerade mehrere Tage nacheinander auf dem Wasser gewesen und hatte eine schöne Zeit gehabt. Das Scheitern war mir zur zweiten Natur geworden. Ich dachte dabei nicht an langsam an mir hochkriechende Ängste. Ich dachte an warmes Wasser, Sonne, Surfen und meine Familie.

IN JEDER GESCHICHTE LIEGT EIN GESCHENK

Selbstzweifel plagten mich, während ich mich von meiner Verletzung erholte. Bis ein ermutigendes Geschenk aus einer Ecke kam, aus der ich es nicht erwartet hatte. Wenn ich je ein Zeichen vom Universum erhalten habe, dann dieses.

Ich habe zwei Boards, die der legendäre Jim Phillips gemacht hatte, der früher viel an der Ostküste gesurft war, dann aber verständlicherweise nach Südkalifornien umgezogen war. Jedes Board ist neun Fuß lang und drei Zoll dick, hat einen Stringer (Holzverstärkung in der Mitte des Boards), weiche Rails und eine stark aufgebogene Nase. Ich mag es, wie meine Sohlen sich um die leichte Erhöhung des Stringers in der Mitte des Boards schmiegen und so die Hälfte des Decks in den Griff nehmen. Ich war auf keinem Board je glücklicher. Ich mochte das erste der beiden Boards – fuchsiarot, mit einer zitronengelben, durchsichtigen Finne, gekauft in meinem lokalen Surfshop – so sehr, dass ich ein paar Monate darauf einen weißen Zwilling mit einer wunderschönen blauen Finne erwarb. Das fuchsiarote hat seinen Platz in Costa Rica für unsere Surftrips in den Süden. Die weiße Schönheit bleibt zu Hause in New Jersey.

Die Boards heißen »Da Copy Cat« – ein Verweis auf den berühmt-berüchtigten Malibu-Surfer Miki Dora, der sein Longboard katzenartig smooth ritt. Dora verspottete jeden, der kein Surf-Ass war. Manchmal surfte er sogar an schlechte Surfer heran und schubste sie vom Brett. Das war noch vor der Erfindung der Leash, sodass der arme Geschubste Stunden darauf verwenden musste, sein Board zu bergen. Zeit, die er besser damit verbracht hätte, weitere Wellen abzureiten. Doras Attacken hielten viele davon ab, weiter in seiner Nähe zu surfen. Er mochte »Da Cat«, die Katze, gewesen sein, aber er war auch ein Arschloch.

Doch nicht einmal der rachsüchtige Geist eines Miki Dora konnte verhindern, dass die Nachricht von meinem Malheur die Westküste erreichte. Unser Nachbar in New Jersey hatte einen Bruder in San Diego. Der ist Anwalt und surft gerne. Also erzählte er meine Geschichte einem anderen Anwalt, der seinerseits wieder ein Freund des Boardbauers Jim Phillips ist. Die grusligen Einzelheiten der Geschichte verliehen ihr Siebenmeilenstiefel.

Phillips und ich kannten uns um fünf Ecken, doch der allgemein als menschenscheu bekannte Surfbrettbauer nahm sich die Zeit, mir eine ermutigende E-Mail zu schreiben, während ich mich stehend und liegend von den Wunden an Leib und Selbstbewusstsein erholte. Er schrieb unter anderem: »Ich hoffe, du erholst dich schnell, die Zeit ohne Wellen vergeht immer so langsam … Pass auf dich auf, steig wieder auf dieses Brett, lass dich nicht abwerfen. Ich kann nur hoffen, dass deine künftigen Surfertage mehr von Freude geprägt sein werden als vom Schmerz.«

Seine Worte bedeuteten mir viel, doch am meisten berührte mich seine Großzügigkeit und die Rücksichtnahme, mit der er mir diese ermutigenden Worte überhaupt geschickt hatte. Und die Tatsache, dass er mich offensichtlich als Surfergenossin sah. Ich wusste das damals noch nicht, aber ich suchte nach einem Netzwerk.

Obwohl ich nie vorgehabt hatte, ein Teil des Surferstammes zu werden, lernte ich doch andere Surfer kennen, weil ich viel Zeit im Wasser verbrachte. Dieser Sport ist sehr demokratisch. Er wird zwar dominiert von jungen Männern, doch am Line-up finden sich Junge und Alte, Männer und Frauen. Da ich so lange gebraucht hatte, um das Surfen zu lernen, blieb ich anfangs von den Leuten im Wasser weg. Aber mit den Jahren wurde ich lockerer, und man sah ja schließlich immer die gleichen Gesichter – sodass ich am Ende auch neue Freundschaften schloss.

Diese Bande reichten tief, und doch hatte ich mich, bevor die Mail von Jim Phillips in meinem elektronischen Briefkasten lag, nicht als Surferin betrachtet. Ich hatte zwar nicht vor aufzuhören, aber mich beschlichen doch leise Zweifel, und das wäre gar nicht gut da draußen auf dem Wasser. Mangelndes Engagement ist ein Fluch für jeden Surfer. Ich musste mich zurück aufs Board zwingen. Phillips' Worte erreichten mich gerade in dem Moment, als ich mich fragte, ob ich überhaupt ein Recht aufs Surfen hatte. Wunder geschehen immer wieder, in Worten wie in Taten.

Gemeinschaft, Bindungen – genau dort finden sie statt. »Willenskraft genügt nicht, um einen Wandel herbeizuführen«, erinnert uns David Kessler. »Die Herausforderung liegt darin, sich Kraft zu holen aus etwas anderem als der schieren Selbstdisziplin oder -verurteilung. Ein dauerhafter Wandel stellt sich erst dann ein, wenn wir diesen isolierenden Druck loslassen und uns erlauben, uns Unterstützung zu holen und Bande zu knüpfen, statt uns nur um uns selbst zu kümmern.«[69]

Ich möchte noch einmal auf die Macht der Geschichten zurückkommen. Ob sie nun von einem Arzt, einem Wissenschaftler, einem Suchenden, einem Meister des Wortes oder einer fiktiven Persönlichkeit handeln – Geschichten sind ganz wesentlich für die Art und Weise, wie wir uns durchs Leben bewegen. Meine erste Geschichte nach meiner Verletzung handelte davon, dass ich nicht das Recht hätte, zusammen mit anderen, geschickteren Surfern im Wasser zu sein. Ich war es nicht wert. Die Gegengeschichte dreht sich um das wenig zuverlässige Gefühl des Stolzes, dass ich meinen Hintern überhaupt da rauskriegte. In ihr schwingt sich die Schaukel meines verwundeten Egos auf der anderen Seite empor. (Sicher besser als die erste Story.) Aber am Ende sind beide Versionen nur Zerrbilder meines Egos. In den ruhigeren Wassern meiner Seele ist die Geschichte, die ich mir erzähle, einfach die: »Ich surfe.«

Aber da bin ich nicht von alleine draufgekommen. Ich brauchte die Unterstützung eines Surferfreundes.

Einen Monat später hatte ich Jim Phillips' freundliche Worte im Ohr und sein Board unter mir, als ich wieder hinauspaddelte. Seine Botschaft hatte bewirkt, dass ich mir meine Ungeschicklichkeit vergeben konnte, mit der ich jene Welle ausgesucht hatte. Und mich daran erinnerte, dass ich nicht wegen der Geschicklichkeit immer wieder hinauswill aufs offene Meer. Vorsichtig hockte ich mich am Line-up auf mein Board und wartete auf eine geeignete Welle. Mein Arzt hatte mir geraten, erst nach sechs Wochen wieder ins Wasser und aufs Board zu steigen. Aber vier Wochen Grübeln waren genug. Zum Teufel mit der Pussy. Ich surfe.

Es geht nicht darum, cool zu sein, sondern gar nicht erst »cool« sein zu wollen. —

DIE VIERTE WELLE

Meine beste Welle: durch die Chemo surfen (und durch alles Schreckliche, was auf uns zukommt)

REGEL 4

Sie fangen ganz bei null an.

LEKTION 4

Verletzlichkeit macht Sie stärker.

VORTEIL 4

In etwas schlecht zu sein ist ein Grund mehr zu leben.

Mein Genitalbereich war wunderbar verheilt. Im Herbst war ich schon wieder regelmäßig im Wasser. Zumindest bis Ende Oktober, als Hurrikan Sandy unsere Insel vor New Jersey auseinandernahm und wir monatelang nicht zurück in unser Haus und in unseren heimischen Ozean konnten. Die Wellen spülten damals Häuser von ihren Fundamenten, wirbelten sie herum wie irrlaufende Billardkugeln und rammten sie in andere Häuser. Sie zerschmetterten alles auf ihrem Weg.

Das Chaos gebar noch mehr Chaos: Mitten in den Straßen taten sich Risse auf, die Autos und Lieferwagen verschlangen. Treibgut aus den zerstörten Häusern – elektrische Geräte, Safes und Holzbalken – wurde von der Flut in die Bucht hinausgetragen und in den Ozean geschwemmt. Nachdem der Hurrikan durchgezogen war, brach ein Feuer aus und zerstörte einen uralten Vergnügungspark, der gerade mal eine Meile von unserem Haus entfernt lag. Ich war als Kind immer dort gewesen und in den 1970ern als Teenager. Und vor mir war es mein Vater, der ihn besucht hatte. Ich nahm meine Jungs jeden Sommer dorthin mit. Es war immer ein netter Spaziergang, aber es bleibt ja nichts, wie es war.

In der Nacht vor dem Sturm wurden wir aus unserem Haus evakuiert und mussten die Insel verlassen. Wir sicherten alles, so gut wir konnten, und sprachen uns gegenseitig Mut zu – was soll man auch sonst tun? –, aber es war gespenstisch, unser Haus zu verlassen mit so wenig im Schlepptau, eigentlich nur die Verträge, die wir üblicherweise dort aufbewahrten. Sonst nahmen wir nichts mit. Ich warf einen letzten Blick auf das Heim, das uns lieb und teuer war: ein Zufluchtsort, mit dem sich unzählige Erinnerungen, Herausforderungen und Freuden verbanden. Das Haus, das uns so zuverlässig gedient hatte, war nun nicht mehr als seine Baustruktur, die sich dem Sturm entgegenstellen würde. Zerbrechlich wie alle anderen. Bald würden die Häuser von Wind und Regen und Sturmfluten gebeutelt und vielleicht in Trümmer gelegt werden.

»Auf Wiedersehen, liebes Haus«, sagte ich zu ihm, als könnte es antworten. »Wir hoffen, dass du morgen noch da bist.« Dann lenkten wir unseren Wagen ins Landesinnere.

FREUDE, WO MAN SIE AM WENIGSTEN ERWARTET

Der Sturm war nicht die einzige Naturgewalt, die in diesem Herbst Chaos anrichtete.

Als Sandy sich verzogen hatte und allenthalben das Ausmaß der Zerstörung sichtbar wurde, erhielt ich die Diagnose »Brustkrebs«. Gerade in dem Augenblick, in dem ich surferisch – und in den übrigen Bereichen meiner Existenz – mein Selbstbewusstsein zurückgewonnen hatte, kam ein schwerwiegender Sturz auf mich zu.

Brustkrebs hatte nicht zu den schwarzen Männern meiner Albtraumbelegschaft gezählt. Es gab einfach zu viele andere Dinge, die mir Angst einjagten. Nun auf eine Weise verwundbar geworden zu sein, wie ich mir das nie hätte vorstellen können, erinnerte mich daran, dass es, auch wenn man gelernt hat, mit bekannten Bedrohungen zu leben, durchaus noch andere geben kann, die urplötzlich auf der Bildfläche erscheinen können – eine Finne im ansonsten ruhigen Wasser, eine Routineuntersuchung, die plötzlich all ihre Schrecken offenbart. Meine mageren Erfolge beim Surfen hatten mir gezeigt, dass wir nie unverwundbar sind. Nun sollte ich lernen, dass unsere Unverletzlichkeit unendlich viele Facetten haben kann. Ich tat mich schwer mit dem Surfen – aber es war ja trotzdem immer meine Entscheidung, aufs Wasser rauszupaddeln. Eine Herausforderung und eine Verletzlichkeit, die ich gesucht hatte.

Der Krebs war eine andere Art von Verletzlichkeit.

Doch damit nicht genug. In jenem Winter voller Verwundungen, als unser Haus und meine Gesundheit gleichermaßen bedroht waren, geschah noch etwas. In diese Zeit fiel auch meine beste Welle, eine langsame, sachte und gleichmäßig laufende, die ich an einem gesegneten Julimorgen mit meinem Sohn Rocco teilte. Damals war ich seit fünf Monaten nicht mehr im Wasser gewesen.

UNMITTELBAR VOR WEIHNACHTEN in der Hurrikan-Sandy-Zeit offenbarte eine Routine-Mammografie einen aggressiven und invasiven Tumor in meiner linken Brust.

Unser Haus war glücklicherweise verschont geblieben, als wolle es die (grausamen) Launen der Natur bezeugen. Sandy hatte die Bucht westlich unseres Hauses zerstört, doch die Sturmflut war drei Häuser von unserem entfernt verebbt. Ein breiter Streifen von Häusern auf der Insel blieb unbeschädigt, weil sie zu Wind, Dünung und Flut günstig lagen. Zwar drückte das Grundwasser in unseren Keller, sodass alles kaputtging, was wir dort eingelagert hatten, es stieg aber nicht in die oberen Stockwerke. Vielen anderen Häusern – zu denen ich auch meinen Körper zählte – erging es weniger gut.

In den folgenden zwei Monaten musste ich eine Reihe von Operationen über mich ergehen lassen, die meine Überlebenschancen nur marginal erhöhten. Wir entschieden, den Krebs zuerst systemisch zu behandeln, mit einer Chemotherapie, und dann das duktale Carcinoma in situ (DCIS) an der Brustdrüse anzugehen. Sobald ich mir Gewissheit verschafft hatte, dass meine Familie versorgt sein würde, sollte wirklich etwas schiefgehen – ich machte mal wieder den »Zahlenzauber« –, stellte sich die nächste Frage: Bedeutete dies für mich, dass ich nie wieder aufs Surfbrett steigen könnte?

Im Februar, bevor ich meine erste Behandlungsphase der Chemo begann, nur vier Wochen nach den letzten drei Operationen, die keine Heilung gebracht hatten, surfte ich gegen den Rat meiner Physiotherapeutin noch einmal in Guiones. Mein linker Arm war von der Mondor-Krankheit betroffen. Das kam daher, dass die Faszien zu schnell abgeheilt waren, was zur Bildung eines stark gespannten Stranges zwischen Haut und Muskulatur geführt hatte. Ein sichtbarer Strang unter der Haut, der sich anfühlte wie eine Gitarrensaite, zog sich vom Handgelenk über die Innenseite meines Unterarms und über den Bizeps bis in meine Achselhöhle. Das sah scheußlich aus und tat auch scheußlich weh. Und ich konnte meinen Arm nicht mehr durchstrecken, die letzten dreißig Grad zur vollen Streckung fehlten mir. Das würde das Surfen für mich sehr, sehr schwierig machen (und ich brauchte eigentlich nicht noch mehr Schwierigkeiten). Meine Ärzte zeigten großes Entgegenkommen: Sie arbeiteten mit mir einen OP-Plan aus, der auf meine Reisepläne Rücksicht nahm. Sie verstanden einfach, dass das Wasser für meine geistige Gesundheit lebenswichtig war. Die Physiotherapeutin war davon … weniger begeistert.

Als ich ihr sagte, dass ich zum Surfen wollte, meinte sie nur: »Das ist ein Witz. Sie können mit diesem Arm nicht surfen. Außerdem sollen Sie sich ja von den Operationen erholen.«

»Eine andere Option?«, fragte ich.

»Was meinen Sie?«

»Ich werde auf jeden Fall surfen, also helfen Sie mir bitte herauszufinden, wie ich das hinkriegen kann.«

»Was ist bloß los mit den Surfern?«, empörte sie sich. »Mein Freund surft auch, und er macht ständig total blödes Zeug. Sind alle Surfer Masochisten?«

»Nein, keineswegs.«

Sie zeigte mir eine Übung zur Stärkung meines Armes. Ich musste mich seitlich an eine Wand stellen und dann mit den Fingern an der Wand rumkrabbeln wie eine Spinne, rauf und runter, rauf und runter. Das sollte meinen Arm kräftigen, sodass er sich durchstrecken würde und das irritierende Gewebe riss. Ich zitterte vor Schmerz, wenn die Muskulatur an dem gespannten Strang rieb. Aber meine Physiotherapeutin hatte mir befohlen, diese Übung vor und nach jeder Surfsession zu machen.

Kaum hatte ich die erste Session in Guiones hinter mir, erübrigte sich diese Übung. Das Paddeln und der Zug der brechenden Wellen sorgten dafür, dass der widerspenstige Strang einfach riss. Nach einer besonders starken Welle steckte ich den Kopf ins Wasser, damit niemand meinen Schrei hörte. Am Ende der Woche hatte ich meine Bewegungsfreiheit zurück und konnte meinen Arm wieder ganz normal gebrauchen.

Mein sturer Trip nach Guiones, obwohl ich nur einen voll beweglichen Arm hatte, war ein entscheidender Moment in meiner Auseinandersetzung mit dem Krebs. Es ist ja fast schon peinlich, aber als ich die Diagnose bekam, war mein erster Gedanke: »Ich habe für so etwas einfach keine Zeit.« Familienleben, Arbeit – ich konnte mir nicht vorstellen, was das geben sollte. Als es dann auch noch so aussah, als müsse ich mit dem Surfen aufhören, reichte es mir. Ich hörte auf, mir Sorgen zu machen, wie ich mit dem Krebs fertigwerden sollte, und ging ins Wasser. Es tat höllisch weh – einen Augenblick lang. Aber etwas an dem Schmerz in meinem Arm sagte mir, dass ich immer noch lebte, dass ich da und dort zurückschlagen konnte, auf eine Weise, die mit Ärzten, komplizierten Apparaten und Arzneimitteln nichts zu tun hatte. Ins Wasser zu gehen machte aus meinem Krebs nur einen Knick mehr in meiner Surferkarriere. Von denen hatte ich massenhaft gehabt. Ich war an Rückschläge gewöhnt.

EIN ABENTEUER, DAS SICH MICH AUSGESUCHT HATTE

Sobald man denkt, man habe das mit dem Krebs im Griff, erinnert er einen daran, dass er sich aus gutem Grund mit Großbuchstaben in Ihr Leben einträgt.

Nach dem Termin beim Radiologen, der den Tumor entdeckte und eine Biopsie machte, hatte ich weitere Termine bei einem Brustchirurgen und einem Chirurgen für die Rekonstruktionsplastik. Mein Brustchirurg empfahl mir einen Onkologen. Ein Pathologe, den ich nicht kennenlernte, erstellte einen Bericht über die Größe, die Aggressivität und den Zelltyp, der in meinem Körper heranwuchs. Dann gab es noch Termine, um eine zweite Meinung einzuholen, und die ganzen Checks mit meinem Internisten und Gynäkologen. Ein Kardiologe musste bescheinigen, dass mein Herz stark genug war für die Operation. Und in der Klinik, in der ich behandelt wurde, gab es auch noch Krankenschwestern und Pharmazeuten, die sich im Einzelnen um die Behandlung kümmerten.

Niemand sagt einem, wie man das alles unter einen Hut bekommt, welcher Arzt welche Einstellung hat und was auf was folgt. Es gibt dafür einfach keine Wegbeschreibung. Ich musste Instinkten folgen, die ich nicht hatte, und den Rat anderer suchen, die all das vor mir durchgemacht hatten. Aber natürlich hatte niemand exakt dasselbe durchgemacht wie ich, denn meine speziellen Umstände schienen denen anderer nicht zu gleichen. Das trifft aber auf jeden zu, der diese Diagnose erhält. Keiner von uns ist ein Durchschnittspatient, und manche sind noch weniger durchschnittlich als andere. Das sind die guten und die schlechten Nachrichten, bei denen sich Hoffnung und Verzweiflung innig verschränken. Eine der Krankenschwestern ermahnte mich auf eine Weise, als beträfe mich das ganz persönlich: »Sie wollen kein Sonderfall sein. Ein Sonderfall in einer medizinischen Behandlung ist immer schlecht.«

Während der ganzen Tortur weinte ich nur einmal – als ich so viele Optionen hatte, dass ich mich nicht entscheiden konnte –, und dabei war mir klar, dass ich Glück hatte, so viele Alternativen zur Auswahl zu haben. Aber ich lernte bald, dass es keinen richtigen oder falschen Weg gibt. Ich war es, die die Entscheidungen traf. Und das machte mich fertig, denn ich hatte verdammt noch mal nicht die leiseste Ahnung, was ich tun sollte. Ich fühlte mich total allein und verwundbar. Und ich hatte das unausweichliche Gefühl, dass ich sogar als Krebspatientin schlecht war. Hin und wieder fragte ich mich, ob ich sterben würde. Schlimmer noch, ich fragte mich, ob ich zäh genug war, um beim Surfen wieder von vorn anzufangen. Ich würde noch mal bei null beginnen müssen.

Also konzentrierte ich mich auf banalere Dinge. Die *Zeit* wurde mein Sparringspartner. Ich dachte ständig: »Verdammt noch mal, es dauert *ewig*, dieses Kranksein.« Anfangs konnte ich mir überhaupt nicht vorstellen, wie ich all die Arzttermine und Operationen und Behandlungen mit meinen beruflichen Terminen vereinbaren sollte, vor allem, weil ich niemandem von meiner Diagnose erzählen wollte. Es war für mich ungeheuer wichtig, dass diese neue Realität mein Arbeitsleben nicht beeinflusste. Aber natürlich ging das nicht. Solch eine Diagnose frisst Zeit, nicht anders als eine Steuerprüfung oder ein Verkehrsstau. Ich beschwerte mich bei Joel: »Ich bräuchte einen Avatar für diesen Krebs.«

In lichten Momenten – und in der Rückschau – wurde mir klar, dass meine Gedanken sich im Kreis drehten. Mein Kampf mit diesem neuen Defizit zeigte eher, dass ich es weit von mir wegschob. Wenn ich mich darüber aufregen konnte, dass ich keine Zeit mehr hatte, das zu tun, was ich gern machte, musste ich mich nicht mit der Angst befassen, die die Diagnose mir einjagte. Denn welche Zeit verlor ich denn schon? Glaubte ich wirklich, dass Krankheit und Behandlung mir Zeit wegnahmen? *Wofür* war diese Zeit denn gedacht? Hatte ich sie denn zweckgebunden eingeteilt?

Ich dachte vollkommen falsch. Ich brauchte eine neue Strategie, also versuchte ich, meine Wertigkeiten im Tagesablauf neu zu setzen: Krebs war doch, als würde man ein Abenteuer erleben! Ich versuchte, jede Stunde in dieser ehrfurchtgebietenden und komplexen neuen Welt als neue Erfahrung zu verbuchen. Ich würde daraus lernen, wie das mit jeder neuen Erfahrung der Fall ist. Ich würde lernen, mit dieser neuen Angst zu leben. Was für ein Luxus, sich von Neuem mit der Angst bekannt zu machen, um sie besser zu verstehen. Natürlich hatte auch ich düstere Gedanken, aber mit der Akzeptanz dieses Abenteuers gelangte ein wenig Licht herein. Ich würde nicht versuchen, »gut« darin zu sein, Krebs zu haben. Ich konnte alle Bücher der Welt lesen, alle möglichen Wörter lernen, alle richtigen Fragen stellen – und ich würde immer noch in derselben Klemme stecken. Und hätte nichts vorzuweisen außer einem neuen gruseligen Vokabular.

Und was meine psychische Verfassung anging, hatte ich eine Surfer-Trumpfkarte im Ärmel. Ich wusste, dass es immer eine neue Welle geben würde.

VERLETZLICHKEIT NERVT …
ODER VIELLEICHT DOCH NICHT?

Den größten Teil der folgenden zwei Monate, in denen ich mich der Behandlung unterzog, stand ich angeschlagen am Wasser unserer geschlagenen New-Jersey-Gemeinde und surfte im Geist. Ich kaufte mir eine digitale Spiegelreflexkamera, damit ich Rocco fotografieren konnte, der Welle nach Welle nahm. Während mein Körper strategisch vergiftet wurde, wurde Roccos Körper mit jeder Session stärker. Es gab Tage, an denen mich allein schon der Spaziergang durch den tiefen, feinen Sand bis zur Küstenlinie unseres Surfspots erschöpfte. Die wöchentlichen stundenlangen Spaziergänge über den Strand zum nahen Park wurden unmöglich.

Hin und wieder war ich stark genug, um ins Wasser zu gehen – aber so gut wie nie kräftig genug, um zu surfen. Doch schon das Eintauchen in die Wellen war heilsam, ein schlichter, einfacher Segen, obwohl ich mich hinterher verwundbarer fühlte als je zuvor. Nach den anfänglichen Ausbrüchen von Angst und Zorn, ausgelöst durch die Diagnose, nach der Akzeptanz des gefährlichen Abenteuers fühlte ich mich auf eine Weise verwundbar, die mir bis dato fremd gewesen war. Als mir von der Behandlung übel wurde, trieb mich das körperlich an den Rand meiner Belastungsfähigkeit. Das empfand ich als Verrat. Mein Körper wandte sich gegen sich selbst, und das Ergebnis machte mich krank. Diese neue Verletzlichkeit überwucherte jedes andere Gefühl. Statt mich – sinnloserweise – gegen dieses Gefühl zu stählen, beschloss ich, es anzunehmen. Es war meinem Scheitern so ähnlich, dass ich mich damit doch wohlzufühlen begann. Ich konnte daraus lernen – wenn ich es schaffte, es zu akzeptieren.

Der englische Begriff *vulnerable*, »verletzlich«, stammt vom lateinischen Verb *vulnerare*, »verwunden«. Meine instinktive Reaktion auf die physiologische Beleidigung meines Körpers von innen wie außen passte also genau zu den Wurzeln des Wortes, das sie beschrieb. In meinen Augen machte das Sinn.

Und dieser Ursprung war uns verloren gegangen. Eine Wunde im Körper ist nicht einfach nur ein Ort der Zerstörung. Eine Wunde ist der Ort der Heilung, des Aufbaus, des Wieder-auf-die-Beine-Kommens. Auf der Zellebene wird jede noch so kleine Verletzung von Massen anderer Zellen repariert. Die gewaltsame Verwundung, die die Wunde hinterließ, liegt in der Vergangenheit. Jeder Augenblick, der danach verstreicht, ist ein Schritt näher zur Ganzheit.

Was wir aber heutzutage als »verwundbar« betrachten, sind Dinge, die dauerhaft beschädigt oder zerstört werden können. Die Nachrichten belegen Tag für Tag, wie verwundbar wir technisch sind – Hacker kapern persönliche Daten, Feinde drohen, unsere Wasser- oder Stromversorgung zu sabotieren. Und die sozialen Medien werden manipuliert, um Profit und Einfluss zu gewinnen. Verwundbare Dinge sind Orte der Schwäche, der Paranoia, der Angst. Wenn ein System verwundbar ist, dann ist es offen für jeden, der es auszunutzen versteht oder es bis zum Zusammenbruch belastet wie eine schlecht gebaute Brücke. Und wenn wir versuchen, solche Systeme zu schützen, dann müssen wir zuerst ihre Schwachstellen ermitteln, um sie abzudichten.

Vor diesem Hintergrund kann die Verletzlichkeit als emotionale Erfahrung verwirrend sein. Sehen wir Verletzlichkeit als Zustand der Schwäche oder des Verfalls, verkennen wir den Wert dieses Gefühls und kämpfen dagegen an. So entgeht uns, was es uns lehren kann und welche heilsamen Geschenke in ihm liegen.

Brené Brown hat sich ihr ganzes Berufsleben damit beschäftigt, wie wir Verletzlichkeit zur Krankheit umdeuten. Ihr TED Talk zum Thema ist einer der am häufigsten angeklickten Vorträge auf der TED-Webseite.[70] Allein dies zeigt schon, wie sehr das Thema die Menschen beschäftigt und wie viele damit zu kämpfen haben. Dabei geht es nicht darum, ob man sich verletzlich fühlt, sondern darum, ob wir diese Verletzlichkeit akzeptieren können. Denn wir betrachten Verletzlichkeit auch auf der persönlichen Ebene als Belastung. Man muss ja nur gucken, welche Synonyme uns das Lexikon dazu liefert: »Schwäche«, »Wehrlosigkeit«, »Hilflosigkeit«, »Schutzlosigkeit« und so weiter.

Besser wäre: »Offenheit«.

Brené Brown hat durch ihre Forschungsarbeiten diese abwertenden Begriffe in Chancen umgedeutet. »Verletzlichkeit«, so Brown, »ist die Geburtsstätte von Liebe, Zugehörigkeit, Freude, Mut, Empathie und Kreativität. Sie ist die Quelle der Hoffnung, des Mitgefühls, des Verantwortungsbewusstseins und der Authentizität.«[71] Brown zufolge verstehen Menschen, die sich damit abfinden, es schlicht, »aus tiefstem Herzen« zu leben. Menschen, die Verletzlichkeit annehmen können, statt davor wegzulaufen. Sie glauben, dass Verletzlichkeit sie erst wirklich schön macht.

Das leuchtete mir ein. Ich hatte das auf meine amateurhafte Weise verstanden, sobald ich ein Board unter dem Arm trug. Als Pfeife in mittleren Jahren zu surfen hatte mich nicht schön gemacht – aber es öffnete mir die Tür zu Orten, an denen ich mich verwundbar fühlte. Mit der Zeit hatte ich mich daran gewöhnt, dass ich den Schülerstatus nie hinter mir lassen, dass ich nie Meisterschaft erlangen würde. Dass ich immer die Letzte in der Hackordnung sein würde mit allem, was dazugehört. Meine mittelmäßigen Leistungen beim Surfen waren eine (relativ) sichere Art,

Verletzlichkeit zu praktizieren. Paradoxerweise merkte ich, dass ich so viel Zeit mit der Übung der Verletzlichkeit zugebracht hatte, dass ich eine gewisse Dickfelligkeit entwickelt hatte. Mit wachsendem Geschick hatte das nichts zu tun. Ich hatte einfach meinen Stolz hinuntergeschluckt und mir Zeit genommen. Ich hatte mir erlaubt, »aus tiefstem Herzen« zu leben. Obwohl ich immer Anfängerin bleiben würde, würde ich es doch weiter versuchen. Ich dachte, ich hätte intensiv an mir gearbeitet, dann aber merkte ich, dass das nur winzige Babyschritte hin zur Verletzlichkeit waren.

So fiel es mir nicht schwer, vor dem Hintergrund meines neuen, nach-diagnostischen Verhältnisses zur Verletzlichkeit einige Entscheidungen neu zu überdenken. Zum Beispiel: Ich hatte meine Diagnose sieben Monate für mich behalten und nur den engsten Angehörigen davon erzählt. Indem ich darüber gar nicht erst redete, so dachte ich, würde ich mit dem Gefühl des Ausgeliefertseins, das mit dem Krebs einhergeht, besser zurechtkommen. Ich stellte mir vor, dass ich eines Tages alles hinter mir hätte. Dann könnte ich sagen: »Ja, ich *hatte* Krebs. Aber ich habe ihn *in den Arsch getreten*, und jetzt habe ich's hinter mir. Alles okay.« Ich wollte darüber unbedingt in der Vergangenheit reden: abgeschlossen, fertig, zu Ende, nie wieder. Aber mein Krebs war nun mal nicht Vergangenheit. Nicht einmal annähernd. Er war sehr, sehr präsent.

Ich entschied mich sogar für eine Form der Chemotherapie, bei der ich den Anschein wahren konnte, als fehle mir nichts. Mir fielen die Haare nicht aus, und abgesehen von ein paar miesen Tagen nach jeder Behandlung bekam ich alles prima hin. Ich sah scheiße aus, aber ich erzählte den Leuten einfach, ich sei müde.

Aus der Rückschau wurde mir klar, dass ich den Leuten meinen Gesundheitszustand nicht erklären wollte, weil ich mich schämte. Ich empfand Scham, weil ich schwach, wehrlos, hilflos war. Scham, weil meine Verletzlichkeit plötzlich einen Namen hatte. Zu dem, was Brené Brown die »Verteidigung gegen die dunklen Künste« der Scham nennt, schreibt sie: »Die Scham bezieht ihre Macht daraus, dass sie nicht ausgesprochen wird. Wenn wir über Scham sprechen, beginnt sie zu schwinden.«[72] Brené Brown rät uns konkret: »Wir können unsere Verletzlichkeit nicht willkommen heißen, wenn Scham unser Selbstwertgefühl und unser Empfinden der Verbundenheit erstickt.«[73] Durch die Scham fühlen wir uns wenig liebenswert. Sie hält uns davon ab, unsere Verletzlichkeit zu akzeptieren – eben das, was uns das Tor zur Liebe aufstößt.

Wir alle haben diese Stimme in unserem Kopf, die uns einredet, dass wir nicht gut genug sind, nicht gesund genug, nicht schlau genug, nicht stark genug. Wenn uns dann etwas widerfährt wie Krebs, scheint die Stimme … recht zu behalten. Das ist ein schreckliches Gefühl und vollkommen unnötig. Wir sollten kein Leben frei von Unglück führen müssen, um ganz offen mit uns selbst leben zu können. Diese Stimme täuscht sich. Scham ist der Mittelpunkt dieser schändlichen Maßstäbe für unseren Selbstwert. Sie nährt die Ungeheuer des Selbstzweifels und der Selbstkritik. Wenn wir uns dieser riesigen Masse Scham bewusst werden, ist dies der erste Schritt, um ihr Paroli bieten zu können. Können wir uns mit diesen Gefühlen auseinandersetzen, dann können wir auch unsere Verletzlichkeit akzeptieren und unser Herz der Liebe öffnen, die wir geben und empfangen können.

ALS ICH DACHTE, ICH KÖNNTE ENDLICH WIEDER INS WASSER …

Als meine letzte Chemo anstand, fragte ich meine Ärzte, ob es damit getan sei. Jede Faser meines Wesens sagte: »Genug!« Mein Körper protestierte, wenn ich mich der Klinik auf der 15th Street in Chelsea nur näherte. Schon auf dem Weg dorthin wurde mir übel. Die Schwestern nannten mich einen »harten Brocken«, weil meine Venen sich versteckten, sobald sie mit ihren Nadeln ankamen. Es wurde immer schwieriger, meinem Körper intravenös den Cocktail aus Methotrexat und 5-Fluoruracil zu verpassen. Den »C«-Teil der CMF-Behandlung (Cyclophosphamid) nahm ich oral ein. Mein Körper sagte im Grunde: »Haut ab mit dem Scheißzeug!« Und mein Verstand stimmte ihm zu.

Doch statt der letzten Behandlung ereilte mich etwas viel Schlimmeres: Es hatte sich ein zweiter Tumor in derselben Brust gebildet. Das erinnerte mich an einen meiner ständig wiederkehrenden Albträume: Ich stieg in einen Aufzug, und der brachte mich an Orte, an die ich nicht wollte. Er bewegte sich seitwärts, diagonal oder fuhr zu weit hinauf bzw. hinunter. Ich stieg wieder in den Aufzug der Verletzlichkeit ein, der mit mir nach unten sauste. Gerade als ich dachte, im Keller angekommen zu sein, stellte ich fest, dass sich darunter noch weitere Stockwerke auftaten.

Da steckte ich nun fest zwischen dem DCIS (duktales Carcinoma in situ) und der neuen Geschwulst. Gemeinsam mit meinen Ärzten beschloss ich, dass eine Mastektomie das Beste sei. Sie sagten, man könne nicht wissen, ob der zweite Tumor bei der ursprünglichen Diagnose übersehen worden war oder ob er eine Folge der Chemo war. Ich glaubte lieber Ersteres, denn Letzteres hörte sich nicht gut an für meine Zukunft.

Wie auch immer: Die Chemotherapie, die ich bekommen hatte, war unwirksam gewesen. Ich würde mich also einer zweiten unterziehen müssen, sobald ich mich von der Brustamputation erholt hatte und mein Immunsystem stark genug wäre, um eine weitere Behandlung über sich ergehen zu lassen. Wieder ein Aufzug, der in die schwarze Tiefe sauste.

Man gönnte mir eine höchst willkommene Pause von zwei Wochen zwischen dem Ende der ersten, wirkungslosen Chemo und der Mastektomie, auf die eine zweite Chemo folgen sollte. Zwei Wochen! Für mich hieß das: Genug Zeit, um wenigstens eine Surfsession einzulegen, bevor ich für weitere vier bis fünf Monate ans Festland gefesselt wäre. Zwischen den Monaten der chemobedingten Bodenständigkeit konnte ich also ins Wasser und durfte meinen Körper so fühlen, wie ich ihn haben wollte. Nur für einen kurzen Augenblick. Aber ein Augenblick war genug.

Kleine, hüfthohe Wellen begrüßten mich an unserem Surfspot in New Jersey. Es war Juli, meine Diagnose lag acht Monate zurück. Rocco und ich paddelten gemeinsam hinaus ins grüne Wasser des Atlantiks. Er paddelte locker durch die Gischt und saß zwei Minuten später am Line-up auf dem Brett. Ich hatte zu kämpfen. Meine Arme waren kraftlos, das Herz pochte heftig, die Lungen pfiffen – »Verdammt noch mal!«, dachte ich, »dieses Jahr hat mich echt in den Arsch getreten.« Ich schaffte es einfach nicht.

Ich stieß das Schluchzen zurück in die Kehle und drehte mein elegantes, weißes Jim-Phillips-Board herum, um zurück ans Ufer zu paddeln. Dasselbe Board, das mir vor einem Jahr um den Unterleib geflogen war. Als ich mein geliebtes Board an mich genommen hatte, fühlte es sich vertraut und stabil an, als würde ich nach Hause kommen. Wir hatten so viel gemeinsam überstanden, und jetzt konnte ich es nicht einmal mit einer Session ehren, weil ich am Ende war von den Beleidigungen, die mein Körper in den letzten Monaten zu erdulden hatte. Eine innere Stimme nölte permanent im Hinterkopf: »Keine Chance! Das schaffst du nie!« Als ich im seichten Wasser nahe der Küstenlinie angekommen war, sah ich mich plötzlich so, wie mein Sohn mich vermutlich sah: besiegt.

Statt mein Board aus dem Wasser zu ziehen, schwang ich es herum und hielt auf die kleinen, brechenden Wellen zu. Ich zog den Kopf ein (was man im Meer eigentlich nie tun sollte, aber nur den Kopf oben zu halten kostete mich Energie, die ich nicht hatte) und paddelte mit dem letzten Funken Energie, den ich besaß. Ich arbeitete mich hinter den Break vor, den Punkt, an dem die Wellen brachen.

Als Rocco und ich mit dem Surfen anfingen, blieben wir immer innerhalb des Breaks, wo wir von der Gischt wieder ans Ufer getragen wurden. Ich schob ihn in die Wellen hinein, bis er stark genug war, das selbst zu tun. Als ich anfing hinauszupaddeln, um ein paar Wellenwände zu surfen, achtete ich immer mit einem Auge auf ihn, wie er im Weißwasser seine Linien zog. Als er noch klein war, weinte er vor Angst, mir könnte etwas passieren, wenn ich zu lange draußen blieb oder die Strömung mich zu weit nach Norden oder Süden trug, sodass er mich nicht mehr sehen konnte.

Eines Tages dann, Rocco war gerade dreizehn geworden, entdeckte ich ihn zu meinem größten Erstaunen draußen am Lineup. Wir waren in Costa Rica, wo er noch nie außerhalb des Breaks gewesen war, weil der dort viel weiter draußen liegt als bei uns zu Hause in New Jersey. Ich erschrak darüber, dass er rausgepaddelt war und ich es nicht gemerkt hatte. Ich dachte, er wäre längst ans Ufer zurückgekehrt.

»Wie zum Teufel bist du denn hierhergekommen?«, fragte ich ihn, als er auf mich zugepaddelt kam.

»Ich habe eine halbe Stunde gebraucht, aber ich hab's geschafft.« Er war sehr stolz, und ich auch. Von diesem Tag an paddelten wir gemeinsam. Die Tide hatte gedreht. Ich sah Rocco beim Duck-Dive, wie er sich durch ein sehr hohes Set brechender Wellen durchkämpfte, die ich gewöhnlich um jeden Preis vermied. Wenn mir die Wellen zu heftig werden, surfe ich innerhalb des Breaks, während er direkt auf den Horizont zuhält in der Hoffnung, eine richtig große zu erwischen. Es kostet mich immer noch jedes Gran Zuversicht, das ich in mir trage, wenn ich ihn in der Dünung verschwinden sehe oder wenn eine Welle ihn verschlingt. Mit Rocco zu surfen ist für mich das, was dem Himmel auf Erden am nächsten kommt, abgesehen vielleicht von den Augenblicken, wenn wir gemeinsam Musik hören (vor allem bei unserer gemeinsamen Obsession für Bruce Springsteen und Eddie Vedder). Aber ich kämpfe immer noch gegen die Angst an, wenn ich Rocco im Wasser sehe. Ich glaube einfach, das eine geht nicht ohne das andere, und Himmel und Hölle liegen nie so weit auseinander, wie man sich das gewöhnlich wünscht.

An dem Tag, an dem ich die beste Welle meines Lebens erwischte, gab mir Roccos Lächeln, als er mich wieder auf den Line-up zuhalten sah, den nötigen Schwung zum Weitermachen. Als ich zu ihm hinüberglitt und mich rittlings aufsetzte, grinste er nur und sagte: »Du hast's geschafft.« Dann wendete er unvermittelt sein Board und surfte in die nächste Welle hinein.

Eine Welle, mehr brauchte ich nicht. Nachdem ich eine halbe Stunde mit meinem Jungen im Wasser war, kam eine hübsche kleine Dünung auf mich zu. Ich schwang mein Board herum, sodass die Nase zum Strand sah und bemerkte Rocco zu meiner Linken. Er war näher am Peak und hatte Priorität. Wäre dort ein anderer Surfer gewesen, hätte ich ihm den Vortritt gelassen. Aber um eine Welle mit meinem Sohn zu teilen, durchbrach ich die Surferetikette. Ich hoffte nur, dass ich nicht runterfallen und ihm die Welle vermasseln würde. Ich paddelte härter als nötig, um den hüfthohen Kamm anzufahren. Ich kam schön auf die Welle, die mich anhob und vorwärtstrug, während ich mich auf dem Board aufrichtete, wendete und das Face in vollkommener Balance abritt. Nun musste ich mich nicht mehr mühen. Ich ließ die Welle die ganze Arbeit machen. Ein Board weiß, was es mit einer Welle anzufangen hat. Und diese war lang und nachsichtig, der Ozean war mir an jenem Tag gnädig. Rocco glitt nur gut zwanzig Fuß vor mir her. Wir ritten beide die Welle ab, bis sie am Strand in sich zusammenbrach. Er verließ sie nach draußen, ich ließ mich in die Gischt fallen.

Atemlos von der Schönheit dieses Augenblicks weinte ich, als ich wieder rauspaddelte. Salzige Tränen vermischten sich mit salzigem Meerwasser zu einem Loslassen-Zaubercocktail. Dass ich überhaupt eine Welle reiten konnte, schien mir ein kleines Wunder. Dass ich sie mit Rocco teilen durfte, war eine Gnade, die gerade in dem Moment zu mir kam, als ich sie dringend brauchte. Ich erwischte bei dieser Session keine passende Welle mehr, und es würde lange dauern, bevor ich zurück in den Ozean konnte.

Was meine Behandlung anging, so stand mir das Schlimmste noch bevor. Während ich mich immer noch von der Brustoperation erholte, die meine ganze linke Seite für immer beschädigen würde, musste ich mich zwei Monate lang einer Chemotherapie unterziehen, die als »Roter Teufel« bekannt war. Aber ich wusste ja schon, wie das Verletzlichsein geht. Und ich wusste, dass es Schönheit und Leben ebenso mit sich brachte wie Risiko. Als ich zu krank war, um zu arbeiten, oder zu müde, um auch nur einen Finger zu heben, schloss ich die Augen und ritt die Welle zusammen mit Rocco ein ums andere Mal.

DANKBARKEIT: DAS TOR ZUR RESILIENZ

Der Tiefpunkt meiner körperlichen Misere in diesem Jahr, das sieben Monate Chemotherapie und fünf Operationen für mich brachte, kam in der letzten Woche der zweiten Chemo. Es war Ende Oktober, und die letzten Monate hatten mich hin und her geschleudert wie eine Gliederpuppe beim Sturz vom Board. Ich hatte mich durch die ganze schreckliche Prüfung gekämpft – ich ging ins Büro, um mich abzulenken und um mich auf etwas anderes zu konzentrieren als mein elendes Körpergefühl. Ich hatte mir den Kopf geschoren, um den Wirkungen der Medikamente zuvorzukommen. Ich wollte immer noch kontrollieren, was ich kontrollieren konnte. (Manche Lektionen muss man eben immer wieder neu lernen.) Die Hoffnung, über meine Krankheit Stillschweigen wahren zu können, musste ich aufgeben, als ich kahlköpfig im Büro erschien. Eine Kollegin warf einen Blick auf meine glänzende Platte und sagte: »Geht es dir gut?«

»Nein, nicht wirklich«, sagte ich und dachte: »So, jetzt habe ich es gesagt.«

Die vergangenen Wochen hatten mich in die Knie gezwungen. Ich konnte kaum unsere Wohnung durchqueren. Im Versuch, mich zu trösten, drapierte Rocco sein langes, bis über den Rücken reichendes Haar über meinen nackten Kopf.

Ich fand es toll, dass er das tat.

An einem besonders schlimmen Tag lag ich auf dem Sofa im Wohnzimmer und fühlte mich dem Tod näher als je zuvor. Und das meine ich nicht bildlich. Ich sagte zu mir selbst: »So fühlt es sich also an, wenn man stirbt.« Ich versuchte, mir vorzustellen, wie ich vor drei Monaten mit Rocco diese Welle gesurft war, aber mein Kopf war so leer, dass ich selbst in meiner Vorstellung am

Strand blieb. Stattdessen zählte ich all meine Segnungen auf. Als ich schwächer war denn je zuvor in meinem Leben, spürte ich, wie ich nahezu alles losließ. Es gab ja so wenig, was ich *tun* konnte. Aber zählen konnte ich noch.

Dankbarkeit war der einzige Weg, den es durch dieses Chaos gab. Ganz egal, wie mies ich mich fühlte, ich fand Trost darin, dass ich immer noch in meinem Haus war, mit meiner mich liebenden Familie um mich herum. Ich war vergleichsweise sicher, wenn man mal von den Zellen absah, die meinen Körper überfluteten und mein Leben bedrohten. Dabei trat mir völlig klar vor Augen, wie viele Menschen es sehr viel schlechter hatten als ich, und mein Selbstmitleid löste sich auf. An seine Stelle trat die Wertschätzung für all die Dinge, deren ich mich glücklich schätzen konnte: Ich hatte die Behandlung, die ich brauchte. Ich bekam Trost, Liebe und Unterstützung von Freunden und Familie – ganz egal, wie es am Ende ausgehen würde. Dankbarkeit war das unerwartete Geschenk der extremen Verletzlichkeit, die ich spürte. Sobald sich mein Herz für meine Verletzlichkeit geöffnet hatte, lag der Weg sonnenklar vor mir, und die Dankbarkeit breitete sich aus. Ein offenes Herz macht Kassensturz. Genau das, was man bei jedem Abenteuer tut.

Eines der allerschönsten Bücher zu diesem Thema stammt von dem Neurowissenschaftler Oliver Sacks. Es ist sein letztes Buch, schmal, aber tiefgehend. Eine Sammlung von Aufsätzen mit dem Titel *Dankbarkeit*. Er hat sie geschrieben, als er wusste, dass er bald sterben würde. Als er von den Metastasen erfuhr, die schließlich sein Ende herbeiführen würden, schrieb Oliver Sacks: »Ich kann nicht behaupten, ohne Furcht zu sein. Doch mein vorherrschendes Gefühl ist das der Dankbarkeit.«[74] Besonders berührend ist, dass er das Buch sowohl aus subjektiver als auch aus objektiver

Sicht schreibt, als Wissenschaftler, der seine Erfahrungen beobachtet, und als der Mensch, der diese Erfahrungen macht.

Dr. Sacks' Reaktion auf die tödliche Prognose mag außergewöhnlich scheinen, doch die Wissenschaft sagt uns auch, dass das nicht ungewöhnlich ist. Bei einer Befragung über die Gefühle der Menschen nach den Anschlägen vom 11. September 2001 fanden Psychologen heraus, dass neben Angst, Wut und Trauer auch Gefühle von Dankbarkeit und Mitgefühl präsent waren.[75] Die Verbindung zwischen diesen negativen und positiven Emotionen wurde an der University of Michigan von Barbara Fredrickson untersucht. Sie stellte im Rahmen dieser Arbeit die Broaden-and-build-Theorie auf. Frederick erläutert, dass positive Emotionen »die momentanen Denk- und Verhaltensmuster ausweiten und aufbauen (broaden and build) und dadurch dauerhafte persönliche Ressourcen generieren«.[76] Je mehr positive Ressourcen ein Mensch zur Verfügung hat, desto besser kann er sich anpassen, wenn die Kacke am Dampfen ist. Und Dankbarkeit ist eine der großen Weisheiten des positiven Denkens.

Sich in Dankbarkeit zu üben führt zu mehr Freude, Begeisterung und Energie, außerdem führt es dazu, dass man sich gesund fühlt. Manchmal fällt uns das leicht. Für schöne Dinge dankbar zu sein ist uns zur zweiten Natur geworden. Doch während Dankbarkeit für Erfahrungen, die uns Freude, Trost und Sicherheit schenken, ganz natürlich ist, können wir uns darin üben, den Zugang zu diesen positiven Gefühlen »aufzubauen und auszuweiten«, wenn wir Leid, Ungewissheit und Schmerz erleben. Dankbarkeit hilft uns, in allen Facetten des Erfahrungsspektrums zu akzeptieren, was ist, statt kostbare Zeit und Energie damit zu verschwenden, uns etwas zu wünschen, was nicht ist. Jahre mittelmäßigster Surfpraxis haben mich auf diese Übung vorbereitet, obwohl ich das an jenem Tag, an dem ich dem Tode nah auf dem Sofa lag, nie so hätte ausdrücken können.

Bis zu diesem Zeitpunkt war mir nicht klar gewesen, dass zur Übung in Dankbarkeit auch Dankbarkeit für die Schwierigkeiten im Leben gehört. Unser Instinkt sagt uns ja, dass wir diese Dinge eher wegschieben müssen. Doch wenn wir uns für unsere größte Verletzlichkeit öffnen und Raum schaffen, damit die positiven Emotionen jenseits von Angst oder Wut oder Verbitterung durchscheinen können, dann stellt sich dabei ein geschärftes Gewahrsein all jener Dinge ein, die wir üblicherweise für selbstverständlich halten. Wenn wir tiefe Dankbarkeit in unser Leben lassen – in gleichen Maßen für Schmerz und Linderung, in Zeiten großer Kämpfe und großer Freuden – tragen wir zu unserer Heilung bei, der seelischen und manchmal auch der körperlichen.

Wir wissen alle, wie unser autonomes Nervensystem auf Druck reagiert: Es lässt das Herz schneller schlagen, jagt den Blutdruck in die Höhe und so weiter. Das liegt an unserer Amygdala, die uns sagt: flieh oder kämpfe. Doch wir haben nichtsdestotrotz Zugang zu unseren höher entwickelten Funktionen im frontalen Kortex. Dieser entwicklungsgeschichtlich jüngere Teil unseres Gehirns lässt sich trainieren, um die primitiveren Anteile zu überschreiben und unsere Aufmerksamkeit auf das Positive zu richten. Wenn wir erfolgreich sind, antwortet unser Körper positiv darauf, und der körperliche Stress lässt nach. Dankbarkeit hilft uns dabei.

Eine meiner liebsten Dankbarkeitsübungen habe ich – wie sollte es auch anders sein? – von einem Surfer. Dale Webster hält im Guinness-Buch der Rekorde den Rekord für die höchste Zahl an Surftagen. Vom 3. September 1975 bis zum 4. Oktober 2015 verbrachte er insgesamt 14 641 Tage auf dem Meer, ganz egal, wie Wetter und Dünung ausfielen.[77] Webster paddelte da raus, ob nun krank oder gesund, und er ritt jeden Tag mindestens drei Wellen ab. Er wurde berühmt durch eine Szene in dem besten Surferfilm aller Zeiten, den selbst Nichtsurfer schätzen: *Step Into Liquid*. Ich erinnere mich jedenfalls vor allem an Websters Durchhaltevermögen. Bei jeder Session gehorchte Webster einer alten hawaiianischen Tradition: Er verbeugte sich voller Dankbarkeit vor den Wellen. Keine Kleinigkeit, vor allem, weil er dabei rückwärts surfte. Er breitete die Arme weit aus, um sein Herz für den Horizont zu öffnen, und erwies dem Ozean seinen Respekt.

OPTIMISTISCH WIE WIR WAREN, hatten wir vier Wochen nach dem letzten Behandlungszyklus eine Reise nach Nosara geplant. Da ich die beiden zuvor geplanten Reisen ohnehin hatte absagen müssen, war ich wild entschlossen zu surfen, und wenn die Hölle mir Monsterwellen schicken sollte. Ich hatte vier Wochen Zeit, um genug Kraft aufzubauen, damit ich rauspaddeln konnte.

Ich fing damit an, zu Fuß von meiner New Yorker Wohnung zum Broadway und wieder zurück zu gehen. Das waren ungefähr zwölf Häuserblocks. Joel begleitete mich. Er versuchte, mich zu stützen, damit ich überhaupt aufrecht gehen konnte, aber ich stieß ihn weg.

»Lass mich das alleine machen …«, sagte ich zu ihm. »Aber wenn ich stürze, musst du mich auffangen.«

Der Marsch machte mich fertig. Aber ich schaffte es.

Am nächsten Tag ging ich ein bisschen weiter. Mein Immunsystem war gerade so richtig im Keller, also ging ich nicht ins Fitnessstudio. Stattdessen konzentrierte ich mich darauf, jeden Tag weiter und länger zu gehen. New York ist großartig für Fußgänger.

Ich konzentrierte mich auf das Spektakel in den Straßen, um achtsam zu bleiben und mich abzulenken, während ich meinen Körper ein oder zwei Blocks weiter voranschob. Allein der Gedanke, dass ich bald wieder im Wasser sein könnte, hielt mich bei der Stange. Ich wusste, ich würde wieder ganz von vorn anfangen müssen. Neuer Körper, neuer Surfer. Aber ich war bereit dafür. Da ich ohnehin zu den glücklichen schlechten Surfern gehörte, hing mein Stolz nicht an gewissen Meilensteinen des Könnens. Neu anzufangen – das hatte ich ohnehin seit jeher gemacht, wenn ich wieder einmal vom Board gefallen war. Ein »Neuanfang« nach zwei Chemotherapien und fünf Operationen, das hörte sich doch super an.

Wenn ich auf das »Würdest du nicht lieber etwas anderes machen?« zwei Jahre zuvor gehört hätte, hätte ich mich in meiner damaligen Lage sicher eher dafür entschieden, meine Brust zu behalten, als weiter surfen zu können. Zu meiner großen Überraschung und einem gewissen verqueren Entzücken – vielleicht war das auch nur mein Überlebensinstinkt, nachdem meine Brust ja sowieso weg war – hatte ich das Gefühl, dass das, was mir so viel Schwierigkeiten gemacht und alles bedroht hatte, was mir lieb und teuer war, kein Verlust war. Im Kampf Brust gegen Surfen hatte ich mich für das Surfen entschieden, den lebenserhaltenden Faktor in der Gleichung. Das war leicht.

Als der Reisetermin näher rückte, spürte ich, wie ich mental erneut in Untiefen geriet. Ich bin eine miese Krebskranke gewesen, hatte zunächst die Verletzlichkeit umarmt, dann wurde ich zur kampferprobten Veteranin und verließ mich ganz auf die Dankbarkeit. Jetzt aber wollte ich vorwärtsgehen, etwas anderes suchen. Das, was ich über die Jahre in zahlreichen Stürzen und Waschgängen in den Wellen erlebt hatte. Nichts ist schwieriger als *Resilienz.*

Als ich mich körperlich am Ende fühlte, sagte mein Freund und visionärer Körperheiler, Dr. Eric Goodman, fünf magische Worte zu mir: »Der Körper *will* gesund sein.« Den Körper als resilientes System zu sehen war genau, was ich brauchte. Erics Theorie der »selbstmitleidigen Anpassung« *(complacent adaptation)* – sie besagt im Grunde, wie schlecht wir unsere wunderbaren Körper nutzen – erklärt den Ursprung unserer Schmerzen. Er hilft Patienten bei der Heilung, indem er ihren grundlegenden Glauben an unsere Fähigkeit, vom Selbstmitleid zur resilienten Anpassung zu gelangen, stärkt. Unsere Körper sind wahre Wunderwerke – aber wir halten sie einfach immer für selbstverständlich. Grundlage seiner Arbeit ist die Erkenntnis, dass wir alles haben, was wir zur Resilienz brauchen. Studien zeigen, dass die Fähigkeit zur Resilienz uns angeboren ist und nicht nur einigen wenigen zur Verfügung steht. Selbst jene, die bestenfalls zu Mittelmaß auflaufen, können die Früchte des uns angeborenen Stehaufmännchen-Triebes ernten.

Weil wir unser Gehirn trainieren können – wir haben uns schon im letzten Kapitel mit dem Thema »Neuroplastizität« beschäftigt –, können wir Wege finden, unsere Fähigkeit, mit Schicksalsschlägen umzugehen, immer weiter zu schulen. Die Dankbarkeit ist dazu eine der effektivsten Methoden. Das führt uns geradewegs zurück zur buddhistischen Praxis der rechten Achtsamkeit. Neue wissenschaftliche Resultate und uralte Praktiken gehen gleichsam Hand in Hand. Da ist also für jeden was dabei.

Ich persönlich habe viel mit einem Buch von Andrew Zolli gearbeitet: *Die 5 Geheimnisse der Überlebenskünstler.*[78] Natürlich ist das Buch auch durch seine Arbeit als Zukunftsforscher geprägt, aber im Grunde setzte er genau wie ich in erster Linie auf persönliche Erfahrungen. Nach einigen Jahren Versuch und Irrtum ging

Zolli wegen eines Schnupfens zum Arzt und verließ das Sprechzimmer mit der Diagnose »angeborener Herzfehler«, was fast immer tödlich verläuft. Man gab ihm auf der Stelle einen Termin für eine Operation am offenen Herzen.

Nach dreißig Stunden OP tauchte Zolli in das ein, was er seine »ganz persönliche Insel des Scheiterns nannte, zumindest was diese Erfahrung anging«.[79] Er fragte sich: »Wie massiv muss eine Beeinträchtigung ausfallen, dass du Demut lernst? Am Ende wirst du deine Lektion doch noch lernen.«

Zolli hatte die Fotografie seit jeher geliebt, hatte aber aufgehört zu fotografieren, weil er nicht genug Zeit und Talent zu haben meinte. Außerdem sah er in der ganzen Sache keinen Sinn. Bis ihn seine gesundheitliche Krise niederwarf. Er erzählte mir, dass die Fotografie mittlerweile ein wichtiger Teil seines Lebens war, »eine direkte Folge meiner Erfahrung an der äußersten Grenze des Lebens«. Das Leben hatte ihm eine sehr persönliche Art von Resilienz beschert – und den leidenschaftlichen Willen zum Scheitern. »Ich betrachte diese Bekehrung als mein Leben nach dem Tod«, erzählte er mir. »Irgendwo so richtig schlecht sein – vielleicht sogar in mehreren Dingen – ist Teil unseres Daseinskontinuums.«

Ich fragte ihn, wie das Scheitern uns helfen könne, unsere Resilienzreserven aufzubauen. Zolli antwortete: »Sie können am besten improvisieren, wenn Sie etwas lernen, ohne vor dem Scheitern Angst haben zu müssen.« Wenn dann Probleme auftreten – und das ist bei allen der Fall, vor allem bei den Leuten, die versuchen, etwas Neues zu lernen oder sich in etwas zu verbessern, wozu sie nicht das geringste Talent haben –, »dann brauchen Sie ein ganzes Reservoir an Möglichkeiten, aus dem Sie schöpfen müssen, um mit der Situation fertigzuwerden«, erklärte er. »Wer gut improvisieren kann, weist auch eine hohe Resilienz auf.« Zolli nennt dies »adhokratisches« Verhalten, also Verhalten, das auf ad hoc auftretende Umstände reagieren kann – im Gegensatz zum bürokratischen Verhalten. Adhokratisches Verhalten ist eher wie Jazz und nicht wie klassische Musik – weniger geplant und reaktiver, was die aktuellen Umstände angeht. Resilienz funktioniert so am besten.

Zollis Theorie lässt sich auf alle Systeme übertragen. Er hat sogar für meinen speziellen Fall, das Surfen, eine Interpretation gegeben. »Diese Lektion, mit den Wellen mitzugehen, ist für jeden von Bedeutung, ob nun Individuum, Gruppe, Organisation oder Zivilisation. Es ist die Fähigkeit loszulassen, wenn man Kraft aufwendet. Eine Infrastruktur, die Beton porös macht und Häuser schafft, die sich von ihren Standplätzen losmachen lassen und davonschwimmen können … diese Erfahrung ist auf jeder Ebene von Nutzen.« *Kämpf nicht gegen die Welle an, werde eins mit ihr.*

Ich wusste mittlerweile aus erster Hand, dass solche adhokratischen Systeme dann am besten funktionieren, wenn die Dinge schiefgehen, wir aber auf eine Vollbremsung verzichten. Unser Resilienz-Potenzial versetzt uns in die Lage, denen zu helfen, die Hilfe brauchen. Das ergibt einen Trickle-down-Effekt, der die positiven Aspekte verstärkt. Eine resiliente Gemeinschaft hält zusammen, um Menschen zu helfen, die Beistand brauchen. Wir können das immer wieder beobachten, wenn Naturkatastrophen zuschlagen und unsere Behörden nur langsam reagieren. Ich wurde Zeugin dieses Effekts, als Hurrikan Sandy über unsere kleine Gemeinschaft am Meer hinwegfegte. Selbst Nachbarn, die seit Jahren miteinander im Streit lagen, halfen sich gegenseitig und gemeinsam den anderen. So wurden Bande geknüpft, die weit länger hielten, als die Aufräumarbeiten es erforderten.

Resilienz schafft bessere Gemeinschaften, und diese Gemeinschaften werden im Gegenzug resilienter. Resiliente Köpfe denken proaktiv und finden Mittel und Wege, resiliente Systeme auf- und auszubauen, die allen nützen.

Wenn wir bei einer Sache scheitern, lernen wir zu improvisieren. Dass wir trotz alledem resilient bleiben, ermöglicht es uns einerseits, mitfühlender zu sein, andererseits hilft es uns aber auch, aktiv zu handeln, um dem gegenzusteuern, was die Gemeinschaft als Ganzes bedroht.

COOL IST NICHT FÜR'N ARSCH

Meine Resilienz wurde im warmen Pazifik auf die Probe gestellt. Nur vier Wochen davor hatte mich die letzte Runde der Chemo quasi immobilisiert. Rocco hatte seine Zweifel an der Idee, dass ich ins Wasser ginge.

»Mama, vielleicht möchtest du jetzt noch nicht surfen«, warnte er mich, als wir längst in Nosara angekommen waren.

»Vielleicht mache ich's auch nicht«, sagte ich, als wir die Boards ins Auto luden. (Ich war noch nicht einmal kräftig genug, um mein Board die halbe Meile zum Strand zu tragen.) »Aber ich will mein Board mitnehmen, falls doch.«

»Ich glaube nicht, dass das eine gute Idee ist.«

»Keine Sorge. Ich mache schon keine Dummheiten«, sagte ich. Aber Rocco wusste es besser. Ich machte nun mal Dummheiten.

Nachdem wir unsere Bretter an den Strand befördert hatten, versicherte ich ihm: »Ich bringe das Board nur ins Wasser. Ich paddle nicht raus. Ich bleibe innerhalb vom Break sitzen. Ich muss nur mal wieder mit dem Board im Wasser sein.«

»Bist du dir ganz sicher?« Rocco war statt meiner nervös. Ich sah nicht so gut aus.

»Yep, keine Sorge. Es geht schon alles gut.«

Der warme tropische Ozean fühlte sich an wie eine weiche Decke. Mein Körper reagierte instinktiv darauf. Ein Dopaminstoß durchfuhr mich. Es fühlte sich so ungeheuer *gut* an.

Bevor Rocco noch widersprechen konnte, lag ich auf dem Board und bewegte windmühlenartig meine Arme, um eine gewisse Entfernung zwischen mich und das Ufer zu legen. Das Line-up schien endlos weit draußen. Ich taxierte kurz das Ausmaß meines Ehrgeizes und bemerkte dabei ein paar kleinere Wellen, die sich innerhalb des Breaks bildeten und weniger kraftvoll ins Weißwasser brachen. Ich drehte mein Board und ließ mich vom Weißwasser anschieben. Rocco blieb an meiner Seite. Er ließ mich nicht mal innerhalb des Breaks allein. Ich drehte mein Board und ließ mich vom Weißwasser vorwärtstragen. Dann stand ich auf und ritt die Welle ab bis zum Strand, meine erste seit der besten, die ich je hatte.

Vor diesem Ritt hatte ich immer gesagt, im Weißwasser rumsurfen habe nichts mit Surfen zu tun. Der Meinung bin ich auch heute noch. Aber als ich mich damals in Guiones auf mein Board stellte, war dies ein erhebendes Gefühl, wie man diese Bewegung auch immer benennen mochte. Ich war, was mein Surferdasein anging, zurück auf null. Mein Körper war versehrt und wieder zusammengesetzt worden. Es war nicht mehr ganz so wie zu Anfang, aber mein Muskelgedächtnis funktionierte, und das machte die Lernkurve flacher. Ich war hin und weg.

Am Ende der Woche schaffte ich es bis zum Line-up, aber ich nahm keine Wellen, die vom Ozean hereinrollten. Meine Sessions hatten früher irgendwas zwischen neunzig Minuten und drei Stunden gedauert. Nun war ich schon nach einer halben Stunde fix und alle. Dass ich ganz neu lernen musste, wie ich auf meinem Board das Gleichgewicht halte, ohne dass Druck auf der linken

Seite des Rumpfs entsteht, machte die Sache nicht einfacher. Meine Linke war stark in Mitleidenschaft gezogen von den verschiedenen Operationen und der Brustamputation. Außerdem hinderte das Implantat mich daran, mich frei zu bewegen. Am Ende war ich kräftig genug, um richtig paddeln zu können, wobei ich den Rücken leicht wölbte und die linke Brust nicht auf dem Board lag. Trotzdem fehlte es mir an Kraft im Rumpf. Ich hatte ein Gefühl, als läge ich auf einem zerfetzten Softball. Es war einfach nervig.

Am Ende unserer Reise, als wir uns Videoclips von Roccos Sessions ansahen, sah ich plötzlich am Line-up eine fremde Person auf meinem fuchsiaroten Jim-Phillips-Board sitzen.

»He, wer benutzt denn da mein Board?«, war der erste Gedanke, der mir durch den Kopf schoss. Dann schaltete sich mein Gehirn ein, das die Antwort kannte: »Verdammt noch mal! Das bin ja ich.«

Ich sah aus wie Lord Varys, der verschlagene Eunuch aus »Game of Thrones«: kahl, bleich, aufgebläht. Ein Schock für mein Selbstbild. Ich hatte ja doch eine ganze Menge Herausforderungen hinter mir. Zwanzig Jahre lang war ich für meine wallende rote Mähne bekannt gewesen. Mir den Schädel kahl rasieren zu lassen hieß, dass ich meine Identität als Rotschopf aufgeben musste. An meinen Brüsten hatte ich immer Freude gehabt, und jetzt sah ich aus wie Frankensteins Braut, wenn ich nackt vor dem Spiegel stand. Ich war am Line-up sicher nie eine der schönsten Frauen gewesen, aber dieses Bild von mir war mir selbst neu. Beim Anschauen dieses Videos wurde mir klar, dass wir uns an unserer Persona festkrallen, an der Vorstellung, die wir uns von uns selbst machen, um zu verschleiern, was wirklich ist. Und das *Wirkliche* war im Moment nicht schön. Es war klar, dass ich beim Surfen nie cool sein würde. Aber ich konnte manchmal wenigstens so tun, wenn ich unter anderen Surfern war. Oder besser noch, wenn ich allein draußen auf dem Wasser war. Nun aber hatte ich ein neues Tief erreicht. Ich war die uncoolste Person am Line-up.

Als ich meinen Aufsatz übers Scheitern in der *New York Times* veröffentlichte und mein Surfervideo postete, besuchte mich eine Kollegin im Büro und stichelte herum.

»Du bist also wirklich schlecht im Surfen«, sagte sie mit einem fragenden Unterton, als hätte ich mir das alles nur ausgedacht. Nein, ich untertreibe nicht, um mich aufzuspielen. Ich bin schlecht, ganz einfach so.

»Du dachtest, ich sage das nur aus Bescheidenheit?«

»Nun …«, sagte sie zögernd. »Ich dachte eben immer: ›Mensch, die Karen, die ist richtig cool! Sie surft, sie hat ein Haus in Costa Rica …‹ Ich hatte einfach dieses Bild von dir …« Die Stimme erstarb ihr, als müsse sie sich das Bild erst wieder vor Augen rufen, um weitersprechen zu können. »... und das passte halt so gar nicht zu dem Video von dir. Du bist ja wirklich schlecht!« Jetzt war sie offensichtlich überzeugt.

»Und …?«, fragte ich, obwohl ich die Antwort schon kannte. Ich wollte nur sehen, ob sie mutig genug war, es zu sagen.

»Es freut mich ehrlich, dass du darin schlecht bist«, sagte sie mit einem breiten, freundlichen Grinsen.

Ich verstehe. Wenn die Leute hören, dass ich surfe, nicken mir die Festlandsfreaks immer wissend und ehrfürchtig zu. Sie stellen sich vor, wie ich auf einem Drei-Finnen-Shortboard durch die Wellen schieße, im Bikini natürlich (den ich nicht besitze) und mit einem Körper, den ich noch weniger besitze. Ich surfe die Wellen auf und ab, bis ich den Übergang über die Schulter der Welle schaffe und zurück zum Line-up paddle, um auf die nächste zu warten. Stellen Sie sich mich stattdessen so vor: im langärmeligen Surfanzug auf einem Longboard, konzentriert die Augenbrauen zusammengekniffen, weil ich wie verrückt paddle und trotzdem die meisten Wellen verpasse. Wenn ich dann den Drop-in wirklich schaffe, das heißt, das Board drehe und über die Wellenwand gleite, endet mein Ritt immer mit einem höchst ungeschickten Abstieg, der wirklich die uncoolste Bewegung auf Erden ist. Die Wahrheit ist: Die meisten Surfer kommen dem, was wir auf perfekt ausgeleuchteten Videos sehen, nicht mal ansatzweise nahe. Aber hier geht's halt nicht ums Coolsein. Es geht um Geduld und Ausdauer, denn beides bringt Sie zurück aufs Board, sodass Sie einen neuen Anlauf starten können.

»Freut mich, dass ich dir helfen konnte«, sagte ich zu meiner Kollegin.

Einige der besten Surfer, die ich kenne, sind außerhalb des Wassers alles andere als cool. Wenn sie nicht gerade eine dieser faszinierenden Röhren (Tubes) surfen oder auf einer Welle auf und ab tanzen, sind sie mitunter recht ungeschickt und tapsig. Das gilt auch für Musiker, sobald die Vorstellung vorbei ist. Oder Sportler außerhalb des Spielfelds. Oder ganz berühmte Leute, die wir für so unglaublich cool halten, bis wir sie ganz normal im Alltagsleben sehen. Ich war mal vollkommen hingerissen von einem Video über Elon Musk. Nachdem er vom Kontrollzentrum aus beobachtet hatte, wie eine seiner Raketen erfolgreich vom Boden abgehoben war, stellte er einfach seine Flasche Bier auf den Tisch und ging weg. Das war die coolste Reaktion auf etwas so Außergewöhnliches, die ich je zu Gesicht bekommen hatte. Aber es gibt von ihm noch ein anderes Video. In diesem spurtet er aus seinem Labor hinaus, um eine neue Rakete landen zu sehen. Wenn Sie den Ton ausschalten, lässt er sich nicht unterscheiden von einem kleinen Jungen, der rausrennt, weil er das Klingeln des Eismanns hört. Das ist besser als cool.

Wenn ich all die Leute einschätzen sollte, die ich näher kenne – und die andere vielleicht für cool halten würden –, kann ich sagen: Kein Einziger von ihnen ist cool. Nehmen Sie sich einen Augenblick Zeit und machen Sie dasselbe: Denken Sie an alle Leute, die Sie gut kennen und denen andere das Etikett »cool« verpasst haben. Denken Sie nur mal dran, wie uncool all diese Leute sind. Wie ich. Wie Sie. Wie alle.

Warum also blenden wir diese extrem uncoole Wahrheit aus?

Weil uns das hilft, uns in dem Glauben zu wiegen, dass Unverwundbarkeit möglich ist. Als ich Elon Musk zusah, wie er in aller Gemütsruhe an seiner Bierflasche nuckelte, *während gleichzeitig seine Rakete abhob*, ließ das sofort die alte Fantasie wiederaufleben, von der ich mich zu verabschieden versuchte: Manche Leute sind wirklich vollkommen unverwundbar … und vielleicht schaffe *ich* das auch. »Hip zu sein heißt, etwas in der Hose zu haben. Und wenn du etwas in der Hose hast, fällt es dem nächsten Hipster schwer, dich auszustechen.«[80] Das schreibt Norman Mailer 1957 in seinem Essay *The White Negro*. Er schreibt übers Flachgelegtwerden (natürlich), aber man kann diese Sicht auf mehr anwenden als nur den engen Machofokus Mailers.

Cool zu sein – die Antithese eines Ethos des Scheiterns – könnte historisch gesehen recht junge und genau benennbare Wurzeln besitzen. Es gibt die Theorie, dass Cool und Hip sein als Bollwerk gegen die Verletzlichkeit unter afroamerikanischen Jazzmusikern in den 1930er- und 1940er-Jahre entstanden ist. Joel Dinerstein erklärt das in seinem Buch *The Origins of Cool in Postwar America:* Coolness war eine Überlebensstrategie gegen den Rassismus, dem schwarze Bühnenkünstler ständig ausgesetzt waren. »Cool zu bleiben hieß, dass man eine nonchalante Performance hinlegte und dabei die eigene Verletzlichkeit ausblendete«, schreibt er.[81]

Dinersteins brillante und detaillierte Analyse der Coolness und ihrer Geschichte bestätigt zum Teil meine instinktive Einschätzung, dass Coolness nur der Schleier ist, hinter dem wir unsere Verletzlichkeit verbergen. Aber das ist noch nicht alles. Das Buch zeigt auch auf, warum die Coolness sich so langer und großer Beliebtheit erfreut. Wir fühlen uns von der Coolness angezogen, weil aus der Verletzlichkeit, die sie zu kaschieren sucht, eben das kommt, was Zolli »Improvisieren« nennt, die schöpferische Innovation, die ein wesentlicher Bestandteil der Jazzmusik ist. Dinerstein meint sogar, dass die Redewendung »playing it cool« – wörtlich »spiel es cool« – aus dem Jazzerslang übernommen wurde, wo es für einen neuen emotionalen Stil stand: »die Ästhetisierung der Abgrenzung«. Es ist eben dieser ästhetische Aspekt, der die Coolness so anziehend macht.

In seinem TED-Vortrag erzählt Dinerstein die Geschichte des Saxophonisten und Cool-Jazzers Lester Young, der sich aus Protest gegen das allmächtige Bild des ewig dienstfertigen »Onkel Tom« weigerte, auf der Bühne zu lächeln.[82] Er verbarg seine Augen – die Fenster zur Seele – hinter einer Sonnenbrille, die er auch nachts auf der Bühne trug. Dadurch, dass er fremden Blicken verhüllte, was die eigene Persönlichkeit am deutlichsten offenbart, wurde er für andere ungreifbar. Sonnenbrillen wurden zum Symbol der Coolness, weil sie uns davor schützen, uns anderen zu offenbaren.

Ist Coolness also eine Reaktion auf Unterdrückung, dann ist auch klar, warum cool zu sein um der Coolness willen uns daran hindert, uns selbst zu erkennen. Trotzdem ist Coolness unbestreitbar faszinierend, weil wir ihr einige der besten Kunstschöpfungen überhaupt verdanken. Wenn wir aber tiefer in diese unheilige Verbindung von Coolness und Verletzlichkeit eintauchen, gewinnen wir vielleicht die nötige Distanz, um dem Mittelmaß wieder Raum zu geben und den Freuden, die es mit sich bringt.

An diesem Punkt holte ich mir Hilfe, und zwar bei Mr. Cool persönlich: Anthony Bourdain. Ich kannte Bourdain schon aus seinen frühen Tagen beim Fernsehen. Ich brachte sein erstes Buch heraus: *Geständnisse eines Küchenchefs* und die fünf, die noch folgen sollten. Er war immer witzig und äußerst großzügig, aber auch ein wenig schüchtern und schusselig. Doch all das auf eine gute Weise, also wollte ich erfahren, was er zum Thema »Coolness« zu sagen hatte.

Und das möchte ich an dieser Stelle erzählen, denn Bourdain war vor allem ein Punkt wichtig.

»Einfach ausgedrückt?«, meinte er. »Ich bin nicht cool. Ich war noch nie cool.«[83]

Bourdain meinte, er habe in seiner Jugend schon einiges angestellt, um seine Schüchternheit, seine Ängste und Unsicherheit zu verbergen. Aber mehr Drogen zu nehmen als andere, mehr zu trinken und ein schlimmerer Finger zu sein als sonst wer erwies sich, als Strategie für höhere soziale Akzeptanz, in jeder Hinsicht als Fehlschlag. So was mache niemanden cool. Dann fügte er hinzu: »Und das ganze coole Getue war sowieso vorbei, als meine zweite Tochter zur Welt kam. Gott sei Dank!«

Was Bourdain über Coolness noch zu sagen hatte: »Ich glaube, ›cool‹ steht letztlich für einen Mangel an Zuwendung.« Hier deckte sich seine Meinung mit Dinersteins Auffassung von der Ästhetisierung der Abgrenzung. Aber Bourdain sah darin noch einen schädlicheren Aspekt: »Das ist fast schon ein soziopathischer Zustand – die Fähigkeit, auf nichts und niemanden etwas zu geben … Meiner Erfahrung nach fühlen Menschen sich ganz besonders von solchen Menschen angezogen, die wissen, was sie wollen.

Und wenn alles, was Sie wollen, ist, einen guten Blues zu spielen oder Heroin zu nehmen … dann zieht das dummerweise gerade jene Menschen an, die Tag für Tag mit ihren Gefühlen, Bedürfnissen und Wünschen zu kämpfen haben.«

Aber auch er entdeckte ein positives Element in der Coolness, das für meine Ohren eher nach Zuversicht und Bereitschaft zur offenen Auseinandersetzung klang (als nach Abwendung): »Was in meinen Augen cool ist, ist Furchtlosigkeit, Unabhängigkeit, Integrität – die Weigerung, aus Angst oder Gier oder auch nur gesundem Menschenverstand einen Kompromiss einzugehen. David Simon ist cool, weil er Fernsehen macht, wie er sich das vorstellt, und dabei gar nichts auf Konventionen gibt. Ich gratulierte ihm mal, weil HBO eine neue Staffel seiner Serie »Treme« ins Programm nahm, obwohl er die Hälfte der Zuschauer verloren hatte. Er sagte: ›Zuschauerzahlen sind was für Weicheier.‹ *Das* ist cool.« Liegen diese Vorstellung von Coolness und Brené Browns Verletzlichkeit denn tatsächlich so weit auseinander? Beide öffnen sich für die Welt, beide ermöglichen höchste Kreativität.

Bourdain fuhr fort: »Ich habe letztlich sogar jemanden kennengelernt, der für mich der Gipfel der Coolness war: Iggy Pop. Aber Iggy braucht Liebe. Wir reden viel darüber. Und diejenigen unter uns, die Liebe *brauchen*, geliebt, geschätzt werden wollen, können nie wirklich cool sein.« Dann sprach er wieder über die dunklen Seiten der Coolness: »Wer cool ist, braucht nichts und niemanden. Wer cool ist, schert sich um gar nichts. *Mir* aber ist vieles wichtig. Ich habe mich entschieden zu fühlen, zu lieben, Schmerz und Scheitern zuzulassen. Ich würde es nicht anders wollen.«

Ich fragte Bourdain, ob er denke, cool zu sein und gleichzeitig richtig mittelmäßig sei ein Widerspruch in sich.

»Ja. Coole Leute scheinen so mühelos großartig zu sein. In allem. Wenn sie nicht wissen, wie sie etwas anstellen sollen, dann sorgen sie dafür, dass niemand sie dabei sieht. Einfach … weil sie dafür viel zu cool sind.« Ich würde noch ergänzend hinzufügen: Der Grund, warum so viele Menschen in ihrem Tun das Mittelmaß nicht akzeptieren können, ist, dass sie immer noch darauf hoffen, eines Tages zur Clique mit den coolen Typen zu gehören. Hoffen, in die Hall of Fame der Coolness aufgenommen zu werden. Das ist so traurig, weil sie sich so viele Wege buchstäblich verbauen. Das ist eine ziemlich einsame Angelegenheit.

Der Mann, der von sich selbst sagt, er habe »kommerziell erfolgreiche Food-Pornografie« betrieben, hält Glanzleistungen für überbewertet. Es kann also weiter nicht erstaunen, dass er jetzt brasilianisches Jiu-Jitsu lernt. Und … dabei erst kürzlich richtig was auf die Mütze bekommen hat. Es stellt sich heraus, dass Anthony Bourdain, der erfolgreichste Fernsehkoch aller Zeiten, Spezialist darin ist, richtig mittelmäßig zu sein.

»Am Fuße eines endlosen Abhangs des Lernens zu stehen, ohne Aussicht auf den Gipfel, das ist wirklich tief befriedigend«, erklärt er, bevor er zurück in seine Komfortzone huscht. »Es ist, als wäre man der jüngste und schlechteste Koch in der Küche. Die Befriedigung des Lernens, in kleinen Schritten, die täglichen Problemlösungen, das langsame Besserwerden … das ist doch wirklich großartig!«

Er hält einen Augenblick lang inne und fährt dann fort: »Ich würde noch etwas hinzufügen, was Ferran Adriá, der Begründer der Molekularküche, zu mir sagte: ›Ich will keine Dinge machen, die ich kann. Ich will Dinge machen, die ich noch nicht kann.‹«

Es ist vielleicht kein Zufall, dass ausgerechnet ein Mann, der sein Leben lang Küchenchef war, diese entspannte Haltung zur

Kunst des Scheiterns einnimmt. Nichts konfrontiert einen stärker und unmittelbarer mit den eigenen Schwächen als die Küche. Du verbrühst dich, verbrennst dich, schneidest dir in den Finger und das Blut tropft auf die Panna cotta. Du versaust alles und machst schlechtes Essen, obwohl du eigentlich ein guter Koch bist. Aber das Wichtigste ist, dass du nicht aufhören kannst. Denn schließlich brauchen wir ja alle was zu essen.

Und trotz alledem müssen wir mitunter auf die schmerzlichste Weise erfahren, dass Verletzlichkeit und das Etikett der Coolness, das wir anderen aufkleben, manchmal nur die Finsternis in deren Herzen verbirgt. Am 8. Juni 2018 hörte ich in den Nachrichten, dass Tony Bourdain sich das Leben genommen hatte. Und mir wurde klar, dass das Etikett, das wir anderen aufdrücken, nichts mit ihrem Schmerz zu tun hat. Das Beste, was wir tun können, ist, unseren eigenen Schmerz ans Tageslicht zu holen und auf die versteckten Signale unserer Lieben zu achten, die wir sonst vielleicht überhören würden.

Der Krebs und seine Nachwirkungen hatten mich gezwungen, mir jeden noch so kleinen Gedanken an Coolness aus dem Kopf zu schlagen – wie zuvor das Surfen. Irgendwie war ich also gewappnet. Wenn ich raus zum Line-up wollte, obwohl ich aussah wie ein fetter Eunuch, dann würde ich nicht so tun können, als wäre nichts. Es musste mir einfach *egal sein*, ob ich cool rüberkam. Nicht auf die coole Art, sondern so, wie Tony es ausgedrückt hatte: indem ich an dem festhielt, was mir wichtig war.

Wenn wir uns fragen, was cool ist und was nicht, dann ist Coolness bestenfalls Flexibilität und Resilienz. Es ist Improvisation und Offenheit für die eigene Verletzlichkeit. Cool ist nicht rigide und unnachgiebig. Nicht das Fehlen von Aktivität, sondern eine voll bewusste Aktivität ohne Erwartung eines bestimmten

Resultats. Ist es eine Maske, so sollte sie transparent sein, um uns den Blick auf die Welt zu erleichtern, nicht um zu manipulieren, wie die Welt uns sieht. Tony Bourdain hat den Nagel auf den Kopf getroffen.

WÄHREND ICH DIES SCHREIBE, bin ich surftechnisch nicht nur wieder an dem Punkt, an dem ich vor diesem lausigen Jahr stand, sondern sogar schon ein Stück weiter. Ich bin immer noch schlecht, aber nicht mehr ganz so schlecht wie vorher. Unlängst, bei einem Trip nach Costa Rica, habe ich drei der höchsten Wellen abgeritten, die ich je gesurft habe (vier bis sechs Fuß, *nicht*-hawaiianische Zählung). Und ich ritt sie einigermaßen anmutig. Es ist nicht Ziel der Übung in Mittelmäßigkeit, sich zu verbessern, aber ich gebe zu: Es fühlt sich gut an. Ich bin immer noch nicht cool und bin nie cool gewesen. Aber dass ich absolut bei null anfangen musste, hat mich vorwärtsgebracht. Resilienz hat ihre eigene Stärke. Und die Demut, meine Verletzlichkeit zu spüren und an den Punkt zurückzukehren, an dem ich anfing, war vielleicht gerade das, was ich brauchte, um wirklich vorwärtszukommen.

Selbiges gilt natürlich auch für Sie: Vor sich hin holpernd und stolpernd werden Sie entdecken, dass Sie entweder cool sind oder es Ihnen vollkommen schnurz ist, ob Sie cool sind – denn beides ist letztlich ein und dasselbe. Der Unterschied ist nur, von wo aus Sie Ihre Reise antreten.

Im Kampf mit den ärgsten Wellen meines Lebens, mit Herausforderungen, die schonungslos offenbarten, was für ein Anfänger ich war – beim Surfen, beim Leben, beim Überleben –, fand ich vier Antworten: Verletzlichkeit, Dankbarkeit, Resilienz … und das totale Uncool-Sein. Alle vier sind mir heute enge Freunde (vor allem Letzteres). Alle vier helfen mir durch den Tag, richten mich auf und sorgen dafür, dass ich meinen Kopf über Wasser halten kann.

Nicht scheitern zu wollen, um cool zu sein, ist alles andere als cool:

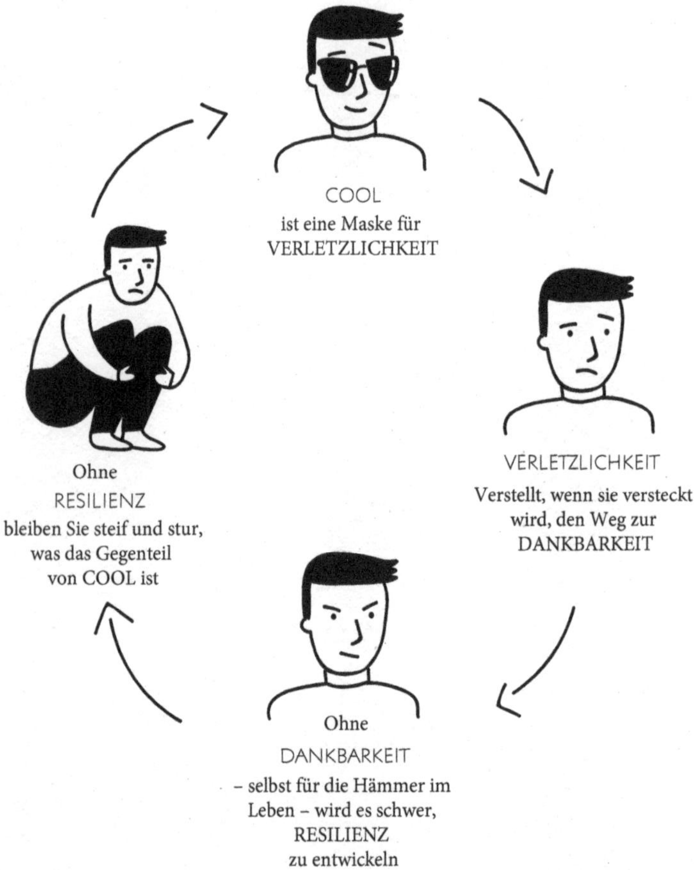

Verletzlich sein (und mittelmäßig) ist echt cool:

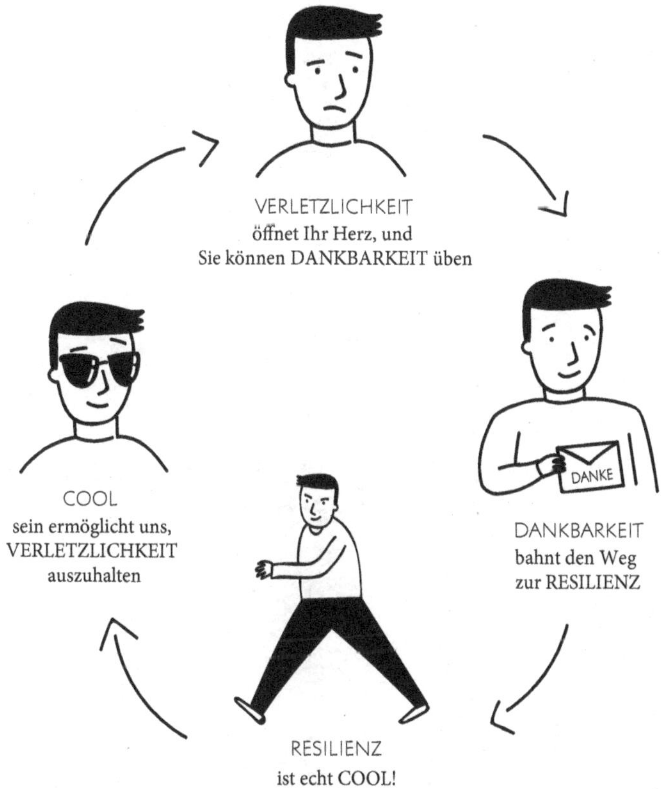

– Es geht nicht um Religion, sondern um Glauben. –

DIE FÜNFTE WELLE

Meine Gotteswelle: die Macht des Glaubens

REGEL 5

Freuen Sie sich über Regeln.

LEKTION 5

Ein Zeuge macht alles wirklicher.

VORTEIL 5

Machen Sie aus der Demütigung Demut.

Unter der palmblattgedeckten Hütte am Main Beach hatten sich zur Sonntagmorgenmesse ungefähr fünfzig Menschen eingefunden: Costa Ricaner und Fremde, Junge und Alte. Der Prediger trug Surfershorts, ein offenes Hawaiihemd und Flip-Flops. Und er wurde von einem Gitarristen begleitet. Jeder, der vom Surfen kam oder sich aufs Surfen freute, sang mit zum Lobe Gottes.

Ich kann mir keinen schöneren Ort für Dank und Anbetung vorstellen als diesen hier: fünfzig Meter entfernt von einer wunderbaren Welle in unserer kleinen Küstenstadt auf der Nicoya-Halbinsel in Costa Rica. Umgeben von Familien, Kindern, Surfern und herumtollenden Hunden. Und ich bin keineswegs die Erste, die so denkt. Thomas Blake, einer der Surferpioniere aus den 1920ern nannte den Ozean die »gesegnete Kathedrale des offenen Himmels«. Blake, Autodidakt und Vater des modernen Surfer-Lifestyles, hatte auf einem einsamen Felsen nahe seiner Heimatstadt folgende Inschrift einmeißeln lassen: *Nature = God.* Er hätte diese Versammlung unter einem freien, sonnigen Himmel garantiert gutgeheißen. Glory hallelujah!

Nach meinem schrecklichen Gar-nicht-gut-sondern-echt-scheiße-Jahr fand ich mich sehr zur demütigen Anbetung geneigt, wenn ich in Costa Rica war oder überhaupt irgendwo am Wasser. Natürlich spielte mein Gefühl der Dankbarkeit hierbei eine große Rolle, aber das hier, das reichte über die schlichte Psychologie hinaus. Es war eher etwas Metaphysisches.

Vielleicht war der Grund ja der, dass mit einem Schlag alle Krankheitsszenarien hinter mir lagen, all die Einsamkeit und Einwärtsgewandtheit der Behandlung, aber mit einem Mal war es für mich in Ordnung, wenn ich anderen von meiner Heilung erzählte, auch wenn die Leute mich auf dem Board hampeln und strampeln sahen.

Meine nächste Welle brachte zwei Dinge zusammen, die ich nicht unter einem Hut gesehen hätte: Demut und Glauben. An einem warmen Tag, während eines wunderbarerweise völlig ruhigen Augenblicks auf dem Pazifik, hatte ich mein höchstpersönliches »ozeanisches Gefühl« – während ich immer noch wunderbar, schön und spielerisch scheiterte.

WIR WOLLEN, DASS DIE LEUTE UNS ZUSEHEN

Der Tag bot nahezu vollkommene kopfhohe Wellen auf einem spiegelglatten Ozean. Ein paar Sets kamen von draußen herein und bauten sich zu Wänden auf, die größer waren als ich. Ein Tag wie dieser lockt normalerweise jede Menge Leute heraus, dann wird es für eine Pfeife wie mich schwierig, eine Welle auszumachen. Wenn am Line-up viel los ist, ist es weit schwieriger, Priorität zu bekommen. Während einige in aller Ruhe warten, bis sie an der Reihe sind, schießen die anderen unruhig hin und her, um sich auch ja in Position zu bringen. Solche Mengen stellen hohe Anforderungen an die eigenen guten Manieren. Es ist nicht eben Zeichen von Surfer-Etikette, um andere herumzuwuseln. Andererseits ist jedes Line-up ein bisschen wie ein Survivaltraining.

An diesem wunderschönen Sonntag erwischte ich ein paar gute Wellen, konnte sie aber nicht bis zum Ende abreiten. Dann, nach einer guten Stunde im Wasser, hing ich in einem Set von siebzehn Wellen fest. (Ja doch, ich habe mitgezählt.) Die erbarmungslos rollende Dünung kippte mir eine Welle nach der anderen über den Kopf. Ich hielt den Atem an und duckte mich unter dem tobenden Wasser durch, wobei ich die Nase meines Longboards unter dem Arm festhielt, damit es mir nicht entglitt und eventuell einen anderen Surfer traf. Ich ackerte wie wild, um durch das viele Weißwasser zu kommen. Als ich aus dem Chaos wieder auftauchte, rutschte ich auf mein Board und paddelte wie wild, um hinter den Break zu kommen. Dann brach eine weitere Welle direkt vor mir. Und dann noch eine. Ich paddelte weiter. Noch eine. Wieder eine. Meine Arme wurden müde, und ich beschloss, es gut sein zu lassen. *Siebzehn*. Es war nervenaufreibend.

Wie leicht oder schwer es ist, zum Line-up zu kommen, hängt von einer ganzen Reihe von Faktoren ab. Wie bei jedem Sport und jeder körperlichen Anstrengung gibt es verschiedene Schwierigkeitsgrade. Surferisch haben die verschiedenen Surfspots ihre spezifischen Vor- und Nachteile. Ganz allgemein unterscheidet man drei verschiedene Arten: Beachbreaks, Reefbreaks und Pointbreaks.

Beachbreaks machen das Rauspaddeln zu einer echten Herausforderung. Beachbreak-Wellen brechen sich an einer Sandbank ohne festen Grund, meist ist das Wasser dort relativ seicht. Das macht es schwierig vorherzusagen, wo sich eine Welle bildet und wie sie brechen wird. Das sind so die Wellen, die ich surfe. Ein guter Surfer besitzt die Fähigkeit, den Ozean zu lesen. Er weiß, wann er rauspaddeln muss und wohin. Dass ich darin nicht gut bin, ist ja bereits bekannt.

Obwohl die Wellen am Beachbreak schwer vorherzusagen sind, haben sie auch ihre Vorteile, vor allem für ewige Anfänger, wie ich es bin. Wenn ich mal wieder runterfalle und von tonnenweise Wasser nach unten gedrückt werde, ist Sand deutlich körperfreundlicher als Felsen. Und da nicht so leicht vorauszusehen ist, wo sich eine Welle bildet und wohin sie bricht, haben es Anfänger leichter, weil sich das Line-up weiter auseinanderzieht. Das macht Beachbreaks recht beliebt, was den ursprünglichen Vorteil wieder aufhebt, weil sich da unglaublich viele Surfer tummeln. An einem guten Tag habe ich schon mal gut hundert gezählt.

Die in Stein gemeißelte Bathymetrie eines Reefbreaks (d. h. die Tatsache, dass der felsige Meeresgrund sich nicht verändert) sorgt dafür, dass der Punkt bzw. die Punkte, wo man eine Welle erwischen kann, klar definiert sind. Man spricht hier auch von *keyholes.* An solchen Punkten öffnen sich die Felsen des Riffs zu einem

Kanal (*channel*), durch den Sie rauspaddeln können, ohne der brechenden Welle in die Quere zu kommen. Vor Riffs habe ich immer ein bisschen Angst. Nach einem Sturz vom Board Bekanntschaft mit spitzen Korallen oder scharfen Felskanten zu machen kann schwerste Verletzungen zur Folge haben.[84]

Von einem Pointbreak spricht man, wenn Wellen entlang einer Landzunge oder in einer Bucht brechen. Diese sind so halb vorhersagbar. Der Break kann eine Sandbank oder ein Riff sein, jedenfalls lieben Surfer diese Breaks. Gewöhnlich ist dort ebenso viel los wie an den Reefbreaks, weil es nicht so viele Punkte für den Take-off gibt. Daher müssen die Surfer warten, bis sie dran sind. Aber natürlich ist jeder am Spähen, daher herrscht ein gewisser Druck, die Welle auch abzureiten. Das ist ein bisschen so, wie wenn Sie als Kind auf das Dreimeterbrett klettern – einmal oben gibt es kein Zurück. Und jeder wartet ja nur drauf, dass er eine Welle bekommt. Auf dem Dreimeterbrett allerdings wissen Sie, wo Sie stehen und wie weit es nach unten geht. Auf dem Ozean aber machen Wind, Dünung und Gezeiten selbst Pointbreak-Wellen schwer kalkulierbar, was den Druck zusätzlich erhöht. Für den Fall, dass jemand sich einbilden sollte, der Ozean sei berechenbar: Das ist falsch.

Ein zweiter Faktor, der an all diesen Surfspots (abgesehen von Ihren eigenen Erwartungen an Ihre Surfkunst) eine gewichtige Rolle spielt, ist die Geschicklichkeit Ihrer Mitsurfer. Das ist Ihr Publikum. Und beim Surfen an Pointbreaks gibt es jede Menge Zuschauer. Wenn Sie nicht das Glück haben oder gut genug sind, um Surfspots zu finden, an denen außer Ihnen niemand surft, dann werden Sie Publikum haben. Aller Augen sind nämlich auf den Surfer gerichtet, der die höchste Priorität hat. Das ist eine ganz andere Welt als der Beachbreak, wo ein nicht so geschickter

Surfer sich einfach unter die weit auseinandergezogene Menge am Line-up mischen kann. Oder nur Miniwellen absurft, die ihm garantiert keiner streitig macht.

Das heißt nun nicht, dass Sie nicht *wollen,* dass man Ihnen zusieht, solange Sie Ihre Welle schaffen. Aber das ist nun mal ein zweischneidiges Schwert. Sie mögen von dem einen Tag träumen, an dem Sie eine krasse Welle erobern und auf ihr dahinschweben, während die Blicke aller anderen Surfer nur Ihnen folgen … der häufigere Fall ist jedoch, dass die Leute Zeugen werden Ihres Scheiterns, immer und immer wieder (wenn sie nicht gerade selbst stürzen). Das *Gesehen-Werden* ist eine Riesensache beim Surfen. Als ich meine erste echte Welle hatte und abritt, machte die Tatsache, dass mein Schwiegersohn Christopher mir dabei zusah, diese einmalige Erfahrung zu einer jederzeit wieder abrufbaren Erinnerung. Der Wunsch, einen Zeugen zu haben, regt sich sowohl in den schlimmsten als auch in den wichtigsten Momenten unseres Daseins.

»Die Gegenwart anderer, die sehen, was wir sehen, und hören, was wir hören, versichert uns der Realität der Welt und unser selbst«, schreibt die Philosophin Hannah Arendt in ihrer Diskussion über den Zusammenhang von Privatem und Öffentlichem in ihrem Meisterwerk *Vita Activa.*[85]

Wenn die Tatsache, einen Zeugen zu haben, unser Realitätsgefühl verstärkt, wird der Wunsch nach Zeugenschaft zu einem wichtigen Teil unseres Bemühens. Zeugenschaft ist ein entscheidender Part beim Surfen und erklärt, wieso Fotografieren und Filmen mit dem Lifestyle des Surfers untrennbar verbunden sind. Sowohl die Welle als auch der Ritt auf ihr sind ja in höchstem Maße flüchtige Momente, daher möchte der Surfer in Aktion gesehen werden. *Wenn du eine Welle erwischst und reitest, aber nie-*

mand da ist, der das sieht, zählt es dann überhaupt? Erst der Zeuge macht das Ereignis real. Wie auch immer »das Ereignis« im Einzelnen aussehen mag, selbst wenn es ein Scheitern ist.

Arendt zufolge kann der »einer jeweiligen Tat in ihrer Einzigartigkeit zukommende Sinn … weder in den Motiven, die zu ihr getrieben, noch in den Zielen, die sich in ihr verwirklichen mögen« liegen. Er liegt vielmehr »einzig und allein in der Art ihrer Durchführung, in dem Modus des Tuns selbst«.[86] Arendts Argument fügt sich nahtlos in die Aussagen der griechischen Philosophen und ihrer Erklärung für wahre Größe. Was aber, wenn wir das Argument einfach umkehren und versuchen, es auf das Scheitern anzuwenden? Tatsächlich spricht sie in diesem Zusammenhang über den »Selbstzweck«[87] – die beste Definition für den Sinn spielerischen Scheiterns (zum Beispiel beim Surfen) überhaupt.

Der Surfhistoriker Matt Warshaw sagt: »Allein der Gedanke ans Surfen sorgt für Gelächter. Das liegt daran, dass es dabei nicht darum geht, Geschicklichkeit in Kunst zu verwandeln, sondern einen unerklärlichen und vollkommen nutzlosen Drang in einen Lebensstil.«[88] Mir ist mittlerweile klar, dass dieses Gelächter ein Fest ist und kein Ausdruck von Dummheit. Es nimmt dem Surfen nicht, dass es sinnlos ist. Tatsächlich ist seine Sinnlosigkeit der Grund, warum es uns immer raustreibt. Ich glaube, die Sinnlosigkeit des Surfens ist der eigentliche Grund, warum es sich so hervorragend zum Scheitern eignet.

Warshaws Einsicht gilt für jedes Tun, zu dem wir uns scheiternd berufen fühlen, denn es verheißt uns Lebendigkeit durch unser Tun als solches, nicht durch das Ergebnis, das unser Tun herbeiführen soll. Und gerade das Scheitern ist doch die Mutter des Gelächters.

DIE KÖSTLICHEN KLEINEN BRÖTCHEN

Die »Durchführung«, die Arendt anspricht, ist geprägt von der Spannung zwischen zwei Polen: dem, an dem wir uns einen Zeugen wünschen bzw. ihn brauchen, und dem, an dem wir Angst haben, uns *coram publico* zu blamieren. Weil es uns widerstrebt, beim Straucheln oder Scheitern beobachtet zu werden, ziehen wir uns zurück, um einer öffentlichen Blamage zu entgehen. In diesem spannungsgeladenen Feld wird das Potenzial zur Freude oder zum künstlerischen Ausdruck mitunter gehemmt von unserer Befangenheit. Und schon führt unser lautstarkes Ego wieder das Wort. Denken Sie nur mal an die Leute, die sich weigern zu tanzen oder zu singen. Wer bitte schön findet Tanzen oder Singen nicht schön? Dennoch spielen sie lieber Mauerblümchen, ganz allein und offensichtlich unglücklich. Vielleicht gehören Sie ja auch zu diesem Typus. Ich jedenfalls habe das schon mehrfach getan. Aber warum nur?

Mein Freund Aubrey Marcus erzählte mir, dass seine Freunde, die professionell tanzen, nichts lieber mögen, als wenn sich jemand auf der Tanzfläche einen abtanzt – vor allem, wenn die Person keinerlei Talent hat. Seiner Ansicht nach ist dies Freude in Reinkultur. Als könnte man zuschauen, wie jemand sein Ego abstreift, es zusammenfaltet und in die Ecke legt. Zumindest für ein oder zwei Songs.

Solche tanzenden Irrwische geben uns ein großartiges Vorbild, wie wir unsere Blöße in Schönheit verwandeln können. Diese Tänzer leugnen ja ihre Blöße nicht – sie wirbeln nur blitzartig daran vorbei. Es wäre nicht halb so spaßig, einfach in den eigenen vier Wänden loszulassen. Der richtige Kick kommt doch erst, wenn uns jemand dabei zuguckt.

Das englische Wort für »Demütigung«, *humiliation*, kommt vom lateinischen *humilis*, »einfach«, »bescheiden«. Man vermutet einen Zusammenhang mit *humus*, das auf »Erde« verweist. Ich ziehe das Wasser als Element zwar vor, aber mit der Erde habe ich auch keine Probleme. Wie die meisten Menschen. Warum also erscheint es uns so erschreckend, wenn wir auf den Boden der Tatsachen geholt werden? Sind wir denn nicht voller Bewunderung für »bodenständige« Menschen? Wenn wir von *anderen* sprechen, dann betrachten wir diese Eigenschaft als positiv. Geht es aber um uns selbst, sehen wir das ganz anders. Wir möchten nicht »niedrigen Standes« sein, selbst wenn wir dann gut dastehen würden. Um unsere Unsicherheiten auszublenden, möchten wir, dass andere uns auf einer höheren Ebene sehen oder in hellerem Licht – denn wenn andere uns so sehen, dann stimmt es vielleicht wirklich. Das ist es zumindest, was unsere spezielle Form der Unschärfelogik uns eintrichtert.

Hannah Arendt beschäftigt sich ausführlicher mit der Spannung zwischen dem Öffentlichen und dem Privaten: »Da unser Realitätsgefühl durchaus davon abhängig ist, dass es Erscheinungen und damit einen öffentlichen Raum gibt, in den etwas aus der Dunkelheit des Verborgenen und Geborgenen heraustreten kann, verdankt selbst das Zwielicht, das unser intimes Privatleben notdürftig erhellt, seine Leuchtkraft dem blendend unerbittlichen Licht, das aus der Öffentlichkeit strahlt. Nun gibt es aber eine große Anzahl von Sachen, die die Helle nicht aushalten, mit der die ständige Anwesenheit anderer Menschen den öffentlichen Raum überblendet …«[89] Arendt mag die Effekte der »Helle«, die von anderen Menschen ausgeht, nicht geschätzt haben, ich aber habe die Erfahrung gemacht, dass dieses Licht auch schön sein kann, selbst wenn es unsere Verletzlichkeiten und Fehlleistungen erhellt. Vor allem, wenn es sich auf unsere Fehler richtet. Mies sein im Angesicht der Öffentlichkeit – an einem schönen Tag, wenn es von Menschen nur so wimmelt, in den Wellen von Guiones zu scheitern – fühlt sich an, als öffne man die Arme und lade die Welt ein.

Natürlich gibt es Dinge, die am besten hinter geschlossenen Türen passieren. Ich hätte zum Beispiel nicht gewollt, dass die ganze Welt bei der Operation nach meinem rasanten Sturz und der Kollision mit der Finne zusieht. Und vermutlich *hätte* auch niemand dazu Lust verspürt.

Wir stehen also genau dazwischen – zwischen dem Wunsch nach öffentlicher Zeugenschaft bei unserem Tun und dem nach Privatsphäre für unsere intimsten Erfahrungen. Wir wollen gesehen werden und haben gleichzeitig Angst davor.

Das ist das paradoxe Herzstück jeder Erfahrung mit den sozialen Medien. Das »Selbst«, die Likes, diese hohle Garantie der Größe (oder die schreckliche Bestätigung unserer Bedeutungslosigkeit). Und dabei wissen wir doch tief drin, dass all das nur Mache ist. Nicht nur von unserer Seite, sondern vonseiten komplexer Maschinen und Algorithmen, die sehr viel schlauer sind, als wir es je sein werden. Wir wissen es besser … und doch posten und sharen und liken wir wie die Irren.

Das Schlimmste aber ist: Das »supercoole Selbst«, das wir online präsentieren, ist eine Persona – so nannte man im alten Griechenland die Masken der Schauspieler. Genauso übrigens wie die Masken der Coolness, über die wir vorher sprachen. Sie überdecken unsere Verwundbarkeit nur, statt uns von unseren Demütigungen zu erlösen. Und damit verstärken sie unsere grundlegenden Ängste, nicht genug zu sein – schlau genug, talentiert genug, hübsch genug, stark genug und so weiter. Würden wir uns »genug« fühlen, hätten wir auch nichts dagegen, wenn uns jemand dabei zuschaut.

Sich in aller Öffentlichkeit als Null zu zeigen ist vor diesem Hintergrund nicht nur ein Heilmittel. Es ist an sich schon eine Leistung. Wenn Sie richtig schlecht sein können, besonders in der Öffentlichkeit, dann heißt das: Sie wissen, dass Sie genug sind. Sie brauchen keine Bestnoten, Superstyling und Goldglitter, um das »wettzumachen«, was Sie nicht haben. Sie sind einfach genug.

In der Öffentlichkeit zu scheitern hilft uns auch, über unsere Demütigung hinwegzukommen. Wir müssen offen zeigen, wer oder was wir wirklich sind – fehlbare Wesen, die der Liebe wert sind.

Jedes Mal, wenn Sie jemanden in der Öffentlichkeit bewusst scheitern sehen, sagt diese Person Ihnen laut und klar und unmissverständlich (was Sie vielleicht nicht hören können): Ich bin mehr als genug, um diesen Fehler auf meine Kappe zu nehmen. Und andere Fehler. Und überhaupt alles andere. Mein Wert ist davon nicht abhängig.

Und Sie können das auch ausdrücken, wann immer Sie wollen.

Und wenn wir anderen beim Scheitern zusehen und sie nicht verurteilen, um nicht die atomare Giftwolke weiter anschwellen zu lassen, können wir uns mit ihnen verbunden fühlen in der fröhlichen Gemeinschaft der spielerisch Scheiternden. Ich weiß, dass ich das schon mal gesagt habe. Aber ich sage es immer wieder: Üben Sie. Denn üben macht den Nicht-Meister.

DAS OZEANISCHE GEFÜHL

Aber zurück zu diesem Morgen in Guiones – ich kehrte an den Strand zurück und ließ mich von einer brechenden Welle tragen. Ich musste mal kurz tief Luft holen, ein bisschen Wasser trinken und gucken, ob es nicht einen besseren Kanal gab, um rauszupaddeln. Aber ich wurde abgelenkt vom wunderschönen Bild der betenden Gemeinde. Rocco, der mittlerweile achtzehn war, kam auch aus dem Wasser. Er wollte sein Shortboard gegen ein Handboard und Schwimmflossen tauschen, damit er Bodysurfen konnte.

Rocco würde sich selbst als Atheisten bezeichnen, und doch lächelte er, als er die Gruppe unter der palmblattgedeckten Hütte sah.

»Süß«, sagte er und deutete mit dem Kopf hinüber.

Sein freundliches Lächeln angesichts der Gläubigen überraschte mich. Der Teenager Rocco verrichtete seine Andacht an den Altären der Religionskritiker Carl Sagan, Richard Dawkins und Christopher Hitchens. Er fand seine Wunder im Kosmos und hatte in der Highschool im Büro des Astrophysikers Neil deGrasse Tyson am Museum für Naturgeschichte gearbeitet. Die Wissenschaft verzauberte ihn so, dass er kein Bedürfnis nach metaphorischem Mystizismus hatte. Als er langsam reifer wurde, merkte ich, dass seine Abneigung gegen den Glauben sich ein wenig legte. Selbst mein höchst skeptischer Sohn fand den Open-Air-Gottesdienst an einem sonnigen Sommermorgen in Costa Rica schön.

Ich hingegen durchlief meinen eigenen spirituellen Reifeprozess. Als wir einige Monate zuvor nach Rom geflogen waren, hatte ich Rocco in die Basilica Santa Maria geschleppt, eine wunderschöne Kirche an einer kleinen Piazza in Trastevere. Von den mehr als neunhundert Kirchen in Rom war es eben diese, bereits im 4. Jahrhundert zu Ehren der Gottesmutter erbaut, die ich unbedingt sehen musste, sobald ich dort war. Ich war als Erwachsene sozusagen eine »gefallene« Katholikin und schwankte bis vor Kurzem zwischen Atheismus und Agnostik. Ich konnte mich so gar nicht anfreunden mit der Politik der Kirche und anderen institutionalisierten Religionen im Allgemeinen, dass ich das Thema aus meinem Leben verbannte. Aber diese uralte Kirche zog mich seit jeher an.

Rocco wartete damals im Kirchenschiff auf mich; ich trat in eine kleine Seitenkapelle im hinteren Teil der Kirche, die von außen eher unscheinbar wirkte. Ich schlug das Kreuzzeichen (und wunderte mich, wie schnell und selbstverständlich ich mich an diese Kindheitsgeste erinnerte) und ließ mich auf einer kleinen Bank nieder. Es musste Jahrzehnte her sein, dass ich mich zu einem persönlichen Gebet hingekniet hatte. Ich war auf vielen Hochzeiten, Beerdigungen und Bar-Mizwas gewesen, hatte aber niemals eine »Berufung« verspürt.

Das Gefühl, das mich dort in der Kirche überkam, war für mich überraschend. Ich spürte plötzlich eine »Verbindung«, die ich nicht benennen konnte.

Ich hatte meine früheren religiösen Erfahrungen – die Jahre, in denen ich zur Kirche ging und in den Katechismus-Unterricht, Erstkommunion und Firmung erhielt – immer mit dem Wunsch meiner Eltern in Verbindung gebracht, ein wenig von der Alten Welt zu behalten und mir als Erbe zu schenken. Sobald ich selbst entscheiden durfte, nach der Firmung, hörte ich auf, regelmäßig zur Messe zu gehen. Am Ende lehnte ich die Kirche in Bausch und Bogen ab, weil ich ihren dogmatischen Anspruch und den Ausschluss der Frauen nicht akzeptieren konnte. Die Jungfrau Maria schien mir lächerlich – ein Frauenideal, das keine Frau und kein Mädchen je erreichen würde. Als junges Mädchen empfand ich das besonders harsch: Wir Katholikinnen waren dazu verdammt, als Frauen zu scheitern, weil die meisten von uns (glücklicherweise) keine Jungfrauen bleiben würden. Mein forschender Geist fragte, wie es denn sein könne, dass Maria – eine der meistverehrten Frauen der Menschheitsgeschichte – nur deshalb verehrt wurde, weil sie Mutter *und* Jungfrau war. Ich habe seitdem einige Recherchen dazu angestellt – und hätte auch einiges zu diesem Thema vorzubringen –, doch im Rahmen dieses Buches sei nur so viel gesagt: Als Zwölfjährige fand ich, dass katholische Mädchen von Anfang an die Arschkarte hatten. Also wandte ich mich von der Kirche ab und fand meinen eigenen spirituellen Pfad. Später wurde der Ozean meine Kathedrale und das Surfen meine Art, mit etwas in Verbindung zu treten, das größer war als ich selbst.

Aber die Dinge ändern sich nun mal. Tief in uns drin irrlichtern verstreute Funken unseres Selbst herum, und wir merken es noch nicht mal. Ob es wohl an meiner Bekanntschaft mit dem Krebs lag? Oder an der Ungewissheit, die das Alter mit sich bringt? Oder vielmehr an der Gewissheit, dass nichts gewiss ist, die ebenso mit dem Alter kommt?

Vielleicht war es auch einfach nur Rom. Als ich vor der *Pietà* im Petersdom stand, Rocco an meiner Seite, verschlug es mir den Atem, und Tränen kullerten mir über die Wangen. Unter all den Menschen, die drückten und drängelten, um eine bessere Sicht zu erhaschen, spürte ich, wie sich in mir etwas bewegte. Michelangelos Marmorskulptur der Madonna, die ihren toten Sohn im Schoß hält, *zog* mich an. Ich wollte mich ganz hingeben, mit all der Liebe, die ich für meine eigenen Söhne empfand. Diese Liebe war immer da gewesen, unerschütterlich, und gleichzeitig hatte sie mein Leben erschüttert seit dem ersten Augenblick, in dem Rocco und Gio die Luft dieser Welt atmeten. Doch vor diesem Augenblick im Petersdom hatte ich nicht das Gefühl gehabt, dass sie mit irgendetwas verbunden war. Die vielen Gespräche über Mutterschaft mit Freunden, die ebenfalls Eltern waren, waren zwar sehr persönlich, aber sie hatten nicht die Kraft, dieses Gefühl des Alleinseins zu durchbrechen. Nicht unangenehm oder unwillkommen, aber allein. Ich glaube, die meisten von uns wissen, dass wir unsere Kinder auf eine Weise lieben, die niemand anderer uns nachfühlen kann. Daher sind wir mit diesem Gefühl allein. Für mich ist das die natürliche Ordnung der Dinge.

Aber als ich vor der *Pietà* stand, hob sich der Schleier. Ich spürte diese unglaubliche Intensität der Mutter-Kind-Bindung. Ich fühlte mich eins mit der Muttergottes – in ihrem Schmerz und ihrem Leid, aber auch in der Liebe für ihren Sohn. Dieses Gefühl hätte kein Dogma, keine Liturgie meiner Jugend je in mir erwecken können. Ich überließ mich diesem Gefühl ganz und spürte eine tiefinnere Heiterkeit, als die reine Liebe mein Herz ergriff. Ich stand da wie angenagelt, und Tränen liefen mir über die Wangen, bis Rocco, der merkte, dass ich das jedem Besucher zugestandene Zeitkontingent längst überschritten hatte, mich am Ellbogen berührte. »Mama, jetzt komm schon.«

Ich riss mich am Riemen, bis ich wieder eine brave Touristin war. Rocco und ich wurden mit den Menschenmassen nach draußen geschoben. Das Gefühl aber blieb mir erhalten und verblasste nur langsam unter der römischen Sonne.

Ich hatte über das »ozeanische Gefühl« schon vorher gelesen. Der Begriff sprach mich an, weil er eben jenes Element ins Spiel brachte, das einen so großen Teil meines Lebens ausmachte. Obwohl ich diese Einheit mit dem Meer schon oft verspürt hatte, hatte ich mich mit dem Thema noch nie beschäftigt. Bis ich diese Erfahrung im Angesicht der *Pietà* machte, hatte ich nie wirklich dieses ozeanische Gefühl verspürt.

Doch es existiert. Jeder, der schon mal dieses Gefühl hatte wie ich, kann es bezeugen – trotzdem gab es nie einen Konsens über seine Ursprünge. Man hat darüber jahrelang diskutiert, und zwar im Kreis der hochrangigsten Intellektuellen ihrer Zeit. Der französische Romancier Romain Rolland erwähnte es erstmals in einem Brief an Sigmund Freud. Für ihn war es die Quelle aller religiösen Gefühle. Er beschrieb es als »einfache und direkte Empfindung des Ewigen (das noch nicht mal ewig sein muss, sondern einfach ohne wahrnehmbare Grenzen, beinahe ozeanisch)«.[90] Freud bestritt eine wie auch immer geartete mystische Bedeutung und meinte, es handle sich dabei einfach um das Gefühl der Einheit mit dem Universum.[91] Er führte die Auflösung der Grenzen des Selbst – wenig überraschend – zurück auf eine regressive, narzisstische Sehnsucht nach der ursprünglichen Einheit mit der Mutter. Worauf ich Freud sage: Ne, echt nicht. Was ich in Rom gefühlt habe, war weder regressiv noch narzisstisch.

Seit diesem ersten Austausch zwischen Freud und Rolland wurde das ozeanische Gefühl leidenschaftlich debattiert, wobei die unterschiedlichsten Standpunkte zutage traten. Der Schriftsteller Arthur Koestler hat dazu einige schöne Zeilen hinterlassen: »Dieses höhere Wesen, als dessen Teil das Selbst sich fühlt, dem es sich in seinem ganzen So-Sein überlässt, kann die Natur sein, Gott, die Seele der Welt, die Magie der Form oder Ozean der Klänge.«[92] Soweit ich das beurteilen kann, sind einige unserer wortgewandtesten Kommentatoren an der Komplexität des Konzepts gescheitert. Wir sind dazu verdammt, nur immer neue mögliche Erklärungen aneinanderzureihen, statt vertrauensvoll eine in den Mittelpunkt zu stellen.

Aber das wird mich nicht davon abhalten, es weiter zu versuchen.

In meinen Augen gibt es keinen Zweifel, dass die Durchlässigkeit, die ich vor der *Pietà* empfand, ein Zustand war, den ich bei meinem Scheitern im Surfen gut kennengelernt hatte. Es gibt da nämlich eine ganz einfache Verbindung. Mein ozeanisches Gefühl war im Wesentlichen die Präsenz von etwas anderem. Etwas, das »mich« für einen Moment verschwinden ließ. Etwas, das über meine zufälligen Lappalien, meine Klagen und Bedürfnisse und Gedanken hinausging. Etwas, das mich tief an der Wurzel mit dem verband, was wirklich zählte. Ich glaube nicht, dass wir das ozeanische Gefühl jederzeit herbeizaubern können. Aber um Zugang zu bekommen, müssen wir offen sein für eine Erfahrung jenseits des Selbst, dieser herrischen menschlichen Eigenheit, die einem immer im Weg steht (und immer bekommt, was sie will). Schon ein kleines Abrücken vom Ego kann die Tür weit aufstoßen. Und genau das bewerkstelligt das Scheitern für uns. Ein kurzer Seitensprung weg von unserem »strategisch denkenden« Selbst. Unserem lauten und selbstzweiflerischen Selbst.

Ich mag ja voreingenommen sein (Nein, ich bin es!), aber ich glaube, am Surfen ist etwas dran, was die Menschen auf diese Art der Selbstlosigkeit vorbereitet. Es gibt nämlich auf dem Weg dorthin eine ganze Reihe von ozeanischen Gefühlen im Miniaturformat: Sekundenbruchteile auf einer Welle, wenn Schwerkraft und Haltung und Wind so zusammenspielen, dass alle Spannung abfällt und Sie sich schwerelos fühlen, als wäre Ihre Bewegung plötzlich zum Stillstand gekommen. Solche Momente sind kurz – Schwerkraft und Beharrungsmoment schlagen gleich wieder zu –, aber in diesem Augenblick erfahre ich eine Art Anderssein. Es fühlt sich ein bisschen so an wie der stille Mittelpunkt in T. S. Eliots Gedicht »Burnt Norton«:

Am stillen Mittelpunkt der bewegten Welt.
Weder Fleisch noch fleischlos;
Weder woher noch wohin; am stillen Mittelpunkt,
da ist der Tanz,
Doch weder Hemmung noch Bewegung.
Man nenne es nicht Festigkeit;
Wo Vergangenheit und Zukunft eins sind.
Keine Bewegung woher noch wohin;
Weder ein Auf- noch ein Abstieg.
Ohne den Punkt, den stillen Mittelpunkt,
Wäre kein Tanz, aber Tanz ist alles, was ist.
Ich kann nur sagen, wir sind da *gewesen:*
doch kann ich nicht sagen, wo.
Und kann auch nicht sagen, wie lange,
denn das hieße, es zeitlich einzuordnen.[93]

Es ist wohl kein Zufall, dass ein Gedicht und die *Pietà* uns diese Idee näherbringen. Kunst hat das einzigartige Vermögen, uns mit dem Unsagbaren zu verbinden. Vermutlich bin ich nicht die Einzige, die dieses Gefühl im Angesicht der *Pietà* hatte. Vor dieser Gestalt trat ich in einen jahrhundertealten Dialog ein – über die Geschichte Jesu, seine Kreuzigung, den Schmerz der Mutter und Michelangelos Meisterschaft – und erreichte so den »stillen Mittelpunkt«, der mich mit Jahrtausenden der Menschheitsgeschichte verband. Es ist eben gerade die Tatsache, dass die Kunst etwas Bleibendes ist, die dieses Band herstellt, diese Stabilität, oder wie Arendt meint: »das Währen des Kunstwerks«, hinter dem sich »ein Wink möglichen Unsterblichseins« offenbart, und zwar »nicht etwa der Unsterblichkeit der Seele oder des Lebens, sondern dessen, was sterbliche Hände gemacht haben; und das Ergreifende dieses Tatbestandes ist (...), dass er greifbar und den Sinnen gegenwärtig vorliegt, leuchtend, um gesehen zu werden, tönend, um gehört zu werden, in die Welt noch hineinsprechend aus den Zeilen des gelesenen Buches«.[94]

Aber sie kann ihre Wunder nicht wirken, wenn wir uns ihr nicht aussetzen. Kunst muss wie Demut *geteilt* werden. Und dazu braucht es vor allem eines: einen Zeugen. Jemand, der die Schöpfung eines anderen betrachtet. Ob es nun Kunst als dauerhafte, materielle Schöpfung ist, die betrachtet wird, oder Kunst als flüchtige Performance – es ist der »Selbstzweck«, der zählt.

Surfer sprechen vom Surfen häufig als »darstellende Kunst«. Es heißt, man »zöge Linien« auf der Wasserwand, die Gischt, die das Board aufwirft, wenn der Surfer über das Face der Welle reitet. Jeder Surfer will eine einzigartige Linie ziehen, die Ausdruck seines persönlichen Stils ist. Der französische Schriftsteller Jean Cocteau glaubte, alle Kunst sei letztlich nur das Ziehen von Linien, ob beim Zeichnen, in der Dichtung oder im Film. Ob am Ende dann ein Gedicht stünde, ein handgestrickter Pullover, eine selbst getöpferte Schüssel oder etwas so Vergängliches wie eine Linie auf der Wellenwand oder auf dem schneebedeckten Abhang, wäre nicht von Belang.[95] Die Freude entsteht daraus, dass man etwas hervorbringt, was vorher nicht da war. Aber ebenso stark wie der Schöpfungsakt ist der Impuls, das Geschaffene mit anderen zu teilen, um eine Verbindung zu schaffen und es real werden zu lassen. Dieser Drang, etwas zu schaffen, ist elementar. Wenn wir etwas selbst schaffen oder voller Bewunderung vor Werken der Kunst stehen, fragen wir uns nicht mehr: »Warum sind wir überhaupt auf der Welt?« Stattdessen empfinden wir, wenn auch nur ganz kurz, die Einheit mit etwas außerhalb unser selbst. Wenn diese Verbindung tief reicht, dann erfahren wir das ozeanische Gefühl. Aber wir können darin nicht ewig verweilen.

An diesem Punkt aber kann das Scheitern einen Wert offenbaren, den man darin nicht vermutet hätte. Wenn Sie scheitern, dann ziehen Sie zwar Ihre Linien, aber Sie stürzen halt jedes Mal ab. Damit aber haben Sie die Beine wieder fest am Boden, dort, wo wir leben müssen, mit allem Wenn und Aber. Was wäre passiert, hätte Rocco mich in Rom nicht am Ärmel gezupft? Wäre ich dann für immer dort stehen geblieben, während er fortgegangen, ins Flugzeug gestiegen und heimgeflogen wäre?

Anthony Storr, Autor des modernen Klassikers *Die schöpferische Einsamkeit*, schreibt: »Wenn das Leben weitergehen soll, kann man nicht für immer im Zustand ozeanischer Ruhe verharren.«[96] Die Menschen müssen sich den Anforderungen des Lebens fügen. Ohne diese Fähigkeiten würden wir nicht lange überleben. Würden wir ständig in diesem veränderten Bewusstseinszustand verbleiben, eins mit dem Universum, würde es uns schwerfallen, morgens aufzustehen, uns anzuziehen, den Kindern etwas zu essen zu machen, den Hund ausführen, zur Arbeit zu fahren und was sonst noch so anfällt bei unserer täglichen Runde im Hamsterrad. Und während über unsere langfristigen Perspektiven das Urteil noch nicht gefällt ist, haben wir in unserem Alltag keine Wahl: Wir passen uns an, oder wir sterben. Daraus folgt, dass das Verweilen im ozeanischen Gefühl uns auf eine Weise verwundbar macht, die nicht zu unserem Überleben beiträgt. Vielleicht ist es die flüchtige Natur dieser Erfahrung, die ihr eine so starke Wirkung verleiht. Selbst im Fallen oder Scheitern können wir eine bildschöne Linie ziehen. Und wenn wir es versuchen, verbindet uns das mit anderen Menschen. Vielleicht hat der englische Dichter und Philosoph Alexander Pope es ja gar nicht pessimistisch gemeint, als er schrieb, dass Irren menschlich sei.[97] Vielleicht ist das Irren sogar eine unserer besten Eigenschaften.

Ohne Demut können wir uns dem ozeanischen Gefühl nicht öffnen. Und Demut lernen wir nun mal durch unser Scheitern.

UND PLÖTZLICH GAB GOTT ANTWORT

Alex, ein Surflehrer, sagte mir mal, ich hätte neunundneunzig Prozent der Fähigkeiten, die es braucht, um mehr Wellen zu erwischen, aber er beobachte immer wieder, dass ich am Line-up zu denken anfinge, und *das* sei es, was mich jedes Mal scheitern ließ. Er könne das störende Gequassel in meinem Hirn bis an den Strand hören – das mentale Geplapper, das mich in dem Glauben ließ, ich könne nicht surfen, obwohl ich Tausende von Stunden auf dem Ozean verbrachte und nichts anderes tat. Mit Alex' Hilfe überzeugte ich mich vom Gegenteil, und tatsächlich erwischte ich ein paar Wellen. Es war der Glaube, der mich Wellenberge versetzen ließ.

Einige Monate nach meinem Erlebnis vor der *Pietà,* an jenem Sommermorgen, an dem die Gläubigen sich unter dem Dach aus Palmblättern versammelt hatten, hatte ich so meine Schwierigkeiten, das Line-up anzupaddeln. Die Flut ließ nach, was die Wellen noch unberechenbarer hereinrollen ließ. Die erbarmungslose Dünung kostete mich unendlich viel Kraft, vor allem, weil die Wellen mir ja seit einer Stunde ständig über den Kopf schwappten. Zehn weitere Wellenduschen später blickte ich über den Horizont hinaus und, vielleicht weil mich die Betenden inspiriert hatten, fing ich an zu beten, zum ersten Mal seit meiner Reise nach Rom.

»Bitte, Gott«, sagte ich laut, »hilf mir, über den Break hinauszukommen. Ich weiß, dass ich nicht zu deinen Getreuen gehöre, aber gib mir ein Zeichen. Bitte, hilf mir.«

Ein Ozeanograf könnte Ihnen vermutlich erklären, was dann passierte, mit so gelehrten Begriffen wie Tidenhub, Swellperiode, Wellensets, Bathymetrie, Windgeschwindigkeit und -richtung. Aber die Wasserdynamik genehmigte sich eine kurze Auszeit, denn in dem Moment, als ich Gott um Hilfe bat – hörte. Der Ozean. Auf. Sich zu bewegen.

Statt vor mir wie wild die Gischt aufzuwühlen, hinter der unweigerlich eine weitere Welle heranrollte, die über meinem Kopf brach, schwebte ich mit einem Mal auf einer spiegelglatten Meeresoberfläche. Statt des wässerigen Chaos, das mich hin und her warf, tat sich vor mir plötzlich und in aller Deutlichkeit ein schöner Kanal zum Line-up auf.

»Heilige Scheiße«, dachte ich, »das hat tatsächlich geklappt?«

Ich glitt durch den Kanal. »Danke!«, schrie ich Richtung Himmel.

Sobald ich am Line-up war, atmete ich durch und entspannte mich. Ich saß auf meinem Board und musterte den Horizont. Mein Erfolg zauberte mir ein leicht irres Lächeln aufs Gesicht. Ich wusste ja, dass ich nicht allein dafür verantwortlich war, und das fand ich einerseits zum Ausflippen und andererseits entzückend. Ich fühlte mich versucht, die Erfahrung in die Schublade »unerwartete Zufälle« zu stecken, aber irgendetwas in mir ließ locker, und ich konnte das Erlebnis nicht abschütteln. Sollte das etwa *bedeuten*, dass stundenlange Bemühungen in dem Augenblick endeten, als ich Gott um Hilfe bat?

Andererseits gab es da etwas, was mich noch mehr beschäftigte: Ich hatte bei dieser Session immer noch keine gute Welle abbekommen, und ich wollte unbedingt eine.

War es Gier, wenn ich nochmals um Hilfe flehte? Ich hatte mich die ganze Woche über gequält und größere Wellen angepackt als je zuvor. Dabei musste ich natürlich hinnehmen, dass jede Welle, die ich nicht erwischte, mich erbarmungslos durchnudeln würde. Oder dass ich, wenn ich die Drehung schaffte und aufs Face glitt, häufig nicht wusste, was ich dann machen sollte. Ich war ja gewöhnt daran, dass der Ozean mir meine Grenzen aufzeigte, also akzeptierte ich ihn als höhere Macht. Gedemütigt und gleichzeitig ermutigt versuchte ich mein Glück noch mal.

»Nur einen guten Ritt, lieber Gott? Du hast mich schließlich hierhergebracht, könntest du mir vielleicht helfen, wenigstens eine einzige Welle zu erwischen?«

Sie wissen, was danach passierte.

Ein Wellenkamm kam heran, etwa kopfhoch. Für mich ein bisschen groß. Ich mag es lieber, wenn sie hüft- bis brusthoch sind. Aber da ich diese göttliche Gabe – wenn es denn eine war – nicht an mir vorübergehen lassen wollte, schwang ich mich auf. Ich dachte nicht (was mir ohnehin noch nie was gebracht hatte), sondern glaubte. Mit einigen wenigen Paddelstößen brachte ich mich in Position, stand auf und dirigierte das Board nach links, damit ich auf dem grünblauen Face der Welle dahingleiten konnte. Ich ritt sie ab, als glaubte ich tatsächlich, dass ich das schaffen würde. Bis sie am Ende brach und ich mich eher unelegant, aber voller Freude im Herzen in den Rücken der Welle und ins Weißwasser fallen ließ. Auch das war ein ozeanischer Moment. Und ich wusste, dass auch dieser nicht allein meinem Bemühen geschuldet war.

»Das gibt's doch nicht!«, dachte ich.

Laut. Und flüsterte: »Danke.« Kaum war ich sicher wieder hinter dem Break, setzte ich mich rittlings auf mein Board und genoss die Einheit mit dem Ozean. Den Rest der Session war ich ganz still. Ich merkte, dass demütig um Hilfe zu bitten mir eben diese

Hilfe zuteilwerden ließ, in Gestalt des Glaubens, dass Hilfe für mich verfügbar war. Ich weiß nicht, ob mich jemand dabei gesehen hat, wie ich diese Welle ritt. Aber im Auge Gottes wurde ich gesehen und gehört. Ich hatte einen Zeugen. Vielleicht war das ja genug.

Ich machte eine Entwicklung durch: von jemandem, der von Glaubensdingen unbeleckt war, zu jemandem, der diese neue Offenheit mit der Akzeptanz des Versprechens füllte, das damit einherging. Als ich damals am Line-up saß, nachdem ich demütig die Antwort auf meine eher unbedeutende Bitte um eine Welle erhalten hatte, merkte ich, dass ich die Sache mit dem Glauben immer völlig falsch angegangen war. Doch der Glaube hatte eigene Gesetze.

Ich würde nicht so weit gehen und behaupten, dass ich von diesem Augenblick an gläubig war. Aber ich begann, an den *Glauben* zu *glauben.*

Diese Geschichte erzählte ich Serene Jones, die Geistliche und Schriftstellerin ist und außerdem Präsidentin des Union Theological Seminary, einer unabhängigen theologischen Hochschule in New York. Sie meinte, das erinnere sie an einen Artikel von Zadie Smith im *New Yorker* mit dem Titel »Anmerkungen zur Einstimmung«. Darin erzählt Smith, wie sie mit einem Mal Joni Mitchells Musik verstanden hätte. Anfangs hätten die offenen Töne ihr Musikverständnis verletzt. Smith meint, sie hätte Joni »unverständlich« gefunden. Dann aber habe es klick gemacht, und das beschreibt sie so: »Wenn ich mich recht erinnere, erfüllte die Sonne den Raum … Irgendetwas war mit mir passiert. In all dem Kuddelmuddel an Erinnerungen, die wir jeden Tag haben und wieder verlieren, war mir klar, dass diese hier nicht verloren gehen würde.«[98] Für Smith war dieser Augenblick »nicht Ergebnis einer Entwicklung, sondern einfach ein Sprung in gutem Glauben. Eine plötzliche, unerwartete Einstimmung.«

Serenes Idee traf den Nagel auf den Kopf. Mein Gott war »eine plötzliche, unerwartete Einstimmung«.[99]

Was Smiths Artikel so eng mit meinem Erlebnis verband, war die Tatsache, dass sie vorher die Schönheit von Joni Mitchells Musik einfach nicht hören konnte. Sicher haben die Proteste einzelner Freunde – »Was? Du magst Joni nicht?« – den Boden für diese Einstimmung mit vorbereitet. Selbst wenn sich keine Entwicklung abzuzeichnen scheint, so filtern wir doch ständig Botschaften und Zeichen aus unserer Umwelt heraus. Wenn es dann scheinbar aus dem Nichts zu einem Aha-Moment kommt, ist es mehr als wahrscheinlich, dass die Masse an Information endlich einen kritischen Punkt erreicht und uns für ein wirkliches Verstehen vorbereitet hat.

In meinen Augen war klar, dass mein Kampf mit dem Surfen mich auf den Glauben vorbereitet hatte. Alex, der Surflehrer, der meinte, ich würde ständig über die Welle nachdenken (und mir damit selbst im Weg stehen), sagte mir einfach, dass ich ständig versuchen würde, die Welle zu kontrollieren. Ich versuchte, mir alles, was mit Surfen zusammenhängt, anzueignen. Wenn ich nur genug darüber nachdachte, alles durchkalkulierte und vorherzusagen versuchte … dann würde ich bestimmt perfekt surfen können. Konnte ich aber nicht. Ich gehöre nicht zu den Ausnahmetalenten, die das schaffen. Stattdessen musste ich mein egoistisches Wollen aufgeben und mich der Welle (und Gott) überlassen, musste mich klein machen, leicht machen, um am Ende aufstehen und loslegen zu können. Manchmal öffnet das Scheitern einfach die Tür zum Glauben.

ICH WUSSTE, ICH MUSSTE mich mit dem Wesen des Glaubens beschäftigen, eben weil das so einiges mit unseren Alltagserfahrungen zu tun hat. Für mich war das vor allem mit einem Namen verbunden: William James.

Ende des 19. Jahrhunderts verfasste der Philosoph und Psychologe den Text, der für immer einer der wichtigsten über den Glauben werden sollte: *Der Wille zum Glauben.* In James' Augen »bedeutet Glauben, an etwas zu glauben, das den Zweifel theoretisch noch zulässt; und da die Prüfung des Glaubens in der Bereitschaft liegt, aktiv zu werden, könnte man sagen, dass Glaube die Bereitschaft ist, in einer Sache aktiv zu werden, deren glücklicher Ausgang uns nicht im Voraus garantiert ist«.[100]

James studierte und lehrte später auch in Harvard. Zuerst wandte er sich der Medizin zu, doch die Faktenwissenschaften waren nicht seine Berufung. Er fand sie in den neueren und weniger belegbaren Studien des menschlichen Geistes. Er war einer der einflussreichsten Amerikaner in der Geisteswissenschaft, studierte er Psychologie doch zu einer Zeit, als diese Disziplin noch an ihren Anfängen stand. In *Der Wille zum Glauben* argumentierte er gegen den Mathematiker William Clifford, der zu diesem Thema ebenfalls eine Abhandlung verfasst hatte. Clifford geht davon aus, dass der Glaube Privatsache sei und allein das Individuum angehe. Es sei jedoch unsere Aufgabe, die Macht des Glaubens und sein unvermeidliches Erbe an künftige Generationen weiterzugeben. »Darin ist«, so meint Clifford, »jeder Glaube jedes Menschen hineinverwoben, der mit seinen Gefährten eine Sprache spricht. Ein grausames Privileg und eine schwer lastende Verantwortung, die uns auferlegt, die Welt zu schaffen, in der die Nachwelt leben wird.«[101]

Beide Denker akzeptieren also den Glauben als grundlegende mächtige Kraft, doch die Frage ist, ob wir damit anfangen oder damit enden.

Clifford versucht uns zu überzeugen, dass »es immer, überall und für jeden ein Fehler ist, etwas ohne ausreichenden Beweis zu glauben.«[102] Er besteht auf der Gewissheit, und an eben diesem Punkt wird er für mich nicht nachvollziehbar. Diese Art zu denken schließt doch letztlich alles Neue aus, alles, was unvollkommen oder unbefriedigend ist. Solch ein Gedankengebäude kennt keine Möglichkeit für Wachstum, für ein Hinwachsen zur Wahrheit. Scheitern hat darin keinen Zweck.

Der Wille zu glauben hingegen hilft uns, die Vorstellung zu akzeptieren, dass es keine gesicherten Resultate gibt. James stellt sich dabei noch nicht einmal gegen Clifford. Er schreibt vielmehr: »Ohne ein gewisses Maß an Glauben können wir weder leben noch denken. Der Glaube ist sozusagen unsere Arbeitshypothese. Der einzige Unterschied ist der, dass manche Hypothesen in fünf Minuten widerlegt werden können, andere in Generationen nicht.«[103]

Was ist Glaube dann anderes als der Wille zu glauben? Und was man glauben will, kann mit so einfachen Dingen wie dem Reiten einer Welle zu tun haben oder mit etwas so Unfassbarem wie dem Göttlichen selbst. James erzählt eine Geschichte über das Klettern in den Alpen, in der es um einen ähnlichen »Glaubensakt« geht wie man ihn beim Anpaddeln einer Welle braucht. In der Geschichte stellt er den Wert infrage, den fehlender Glaube in einer gefährlichen Situation hätte, in der letztlich nur »ein Sprung ins Dunkel« helfen kann.[104] Da James eine derartige Situation noch nicht gemeistert hat, kann er nicht mit Gewissheit sagen, ob er die zur Rettung nötige Tat vollbringen kann. Und wenn er vor dem Sprung einen Beweis verlangt, spricht er sich damit womöglich selbst sein Urteil. »Doch Hoffnung und Vertrauen in mich selbst verleihen mir die Gewissheit, dass ich mein Ziel nicht verfehlen werde, und stärken meine Füße, damit sie das ausführen können, was ohne diese subjektiven Gefühle vielleicht unmöglich wäre«, schreibt er.[105] »In diesem Fall (der einer Klasse vieler ähnlicher Fälle entstammt) rät die Weisheit klarerweise zu glauben, was man sich wünscht; denn der Glaube ist eine der unverzichtbaren Ausgangsbedingungen für die Verwirklichung seines Objekts. *Aber es gibt auch Fälle, in denen der Glaube seinen eigenen Nachweis erbringt.* Glaube, und du bist im Recht, denn du kannst dich retten; zweifle, und du bist ebenfalls im Recht, denn du wirst untergehen. Der einzige Unterschied ist, dass der Glaube Ihnen zum Vorteil gereicht.«[106]

Für ihn steht hier mehr auf dem Spiel, als dies in unserem Alltag gewöhnlich der Fall ist, aber der Geist ist derselbe. Nun bin ich ganz und gar Bürgerin des 21. Jahrhunderts, daher wollte ich meine Erkundungen nicht mit der Philosophie ausklingen lassen, so fantastisch jener Jahrgang auch sein mochte. Ebenso erpicht war ich, in Erfahrung zu bringen, was die Wissenschaften zum Thema »Glauben« zu sagen wissen, vor allem die Neurowissenschaften.

Michael Shermer, Schriftsteller und Gründer des Magazins mit dem vielsagenden Namen *Skeptic,* hat viele Bücher darüber geschrieben, warum wir für alle möglichen Formen von Glauben empfänglich sind und wie wir sie stur immer wieder neu beleben – allen fehlenden Beweisen zum Trotz. In seinem Buch *The Believing Brain* folgt auf das Kapitel »Der Glaube an Gott« ein Kapitel mit der Überschrift »Der Glaube an Aliens«. Darin befasst sich Shermer mit den Erkenntnissen der Neuro- und Verhaltenswissenschaften, um die Spuren unseres Glaubens durch unsere

Synapsen sowie die dabei im Hirn auftretenden chemischen und elektrischen Signale zu verfolgen. Interessant an all den experimentellen neurowissenschaftlichen Studien über den Glauben ist, dass wir zwar verfolgen können, welche Regionen im Gehirn aktiv werden, wenn wir bestimmten Reizen ausgesetzt sind. Doch diese Aktivitäten sind bei Gläubigen bzw. Nicht-Gläubigen die gleichen, denn der Glaube, woran auch immer, ist selbst Reiz genug.

Es überrascht nicht, dass Shermer skeptisch ist, was Gott angeht. Er ist Experte in diesen Fragen, und schon das zeigt, wie sehr ihn die Idee des Göttlichen umtreibt. Selbst Hardcore-Atheisten können vom Mysterium offensichtlich nicht lassen. Sind Nicht-Gläubige also nur leidenschaftliche Verfechter des Nicht-Glaubens?

Shermer beendet den ersten Teil seines Buches mit einer Art Gebet: »Herr, ich habe aus dem, was Du mir gegeben hast, das Beste gemacht ... Was auch immer die Natur Deiner unsterblichen und grenzenlosen spirituellen Essenz sein mag, ich, als sterbliches und begrenztes körperliches Wesen, kann sie trotz aller Anstrengungen nicht ausmachen. Tu mit mir also, was Du willst.«[107] Das kann man als Witz betrachten, aber steckt nicht in jedem Witz ein Körnchen Wahrheit?

Vielleicht hat Shermer sich ja von der Pascal'schen Wette inspirieren lassen, die davon ausgeht, dass es in jedem Fall besser ist zu glauben, als nicht zu glauben. Das Kalkül dahinter ist stimmig. (Und es ist kein Zufall, dass Blaise Pascal über die Wahrscheinlichkeitstheorie forschte.) Angesichts all der möglichen Resultate, die sich ergeben können, wenn man glaubt oder nicht glaubt bzw. Gott für existent hält oder nicht, neigt sich die Waagschale dem Glauben zu. Pascals Urteil liegt eine Rationalität zugrunde, die den Konstrukten des Glaubens zuwiderlaufen zu scheint, aber wo auch immer ich nach Erleuchtung suche, stoße ich am Ende auf die zwei Seiten einer Gleichung: Hoffnung versus Rationalismus. Wenn Hoffnung definiert werden kann als Glaube an ein positives Ergebnis, obwohl alle Beweise dagegensprechen, dann kann man dieselbe Logik (oder Unlogik) auch anwenden auf die Bereitschaft, etwas weiter zu tun, obwohl man ständig damit scheitert. Vernunft hat damit nämlich nichts zu tun.

Ob wir uns für oder gegen den Glauben entscheiden, hat Folgen, lange vor dem Jenseits. Wir müssen nur mal einen Blick auf die Placebo-Forschung werfen, um zu sehen, wie tief der Glaube in unserer neurologischen Ausstattung verankert ist. Placebo-Effekte stellen sich ein, wenn ein Patient ein Medikament ohne Wirkstoff erhält – eine Zuckerpille, eine Injektion mit Kochsalzlösung, eine Schein-Operation –, aber glaubt, er würde ganz normal behandelt. Einige Placebos zeigen einen klaren Effekt auf physiologische Reaktionen. Die Patienten berichten häufig über positive Wirkungen: Linderung von Schmerzen, weniger Angst, höhere Leistungsfähigkeit. Weil sie glauben, dass die Behandlung hilft, haben die Patienten Empfindungen bzw. biologische Reaktionen, die sonst nur ein echtes Medikament bzw. eine echte Behandlung auslösen würden. Dasselbe Prinzip funktioniert auch andersherum. Dann spricht man vom Nocebo-Effekt: Wenn man Patienten vor bestimmten Nebenwirkungen warnt, werden sie diese unweigerlich empfinden, selbst wenn sie ein wirkungsloses Medikament erhalten. Der Placebo-Effekt ist so wirksam, dass randomisierte, placebokontrollierte Doppelblind-Studien zum Maß aller Dinge in der Arzneimittelforschung wurden. Bei diesen Studien zählt, welche Behandlung der Patient zu erhalten *glaubt:* Behandlung oder nicht. Dies macht deutlich, wie stark die Kraft der Suggestion ist. Oder, um es weniger wissenschaftlich auszudrücken: die Kraft des Glaubens.

Ist es möglich, einen Geisteszustand zu entwickeln, der uns offen macht für Placebo-Effekte, wo und in welcher Form auch immer?

In ihrem Buch *Heilung von innen* setzt sich die Wissenschaftlerin und Autorin Jo Marchant mit dem Geheimnis der Placebos und Nocebos auseinander. Sie spricht von einer engen Verbindung zwischen Geist und Körper. Der Glaube, dass der Geist unser körperliches Wohlbefinden wie auch unsere leidhaften Erfahrungen beeinflusst, ist also längst kein New-Age-Märchen mehr. Er wird vielmehr seitens der Wissenschaft mit harten Fakten unterlegt.

Die Tatsache, dass Geist und Körper eng interagieren, wusste u.a. John Sarno, Professor für Medizin an der New York University, zu nutzen. Sein Buch *Befreit von Rückenschmerzen* hat sich millionenfach verkauft, obwohl die Gemeinde der Schulmediziner sich zunächst darüber mokierte.[108] Sarno starb dreiundneunzigjährig im Jahr 2017. Lange vor allen anderen war sein therapeutischer Ansatz, dass chronische Schmerzen durch emotionalen und psychischen Stress entstehen können. Stress löst im Nervensystem unzählige Reaktionen aus, die den Schmerz immer mehr verstärken. Professor Sarno hörte seinen Patienten zu, um zu verstehen, wie sich ihr Gefühlsleben auf ihren Körper auswirkte. Der erste Schritt auf dem Weg zur Heilung war also, einen Zeugen für das eigene Unwohlsein zu haben. Der zweite war, dass er ihnen glaubhaft vermittelte, dass sie sich selbst heilen konnten. Sarno machte keine kontrollierten klinischen Versuche. Er leitete auch kein Forschungslabor. Trotzdem wusste er, dass seine Art der Behandlung wirksam war, weil es seinen Patienten besser ging. Mittlerweile hat die wissenschaftliche Medizin zu seinem intuitiven und mitfühlenden Ansatz aufgeschlossen.

Die englische Originalausgabe von Jo Marchants Buch trägt den Untertitel: *Ein Ausflug zu den wissenschaftlichen Grundlagen, die den Geist über den Körper herrschen lassen*. Marchant beschreibt, wie wichtig eine fürsorgliche Haltung bei der Pflege kranker Menschen ist. Sie zeigt weiter, wie sehr die Verbindung von Geist und Körper durch den Glauben beeinflusst wird. Ein Effekt, der von zahlreichen wissenschaftlichen Studien weltweit nachgewiesen wurde. Marchant untersucht eine ganze Reihe von Erkrankungen – chronische Müdigkeit, chronischen Schmerz, Autismus, Stimmungsschwankungen, Reizdarmsyndrom und so weiter – und stellt fest, dass angesichts eines breiten Spektrums von Symptomen deren Ursprung gar nicht so zweifelsfrei auszumachen ist, wie unsere positivistische Medizin dies glauben machen möchte. Man kann keineswegs immer eindeutig differenzieren, ob ein Symptom körperliche oder emotionale Ursachen hat. Das trifft auch auf das Befinden zu, auf Krankheiten und Störungen, die wir immer entweder dem Geist oder dem Körper zuordnen. Offensichtlich ist hier eine eindeutige Klassifizierung nicht so leicht.

Die Zusammenhänge zwischen Heilung und Glauben zeigen sich nicht nur auf spiritueller Ebene, sondern auch in den Körperzellen. Um die Frage: »Macht der Glaube an Gott gesünder?« zu klären, reiste Marchant auch nach Lourdes, wo Millionen Gläubige das gesegnete Wasser trinken. Marchant, ihres Zeichens erklärte Atheistin, ist dennoch tief berührt von dem, was sie bei den gläubigen Pilgern erlebt, die alles auf sich nehmen, um Heilung zu finden – auch wenn die Wissenschaft die von den Menschen geschilderten Wunder nicht nachprüfen kann. Am Ende schreibt sie: »Es gibt mächtige evolutionäre Kräfte, die uns dazu bringen, an Gott oder die Arzneien empathischer Heiler zu glauben oder daran, dass unsere Aussichten positiver sind als in Wirklichkeit.

Die Ironie an der Sache ist, dass diese Überzeugungen zwar falsch sein können, aber dennoch manchmal funktionieren: Sie sorgen dafür, dass es uns besser geht.«[109]

Der Wille zum Glauben schafft Möglichkeiten – zu lernen, zu heilen, mit offenem Herzen bestimmte Erfahrungen zu machen. Möglichkeiten, die Skeptiker vielleicht nicht haben.

SIE FRAGEN SICH JETZT VIELLEICHT, ob das Scheitern uns zum Glauben führt – oder ob der Glaube uns das Scheitern erst ermöglicht. Dazu kann ich nur sagen: Ich weiß es nicht. Bei meiner Erfahrung mit dem Surfen war es so, dass ich geglaubt habe und gescheitert bin und gescheitert bin und geglaubt habe und gescheitert … Eine Art Uroboros also, die Weltschlange, die sich in den eigenen Schwanz beißt. Sie ist Symbol für Einheit, Erneuerung und Unendlichkeit und war schon im alten Ägypten bekannt. Und sie stellt dar, wie im Reich der unendlichen Möglichkeiten oder Wiedergeburten eines immer zum anderen führt. Genauso hat sich das jahrelang angefühlt.

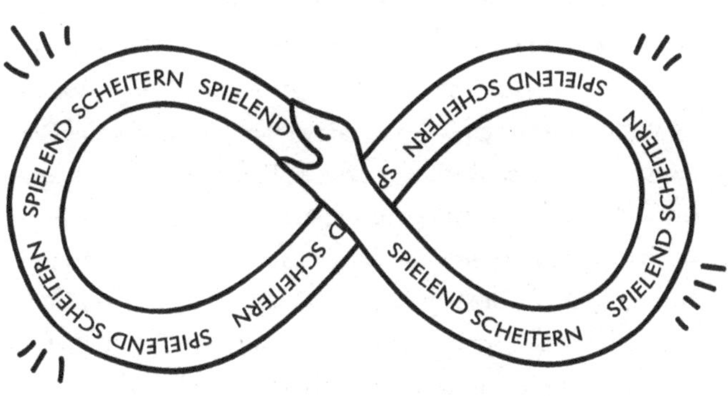

Vielleicht müssen Sie ja am Anfang einfach so tun, als ob. Die Placebo-Methode anwenden. Wie wir ja jetzt wissen, stehen die Chancen fürs lockere Scheitern ziemlich gut, wenn Sie sich als Anfänger an etwas Neues heranwagen. Aber wenn Sie gar nicht erst in die Gänge kommen, weil Sie überzeugt sind, ohnehin nie gut zu werden, dann stecken Sie fest, noch ehe Sie den ersten Schritt getan haben. Ein solcher Glaube ist Zeitverschwendung. Natürlich ist das ganze Buch, das Sie nun in Händen halten, eine Einladung, dieses Hindernis mit einem beherzten Sprung zu nehmen. Aber unsere Gewohnheit, jedes Terrain zu vermeiden, auf dem wir uns nicht sicher fühlen, ist nur schwer zu durchbrechen.

Also entspannen Sie sich einfach, schlucken Sie die kleine Zuckerpille und lassen sich von ihr was vorgaukeln. »Vielleicht werde ich ja eine richtig gute Kalligrafin!«

Das gibt uns vielleicht die Motivation, in die Gänge zu kommen. Wenn wir dann zwangsläufig die Erfahrung machen, dass die ganze Sache schwieriger ist, als wir dachten (siehe erstes Kapitel), dann tauschen wir die Rübe, die wir vor unserer Nase pendeln lassen, aus. Dann glauben wir eben, dass wir irgendwann schon besser werden. Können wir nicht glauben, dass wir irgendwann gut werden, dann verharren wir vermutlich in Untätigkeit. Da ist es doch sinnvoller, davon auszugehen, dass wir schon besser werden, wenn wir uns nur genug Mühe geben. Und selbst wenn der Status des Experten (oder Besserwissers) für uns außer Reichweite ist, so gäbe es doch keinerlei Fortschritt ohne die Bereitschaft, sich auf etwas Neues einzulassen, auch auf die Gefahr hin, völlig in die Irre zu gehen. Das mag sich zunächst mal total unvernünftig anhören, trotzdem können dabei prachtvoll vernünftige Resultate herauskommen. Das gilt selbst für die Wissenschaft, von der wir ständig hieb- und stichfeste Beweise verlangen.

Carlo Rovelli, seines Zeichens Physiker und ein ganz wunderbarer Schriftsteller, erklärt – und tritt dabei in die Fußstapfen von William James –, dass die Bereitschaft, sich etwas vorzustellen, *was nicht wahr sein könnte,* die Grundlage jeder wissenschaftlichen Entdeckung ist. »Die Schönheit des wissenschaftlichen Arbeitens«, schreibt er, »liegt eben darin, dass wir in engem Kontakt mit dem Unbekannten sind und versuchen, unsere Schritte eben dahin zu lenken. Es entsteht aus Schönheit, Intuition und Vorstellungsvermögen, das dann jedoch auf sehr solide Weise überprüft wird. Das heißt andererseits natürlich auch, dass viele schöne Ideen sich am Ende als falsch herausstellen.«[110] Rovelli findet das nicht entmutigend. Er ist vielmehr vom Zauber dieser Vorgehensweise begeistert. Falsch zu liegen, zu scheitern, ist besser als die Leere, es gar nicht erst versucht zu haben.

ALL YOU NEED IS LOVE

All diese Überlegungen bezeugen, wie sehr mich mein plötzlicher Wandel zum Glauben verwirrte. Hieß das nun, dass ich mich um irgendeine religiöse Praxis umsehen sollte? Ich empfand keinen Drang zu irgendeiner Religion im Besonderen, selbst wenn sich in meinen schlafenden katholischen Wurzeln da und dort Spuren von Leben regten. Aber die Erfahrung fühlte sich gleichwohl an wie ein Erwachen. Ohne Worte für das, was ich fühlte, wandte ich mich ratsuchend an Serene Jones.

»Glaube und Religion stehen seit jeher im Widerstreit zueinander«, sagte sie zu mir, als wir uns zum Mittagessen in einem Café in der Nähe ihres Büros im Union Theological Seminary in der Upper West Side von Manhattan trafen.[111] »Religion kann für den Glauben sogar hinderlich sein.« Serene sprach darüber, dass wir unseren Glauben gerne mit anderen teilen. So bildeten sich Gruppen von Menschen, die einem Glauben anhingen. Diese Gruppen schaffen Strukturen und Regeln rund um den Glauben herum. Am Ende treffen sich die Gläubigen nur noch mit Leuten, die ihren Glauben teilen. Das aber schafft Mauern zwischen den einzelnen Glaubensgemeinschaften, weil der Glaube der anderen dadurch automatisch ausgeschlossen wird. Was folgt, ist Wettbewerb, Protektionismus und das ausschließliche Vertrauen in die eigenen Autoritäten mit all ihren schädlichen Nebenwirkungen.

»Der Glaube hat zwei grundlegende Merkmale«, erklärte Serene. »Eines davon ist, wie wir mit Ehrfurcht und Angst umgehen. Jedes dieser Gefühle führt uns zur Demut.«

Dieser Zusammenhang zwischen Ehrfurcht bzw. Angst und Demut bringt mich zurück zu unserem Bedürfnis nach einem Zeugen und unserer Angst vor Demütigung. Ehrfurcht und Angst sind zwei ursprüngliche Empfindungen jedes lebenden Wesens. Das Bewusstsein selbst kann angsteinflößend sein. Vielleicht deswegen, weil mit Bewusstsein auch das Wissen um unsere Sterblichkeit verbunden ist. Oder weil wir uns unserer Ohnmacht bewusst sind im Angesicht der Natur und des Universums. Ich glaube, Serene wollte damit sagen, dass wir *weniger* Angst haben, wenn wir diese Ehrfurcht und die Angst akzeptieren.

»Und was das zweite Merkmal angeht …« fuhr sie fort, »... so ist Glaube letztlich immer Liebe. Liebe öffnet uns für die Welt. Das ist eine radikale Öffnung, ein tiefes Staunen. Ohne Glaube gäbe es keine Liebe.« Ich hatte nicht angefangen zu surfen und darüber zu schreiben, um mir über meine Gefühle von Glauben, Liebe, Gott oder das Göttliche Gedanken zu machen. Ich wollte einfach nur verstehen, warum ich nie mit dem Surfen aufgehört hatte. Vielleicht um mir zu beweisen, dass ich keine Närrin war. Ich weiß nicht. Aber wohin ich mich auch wenden mochte, um ein tieferes Verständnis dafür zu erlangen, was dieses ständige Scheitern mich gelehrt hatte, stets wurde ich auf das Mysterium verwiesen und gelegentlich auf das Göttliche.

Surfer berichten immer wieder von alles umkrempelnden Begegnungen mit Gott. Der Augenblick, in dem der geniale Surfer Laird Hamilton seine Millenium Wave ritt, hat Geschichte geschrieben – eine Geschichte, die zeigt, wie ein unglaublicher Erfolg letztlich Demut mit sich bringt. Besagte Welle bildete sich in Tahiti am 17. August 2000. Damals war sie die größte jemals gesurfte Welle überhaupt. Man nennt sie auch die »Oh, My God!«-Welle. Sie hat den Sport für immer verändert, denn bis dato hatte sich niemand getraut, solch eine Welle zu reiten – eine rückenlose Teahupo'o-Monsterwelle, die sich an einem seichten Riff brach. Oder wie die ebenso berühmte und umwerfend respektlose Surferikone Greg »Da Bull« Noll – selbst ein Pionier im Big-Wave-Surfen seit den 1960ern – meinte: »Mann, die Scheiße ist unmöglich. Das *geht einfach nicht.*«[112]

Laird weinte, nachdem er die Welle geschafft hatte. Das beruhigte ihn. »Das gehörte einfach dazu«, sagte Hamilton dem Online-Magazin *Surfline* am 10. Jahrestag seines Ritts. »Die Unreitbare zu reiten … Der Moment hat Grenzen durchbrochen. Es zeigte mir und anderen, dass solche Wellen geritten werden *können* – und seitdem haben es viele Menschen gewagt. Du musst einfach an das Unfassbare glauben … Da ging es letztlich nur um den Glauben. Den Glauben, dass ich es konnte.«[113]

Was wir vom Erfolg lernen können, hat auch etwas mit Scheitern zu tun: Demut ist hier der rote Faden. Meine eigene kleine Gotteswelle kam im Gebet zu mir. Es half mir, meine Demütigung in Demut umzuwandeln. Ein Wandel in meiner Haltung, an dem ich mich seither festgehalten und den ich in der Folge auch auf andere Bereiche meines Lebens übertragen habe.

Als Serene und ich uns verabschiedeten, erzählte ich ihr von diesem Zug hin zum Göttlichen. Sie lächelte und meinte: »Vielleicht wäre es einfacher, wenn Sie sich das nicht als Zug vorstellen, sondern als Ruf.«

Es wäre ein Sakrileg, wollte ich behaupten, das Scheitern sei eine Berufung. Aber dass das Surfen – trotz der Tatsache, dass ich darin keine Meisterin bin – eine gewisse Bewegung in meine Seele gebracht hat, ist schon richtig.

Daher ist es so wichtig, dass Sie sich für Ihre (Langfrist-) Übung im Scheitern eine Tätigkeit aussuchen, die Ihnen wirklich Freude macht. Natürlich ist auch diese Suche mit Versuch und Irrtum verbunden, bevor Sie das Richtige gefunden haben. Doch haben Sie es einmal gefunden, können Sie sich der Ehrfurcht und den Ängsten, mit denen Ihre Grenzen Sie und die Vernunft konfrontieren, stellen und sie liebevoll annehmen. Ich verspreche Ihnen, das wird eine umwerfende Erfahrung. Oder – für die Skeptiker unter uns – es verändert zumindest Ihren Geist.

WÄHREND EINER MEINER LIEBLINGSSESSIONS mit meinen hochgeschätzten Freunden – in diesem Fall mit Marion Peri, dem Mann, den ich Ihnen in Kapitel 2 als meinen Bauleiter vorgestellt habe – paddelte ich, was ich konnte, und verpasste trotzdem jede Welle. Das nervte ihn so, dass er mir zurief, ich solle die nächste Welle nehmen, obwohl ich eigentlich eher skeptisch war.

»Worauf zum Teufel wartest du?«, schrie er. »Los! Los! Los! Paddle! Stärker! Paddle! Paddle!«

Bis zu diesem Punkt hatte er mich noch nie eine Welle abreiten sehen, also wusste er nicht, ob ich surfen konnte oder nicht. Doch dass da die Stimme eines anderen Menschen lauter war als die in meinem Kopf, brachte mich ganz von selbst zum Paddeln.

Ich mache immer wieder die Erfahrung, dass ich, wenn jemand mich in die Wellen ruft, es allein durch den Glauben dieser Person an mich schaffe, die Welle zu nehmen. Es ist die *Hingabe,* die am Ende zählt, dieses Vertrauen auf eine Stimme, die unsere Selbstzweifel übertönt. Eine Stimme, die von außen kommen kann oder von innen. Selbstvertrauen und Glaube hängen zusammen, denn beide verlangen, dass wir den Wunsch nach Kontrolle, das Festhalten an einem bestimmten Ergebnis, loslassen. Probier's verdammt noch mal einfach aus und schau, was passiert. Ob es nun um eine Welle geht, einen Wunsch oder Gott.

Ich packte die Welle, ritt sie ab und stieg elegant aus, um zurück zum Line-up zu paddeln, wo Marion saß.

Er lachte.

»Was ist los?«, fragte ich ihn.

»Ist es das? Du brauchst einfach nur jemanden, der dich anbrüllt, um eine Welle zu surfen?«

»Manchmal schon«, sagte ich und lachte mit ihm darüber, wie dämlich sich das anhörte.

Das war der Sommer meiner Gotteswelle, an dessen Ende Rocco auszog und an die Uni ging. Meine höchst privilegierten achtzehn Jahre mit ihm waren vorüber und verwandelten sich in ein anderes Privileg. Das Privileg, ihn gehen zu lassen. An jenem Nachmittag in der Seitenkapelle von Santa Maria in Trastevere hatte ich zur Muttergottes gebetet, dass ich dazu bereit wäre. Denn ich würde dabei Hilfe brauchen. Aber nun wusste ich wenigstens, dass ich darum bitten konnte. Ich weiß nicht, ob ich für die Einsicht offen gewesen wäre, dass es auch für mich Hilfe gab, hätte ich nicht vorher jahrelang das Scheitern geübt.

In Costa Rica, als ich Rocco später auf dem Festland wiedersah, erzählte ich ihm von meinen Gebeten und dass sie eine Antwort fanden. Ich sagte, ich würde jetzt wohl öfter mit Gott reden.

Er nickte. »Wenn es hinhaut.«

– Es geht nicht ums Scheitern, sondern um Akzeptanz.

DIE SECHSTE WELLE

Roccos Schreckenswelle: eins auf die Rübe bekommen

REGEL 6

Fügen Sie anderen keinen Schaden zu, wenn Sie scheitern.

LEKTION 6

Sie können den Schmerz anderer nicht mit Ihrer Liebe auslöschen.

VORTEIL 6

Sie werden weniger arschlochmäßig.

Eine Woche, nachdem es passiert war, sagte mein Freund Paul zu mir: »Hätte Rocco dein Board gehabt, wäre er jetzt tot.«

»Das hilft mir jetzt auch nicht«, sagte ich. Was ich nicht sagte, war, dass er mit einiger Sicherheit recht hatte. Oder dass ich in den letzten Tagen immer und immer wieder dasselbe gedacht hatte.

Manchmal ist es einfach nervig, wenn man so fraglos schlecht ist. Doch offen zu werden fürs Scheitern und seine Segnungen hilft uns, in unseren schwärzesten Zeiten Resilienz zu zeigen. Ich weiß mittlerweile, dass die Verletzlichkeit, verstanden wie in diesem Buch, nichts ist, was einen zerbrechlich oder labil macht. Sie macht Sie vielmehr zu einem Menschen, der mit der Realität des Scheiterns leben und durch sie hindurchtauchen kann. Denn was ist der Lebensstil des Mittelmaßes anderes als eine andauernde homöopathische Dosis des Scheiterns? Also ziehen wir Kraft aus der Tatsache, dass es in unserem Leben nun mal präsent ist.

ROCCO UND ICH SURFTEN an der Playa Guiones in Costa Rica. Es war ein eher wechselhafter Julitag. Wir fingen am südlichen Break an, den man Baker's Beach nennt, weil dort die Wellen kleiner und leichter zu surfen sind als weiter nördlich. Die erste Stunde war perfekt: Der Wind hatte sich gelegt, die Wellen kamen sauber rein. Aber bald trieb von Südosten eine dicke Bank Sturmwolken heran, was die Wasseroberfläche stark aufwühlte. Wir blieben draußen, in der Hoffnung, dass der Wind drehen und die Bedingungen sich wieder bessern würden. Die Strömung trug uns nach Norden, am Ende waren wir einen Kilometer von dem Punkt entfernt, von dem aus wir gestartet waren. Hier waren die Wellen fetter, das Wasser kabbelig. Eine echte Herausforderung – es war schwierig, einfach im Line-up zu bleiben. Die unruhig nach allen Seiten brechenden Wellen warfen uns herum. Doch wir wollten einfach noch nicht aufgeben.

Ich nahm eine Welle, die gerade zumachte. Als ich ausstieg, wurde mir die Kuppe des Mittelfingers abrasiert, vermutlich von meiner Finne. Ich bemerkte es erst, als ich am Line-up draußen war und sah, wie das Blut von meinem Finger aufs Board tropfte. Blutend im Wasser zu sein ist nicht mein Ding, also sagte ich Rocco, dass ich für heute aufhören würde. Womit er gar nicht einverstanden war. Er entwickelte allmählich eine Zähigkeit, die er sicher brauchte. Er wurde ja auch älter und seine Wellen langsam immer höher. Es war ja auch nicht so viel Blut, um irgendetwas Großes mit spitzen Zähnen anzulocken. Trotzdem sagte ich ihm, ich würde ihm vom Strand aus zusehen.

Als ich aus dem Wasser war, setzte ich mich auf mein Board und beobachtete, wie mein Mittelfinger rosarote Salzwassertropfen auf die schmutzige, gewachste Oberfläche meines Acht-Fuß-Mysto-Boards fallen ließ. Jetzt, wo ich nicht mehr im Wasser war (und der Adrenalinspiegel sank), begann die Wunde von der Größe einer Aspirintablette allmählich zu brennen und zu stechen. Deutlich stärker jedenfalls als nötig. Es war kein tiefer Schnitt. Aber es tat weh.

Ich schälte meinen Blick von den Tropfen ab und erspähte Rocco. Er war kaum auszumachen, denn er trieb immer weiter nach Norden ab. Das Wasser bewegte sich in alle Richtungen, und ich spürte erneut meine mütterlichen Ängste in mir aufsteigen. Ich traute ihm schon zu, dass er auch in heftigem Seegang gut navigieren konnte, aber das musste ich mir schon ausdrücklich vorsagen. Ich versuchte, meine Ängste nicht auf meinen Sohn zu projizieren, und redete mir ein: Solange ich ihn sehen konnte, solange er am Line-up war, konnte doch wirklich nichts Schlimmes passieren. Das war nicht unbedingt Aberglaube, aber die Wahrheit war es eben auch nicht.

WENN ALLES SCHIEFGEHT

Nach einigen Minuten sah ich, wie Rocco eine Welle nahm, die ungeordnet brach. Er schaffte den Einstieg, aber als die Welle von beiden Seiten zugleich in seine Richtung zusammenfiel, verschwand er plötzlich im Weißwasser, das ihn tief in den chaotischen Ozean drückte. Ich stöhnte auf, als ich sah, wie er unterging, wusste ich doch, dass diese Turbulenzen wirklich übel waren. Es dauerte ein paar Minuten, bis er aus der wirbelnden Gischt wieder auftauchte.

»Ah, da ist er. Alles in Ordnung«, sagte ich mir. Dass der Sturz heftig gewesen war, wurde mir erst klar, als er nicht wieder rauspaddelte. Das war ein Signal, dass etwas nicht stimmte. Die Session nach einem Sturz zu beenden ist ein drastischer Schritt. Normalerweise versucht der Surfer, noch einen letzten Ritt ans Ufer zu schaffen, statt nach dem Sturz aufzuhören und bäuchlings auf dem Board an den Strand zu paddeln. Ich sah zu, wie Rocco sich an der Nase seines Boards festhielt, eine Hand über die andere gelegt, und auf dem Bauch liegend das Ufer ansteuerte.

Natürlich wollte ich sofort wissen, was los war, deshalb ging ich ihm entgegen. Er war ungefähr hundert Meter entfernt, ich konnte ihn nicht deutlich sehen, aber irgendetwas stimmte da nicht. Sein Körper bewegte sich merkwürdig. Ich war als Achtjährige halbblind und wollte keine Brille tragen, wenn mich jemand sehen konnte, also hatte ich gelernt, die Bewegungen der Menschen zu lesen, auch wenn ich sie nicht scharf sehen konnte. Außerdem half mir mein Gehör, mein schlechtes Sehvermögen auszugleichen. Heute trage ich Kontaktlinsen bzw. Brille, aber meine früh erlernte Fähigkeit zum Entziffern von Körpersprache und mein scharfes Gehör sind mir geblieben. Das funktioniert sogar im Wasser. Ich kann Rocco an seiner Art zu paddeln erkennen, wenn er hinter mir zum Line-up kommt. Wenn ich die vertraute Kadenz höre, sein ganz besonderes Splisch-splisch-splisch, dann entspannt sich mein ganzer Körper. Ich denke dann genau dasselbe, was ich auch dachte, als ich ihn nach dem Sturz wieder auftauchen sah: »Ah, da ist er. Alles in Ordnung.« Dass ich Roccos Paddeln von dem aller anderen Surfer unterscheiden kann, erinnert mich an unsere ursprüngliche Verbundenheit. Als meine Jungs geboren wurden, *fühlte* ich ihr Weinen, noch bevor ich es hörte.

An diesem Tag spürte ich, dass etwas nicht stimmte, noch bevor ich wusste, was es war. Als Rocco näher kam, merkte ich, dass er seinen Körper merkwürdig steif und aufrecht hielt, als müsse er etwas auf dem Kopf tragen. Noch seltsamer war, dass eine Gruppe von Leuten sich um ihn versammelt hatte und mit ihm ging, eine Entourage besorgter Strandspaziergänger. Ich dachte noch: »Wie eigenartig!« Dann kniff ich die Augen zu einem Schlitz zusammen, und das Blut auf seinem Gesicht und Oberkörper kam ins Bild.

Ich war wie erstarrt. Er kam näher, immer noch auf diese merkwürdig steife Weise. Seine Augen waren weit offen, er schien nicht einmal zu zwinkern. Selbst als ihm das Blut in die Augen lief, zwinkerte er nicht. Noch seltsamer war, dass ich darauf zunächst überhaupt nicht reagierte. Ich tat vielmehr etwas, was für meine Art des Mutterseins typisch ist: Ich machte eine kurze, konzentrierte Bestandsaufnahme, die wohl jeder kennt, der schon mal einen Unfall miterlebt hat. Er war aus dem Wasser raus: *Gut.* Er ging aus eigener Kraft: *Gut.* Er hatte noch beide Augen im Kopf: *Gut.* Was immer es ist, er ist jetzt hier bei mir: *Okay. Okay. Gut.*

Und dann lächelte er plötzlich sein breites, blödsinniges Rocco-Lächeln.

Er hatte noch alle Zähne: *Gut.*

ALS ROCCO VIER MONATE ALT WAR, ließ ich ihn fallen, und er schlug mit dem Kopf auf. Das war das Schlimmste, was ich je gemacht hatte. In der einen Sekunde war er noch in meinen Armen, in der nächsten krachte er mit einem dumpfen Ton auf den Boden. Er war in Ordnung – wenn auch ein wenig benommen, aber ich wurde total hysterisch, was wiederum ihn hysterisch machte, was mich dann doch überzeugte, dass ich ihm einen bleibenden Schaden zugefügt hatte. Damals gab es das St. Vincent's Hospital in Greenwich Village noch, und wir wohnten nur ein paar Blocks entfernt. Nachdem die Krankenschwestern Rocco kurz untersucht und mir bestätigt hatten, dass es ihm »super gut« ging, rollten sie mit den Augen und kümmerten sich um mich, denn während Rocco in Ordnung war, war seine Mutter es offensichtlich nicht. Ich konnte noch zwei Tage nach dem Unfall nicht aufhören zu weinen. Die Ärzte drückten mir ein Rezept für ein Beruhigungsmittel in die Hand. Der Clou am Ganzen war, dass ich zu viel Angst hatte, das Mittel einzunehmen, weil ich fürchtete, es würde mich noch verantwortungsloser machen, als ich mich ohnehin schon fühlte.

Einige von Ihnen wissen das sicher schon, andere werden vielleicht noch die Erfahrung machen: Babys sind erschreckend verletzlich und unerwartet zäh. Das heißt nicht, dass man mit ihnen ruhig sorglos umgehen kann, aber manchmal passieren einfach schlimme Dinge. Der schwierigste Part am Elternsein ist das Wissen, dass Sie Ihr Kind nicht rund um die Uhr an sieben Tagen in der Woche vor all den möglichen Verletzungen an Körper, Herz und Seele bewahren können. Dass Rocco mir aus den Armen gerutscht war, schrieb sich als Angst in meine Seele ein, die mich nie wieder ganz verlassen sollte. Doch die gebrochenen Knochen und Herzen, die Operationen und Krankheiten, die im Laufe der Jahre, wenn man ein Kind großzieht, so auftreten, hatten mich diese Ängste zwar nicht verlieren lassen, aber sie hatten mich zumindest gelehrt, wie ich meine eigenen Befürchtungen beiseiteschieben kann, um die Angst meiner Kinder nicht noch schlimmer zu machen.

Eine Freundin sagte mir einmal, lange bevor ich selbst Kinder bekam, dass Eltern vor allem zwei Dinge lernen müssen: Erstens, du wirst dein Kind fallen lassen. Zweitens: Wenn dein Kind in Schwierigkeiten ist, kannst du dir den Luxus durchzudrehen einfach nicht erlauben.

Ersteres ist mir tatsächlich passiert. Aber einmal und nie wieder.

Ich brauchte eine gewisse Zeit, bis ich lernte, Punkt 2 zu berücksichtigen.

Als Rocco an der Playa Guiones blutüberströmt auf mich zustolperte, hatte ich es langsam raus. Wir hatten gemeinsam schon einiges mitgemacht. Wir waren zusammen gesurft. Er hatte mich schon stürzen sehen und ich ihn. Diese Vertrautheit war es wohl, die ihm ermöglichte, mir zuzulächeln, obwohl die Welle ihn gerade ordentlich durchgewalkt hatte.

UNSERE KINDER GUT ERZIEHEN

Das Sprichwort »Der Apfel fällt nicht weit vom Stamm« gibt es in fast jeder Sprache der Welt und auch in deren uralten Vorläufern. Es handelt sich dabei um eine Erkenntnis, die letztlich jeder für sich erwirbt. Man spricht hier auch von »gesundem Menschenverstand«.

Unser Verhalten spiegelt sich in unseren Kindern wider. Das ist einer der Punkte, bei denen Scheitern und Mittelmaß wirklich negative Folgen haben können. In der Erziehung Ihrer Kinder sollten Sie sich tatsächlich nicht mit dem Minimum zufriedengeben. Denn davon werden Sie am Ende nichts haben. Aber das heißt nicht, dass Sie und Ihre Kinder daraus nicht lernen können.

Die heftig diskutierte Frage, ob unsere Persönlichkeitsmerkmale angeboren oder anerzogen sind, wird in jüngster Zeit – wenig erstaunlich – meist dahingehend beantwortet, dass die Wahrheit wohl irgendwo in der Mitte liegt. Und das Sprichwort vom Apfel und vom Stamm passt hier sehr gut, denn es berücksichtigt beide Seiten. Es ist schwierig für Eltern, die Persönlichkeit ihres Kindes nicht als gottgegeben hinzunehmen, doch wir würden alle davon profitieren, wenn wir uns eingestünden, dass das, was unsere Kinder bei uns sehen und von uns hören, ebenso wichtig ist wie das, was sie auf die Welt mitbringen. Und selbst mit dieser Einsicht – und der Verantwortung, die mit ihr einhergeht – werden wir Fehler machen, ganz egal, wie viel Mühe wir uns geben.

Julie Lythcott-Haims ist Autorin des Bestsellers *How to Raise an Adult.* Bei unserem Gespräch brachte sie das Ganze wunderbar auf den Punkt: »Wir sind ihre einflussreichsten Vorbilder – ob wir auch die *besten* sind, hängt ganz von uns ab.«[114] Die Frage an uns lautet also: Wie machen wir weniger Fehler? Und wenn wir Fehler machen, wie sollen wir damit umgehen?

Das wiederum ist etwas, was wir beim Scheitern lernen können. Denn letztlich geht es darum, wie wir unser Versagen bewerten. Denn dass wir versagen werden, ist unvermeidlich. So funktioniert nun mal die Welt: Wir werden abgelenkt, unsere Hände sind schweißnass, wir verlieren das Gleichgewicht – und das Baby fällt. Was nun?

Wir wissen ja nun schon, dass Scheitern *uns* einiges lehren kann. Aber was unsere Kinder lernen, wenn sie uns scheitern sehen, ist mindestens genauso wichtig. Oder wie meine prophetische Freundin meinte: Wir müssen damit klarkommen, dass sie uns als die fehlbaren Geschöpfe sehen, die wir sind. Das heißt nun nicht, dass sie uns zuschauen müssen, wie wir zu zetern und zu toben anfangen. Denn das sieht für ein Kind nur so aus, als seien wir ans Fehlermachen nicht gewöhnt. Immer wenn Sie durchdrehen, senden Sie ein Signal aus: »Das hätte nie passieren dürfen!« Das hätte *Ihnen* nie passieren dürfen.

Ein Geist aber, der ans Scheitern gewöhnt ist, bleibt ruhig. Sie wissen ja, dass Ruhe Ihnen aus schwierigen Situationen heraushilft. Das ist vor allem wichtig, wenn andere Menschen, vor allem Kinder, uns als Vorbild betrachten (und für unsere Kinder sind wir *stets* Vorbild). Dasselbe gilt für unseren Beruf und für unser Verhalten in Freundschaften und Beziehungen. Wir müssen damit klarkommen, dass wir für die Menschen, über die wir die größte Macht haben oder mit denen unser Leben unauflöslich verknüpft ist, nicht wie Götter wirken. Denn wenn andere uns dabei zuschauen, wie wir etwas ausprobieren, scheitern und nicht ausrasten, sondern es einfach noch mal versuchen, lernen sie, genau dasselbe zu tun.

Wir müssen dies im Hinterkopf behalten, wenn unsere Kinder uns kritisieren. Das ist ihre erste Lektion in Resilienz. Ich hatte reichlich Gelegenheit, mich darin zu üben, während ich mit Rocco beim Surfen war. Nach einer hart erkämpften Welle, die ich in Nosara ritt, paddelte ich stolz wieder zum Line-up raus und fragte Rocco, ob er das gesehen habe. Ich geb's ja zu: Ich war so unsicher, dass ich meinen Sohn um Bestätigung anflehte.

»Ja, ich hab's gesehen. Aber du hast dem Kerl dort den Vortritt genommen«, sagte er und paddelte dann weit von mir weg.

Jemandem den Vortritt zu nehmen (einem Surfer, der das Anrecht auf diese Welle hatte) ist eines der schlimmsten Vergehen beim Surfen. Es ist unhöflich und gefährlich. Rocco hatte recht – es zählte nicht, was ich aus der Welle gemacht hatte, die ich auf Kosten eines anderen geritten war. Darüber hört und liest man immer wieder, und eines ist so sicher wie ein beengtes Line-up an einem vollkommenen Tag: Ein Surfer, der sich dies lässig zur Gewohnheit macht, ist bald ein Ausgestoßener. Ich wusste das, aber ich versuchte, meinen Arsch zu retten, indem ich ihm nachrief: »Jetzt sei mal nicht so streng mit deiner alten Mutter, Rocco. Ich habe ihn doch nicht mal gesehen.« Ich muss Ihnen vermutlich nicht sagen, dass meine Antwort keine Rechtfertigung war und meiner nicht würdig. In diesem Augenblick war ich meinem Kind kein gutes Vorbild.

Rocco lehrte mich, ehrlich zu sein.

Und das war nicht das erste Mal, dass mir so etwas passierte. Ich weiß noch, wie ich Gio mal anschrie, als er acht oder neun Jahre alt war. Ich beendete meine Strafpredigt mit dem denkwürdigen Satz: »Du benimmst dich wie ein Kind!«

Und er zurück: »Was redest du denn da? Ich *bin* ein Kind.«

LYTHCOTT-HAIMS kam bei unserem sehr lebhaften Gespräch über das Scheitern und Elternsein ebenfalls auf diesen Punkt zu sprechen. »Wir können nicht von unseren Kindern erwarten, dass sie uns ein gutes Gefühl vermitteln, wenn wir was vermasselt haben. Und wir dürfen sie nicht mit unserer Bedürftigkeit belasten. Wenn wir was versemmeln, dann sollen wir das zugeben und einen Schritt zurücktreten. Manchmal steigern wir uns so in unsere Scham hinein, dass wir unsere Kinder mit hineinziehen und von ihnen Vergebung erbitten.«

Eine gute Faustregel für den Umgang mit Menschen, die auf unsere Kinder noch zehnmal mehr zutrifft, ist: Wir können andere nicht zum Hüter unseres verwundeten Egos machen. Wenn wir von unseren Kindern verlangen, das schwarze Loch unserer Unsicherheit zu füllen, verweigern wir ihnen ihre höchstpersönlichen Reaktionen und Erfahrungen. Unsere Unfähigkeit, mit Anstand zu scheitern, verstärkt die falschen Botschaften noch.

Doch für die meisten Eltern ist es weniger schlimm, wenn ihre Kinder *sie selbst* scheitern sehen, als Zeuge des Scheiterns *ihrer Kinder* zu werden. Das bringt uns zum zweiten Punkt: Wir müssen sie ihre eigenen Erfahrungen machen lassen, auch wenn sie sich Schrammen holen. Ich dachte immer, Elternsein sei wie die Abweiser rechts und links auf der Kegelbahn: Lass sie die Kugel schieben, werfen oder bummern, wie es ihnen Spaß macht. Es ist nicht wichtig, ob sie die Kegel treffen. Hauptsache, die Kugel (das Kind) fällt nicht raus aus dem Spiel. Der Knackpunkt ist, zur Seite zu treten und darauf zu achten, nicht die eigene Elternpersönlichkeit ins Spiel zu bringen. Paradoxerweise hilft die fehlende Angst vor dem Scheitern – dem eigenen wie dem unserer Kinder – uns und sie zu immunisieren gegen die nutzlose Furcht, die unsere Entschlossenheit, uns trotz aller Frustrationen nicht entmutigen zu lassen, lähmen möchte.

Wir alle wissen, was Helikopter-Eltern sind. Der Zeichner und Drehbuchautor Bruce Eric Kaplan hat dies sehr schön für den *New Yorker* aufs Bild gebracht: Zwei Kinder kommen zur Wohnung herein. Der Vater eines der Jungen sitzt im Sessel und liest Zeitung. Da erklärt dieser seinem Freund: »Er ist weniger Vater als Ausputzer.«[115]

Der Wahn der Eltern, sich dauernd in die Angelegenheiten ihrer Kinder einzumischen, wird früher oder später unter dem Ansturm der Angst zusammenbrechen, den er auslöst. Und das ist so ziemlich *alles*, was er auslöst. Wenn Eltern versuchen, ihren Kindern den Weg zum Erfolg zu ebnen, endet dies meist in der

Katastrophe. Die besten Kindergärten, das Zurückstellenlassen in der Schule, ständig neue Aktivitäten in der Freizeit, das tägliche und ausufernde Kontrollieren der Hausaufgaben – all das soll Kindern einen Vorteil verschaffen. Stattdessen hat es eine Generation hervorgebracht, die von Selbstzweifeln zerfressen ist und nur wenig Widerstandskraft besitzt. Jahr für Jahr müssen sich mehr Studenten wegen seelischer Probleme in Therapie begeben. Dies ist größtenteils das unglückliche Resultat des elterlichen Bemühens, für ihre Kinder alles zu sein und alles zu machen. Doch auf diese Weise helfen sie ihren Kindern nicht. Sie vermitteln ihnen nur die Botschaft, dass sie unfähig sind, die Dinge alleine hinzubekommen, aus eigenem Antrieb erfolgreich zu sein. Natürlich haben die wohlmeinenden Eltern, die alles aus Liebe tun, diesen Effekt nicht beabsichtigt. Aber Liebe kann vom Ego geschwächt werden, wenn wir unsere Wünsche und Ängste auf unseren Nachwuchs projizieren. Das Problem hat natürlich viele Facetten, aber das Mindeste wäre es doch, kurz innezuhalten und zu überlegen, wie wir unsere Kinder denn tatsächlich erziehen wollen.

Lythcott-Haims war als Dekanin an der Universität Stanford jahrelang für die Erstsemester zuständig. Was sie dabei erlebte, belegte immer wieder, wie schädlich die Projektionen der Eltern für ihre Kinder sein können. Sie erklärte: »Eltern verknüpfen ihr Selbstwertgefühl mit den Leistungen ihrer Kinder, was sowohl für sie als auch für die Kinder nur einen unendlichen Leistungsdruck erzeugt.«

Und die Folge? Die Kinder haben eine Stimme im Kopf, die ihnen sagt: »Jemand beurteilt mich ständig.« Da bleibt kein Raum mehr fürs Experimentieren oder Scheitern. Kein Raum dafür, auch mal nicht spitze zu sein. Und selbst wenn die Kinder schaffen, was sie sich vorgenommen haben, fühlen sie sich innerlich leer. Als müssten sie ständig beweisen, dass sie auf der Höhe sind. Der Höhe der Anforderungen.

Ich sage ja nicht, dass die Lösung leicht ist. Im Grunde handelt es sich dabei um ein echtes Goldilocks-Paradox: Wir müssen ihnen viel Unterstützung geben, aber nicht *zu* viel. Wir müssen ehrlich und aufrichtig sein, aber nicht alles mit ihnen teilen. Wir wollen ihnen unsere Liebe zeigen, aber manchmal heißt Liebe auch, streng sein können. Lythcott-Haims meinte dazu: »Liebe ist unser wichtigstes Werkzeug. Was wir ihnen beibringen wollen, ist Liebe: wie man liebt, wie man liebenswert ist. Aber es gibt hier eine sehr feine Grenze. Wir brauchen viel Übung und müssen jede Gelegenheit nutzen, um den Dialog zu verbessern.« Das kann nur geschehen vor dem Hintergrund von Liebe, Demut und – wenn nötig – einer Entschuldigung. Und dann fahren wir fort in der Tagesordnung. Wir werden immer wieder Fehler machen, aber wir wissen, dass wir – die Kinder und wir selbst – üben zu lieben, zu scheitern und das in Ordnung zu finden. An diesem Punkt sollten Sie das bereits wissen: Die eigentliche Ästhetik des Scheiterns liegt im Maßhalten. Alles am richtigen Ort. Achtsam, nicht fixiert. Die Welt auf sich zukommen lassen und die Welle immer weiter reiten.

Lythcott-Haims kennt die Risiken von Versuch und Irrtum. Sie vertraute mir an, dass es ihr immer noch das Gefühl gibt, geliebt zu werden, wenn sie Erfolg hat, und ungeliebt zu sein, wenn er ausbleibt. Daher habe sie viel Zeit damit zugebracht, »in allem gut zu sein, um der Liebe würdig zu erscheinen«. Obwohl sie weiß, dass diese Bemühungen auf ihre »familiäre Prägung« als Kind zurückgehen, arbeitet sie immer noch daran, diesen Automatismus zu überwinden. Sie hat einige Strategien entwickelt, die ihr dabei helfen sollen.

Ein schwieriges Übungsfeld ist für sie zum Beispiel das Kreuzworträtsel der *New York Times.* Sie und ihr Mann haben aus dem Lösen einen Wettbewerb gemacht. Als die beiden damit anfingen, konnte Lythcott-Haims kein einziges Rätsel lösen. Nun schlägt sie ihn zwei von sieben Mal. Doch dass sie in siebzig Prozent der Fälle verliert, lässt sie immer noch mit der falschen Vorstellung kämpfen, sie sei nur dann liebenswert, wenn sie gewinne. Lythcott-Haims meint, sie lerne dazu. »Es freut mich, wenn ich gewinne, aber ich genieße es noch mehr, verlieren zu können. Als ich meinen Aha-Moment hatte, dass Gewinnen für mich gleichbedeutend war mit Geliebtwerden, erzählte ich das meinem Mann. Und er sagte: ›Bringt es dir etwas, wenn ich dir sage, dass ich dich liebe, wenn ich gewonnen habe?‹ Meine Antwort, die mich übrigens selbst überrascht hat, war: ›Ja!‹«

ACHTZEHN JAHRE, NACHDEM ich Rocco auf den Kopf hatte fallen lassen, fragte ich ihn am Strand von Nosara: »Wo hat es dich denn erwischt?« Er hatte so viel Blut in Augen und Mund, dass mir nicht sofort klar war, wo die Verletzung lag.

»Was glaubst du denn?«, antwortete Rocco.

»Ich weiß es nicht, Rocco. Da ist so viel Blut, dass ich es nicht sagen kann«, sagte ich zu ihm und versuchte, mir die Panik nicht anmerken zu lassen, die ich empfand, und dem Rat meiner alten Freundin zu folgen. Er sah mich ein bisschen verdutzt an. Ich begriff, dass er keine Ahnung hatte, dass er aussah wie ein rohes Steak: Er stand ganz ruhig da, das Surfboard unter dem Arm, als überlegte er, noch mal rauszupaddeln. In der Zwischenzeit versammelten sich noch mehr Fremde um uns, aber niemand sagte etwas. Das fand ich merkwürdig. »Sollte denn nicht irgendjemand etwas sagen?«, überlegte ich.

»Mama, es ist eine Kopfwunde. Deshalb ist da so viel Blut«, sagte er in einem Ton, als müsse er mir erklären, warum der Ozean blau ist. Beim Reden blubberten Blutblasen aus seinem Mund, was komisch aussah. Ich lachte tatsächlich kurz auf. Auch das fühlte sich merkwürdig an.

Er hielt die Hand über den Kopf und beschrieb mit dem Finger einen Kreis wie einen horizontalen Heiligenschein, um mir zu zeigen, wo ihn das Brett erwischt hatte. »Hier«, sagte er.

Ich schob vorsichtig seine Haare auseinander. Darunter kam ein etwa acht Zentimeter langer, klaffender Riss zum Vorschein, wie ein blutiger Mund. Die Wunde war so tief, dass man nicht feststellen konnte, ob sie nur oberflächlich war oder schlimmer. Ich nahm ihm das Board aus der Hand, legte es weg und sah mich nach etwas um, was man auf die Wunde drücken konnte. Ich sah an mir hinunter, aber ich hatte nichts, was ich hätte ausziehen können, denn ich trug einen Einteiler mit kurzen Beinen. »Scheiße«, schimpfte ich sinnloserweise. Dann: »Rocco, zieh dein Funktionsshirt aus, damit wir es auf die Wunde pressen können.«

»Nein, das ist Quatsch. Mir geht es prima!«

Mittlerweile zitterte er, vom Adrenalin und vom Blutverlust zugleich, also blaffte ich ihn an: »Zieh *jetzt* dieses verdammte Shirt aus und gib es mir.«

Frech wie ein Teenager rollte er mit den Augen angesichts dieses emotionalen Ausbruches seiner Mutter, aber glücklicherweise hörte er trotzdem auf mich. Ich wrang das klatschnasse Shirt aus und sah, wie auch hier Blut herausfloss. Erst da schien ihm aufzufallen, wie stark er blutete. Also verzog ich unnötigerweise das Gesicht, um ihm zu sagen: »Siehst du?!« Dann rollte ich das

Hemd zusammen und befahl ihm, den Stoff auf die Wunde zu drücken.

In dem Moment kam uns ein costa-ricanischer Surfer zu Hilfe, der unter der palmblattgedeckten Hütte des Harmony Hotels herumhing, vor der wir standen. Er sagte zu Rocco, er solle noch mal ins Wasser gehen, um das Blut abzuwaschen. »Das Wasser wäscht alles weg, dann fühlst du dich gleich besser«, erklärte er. Wie betäubt drehte Rocco sich um, um dem Rat des Surfers zu folgen. Dem Jungen floss Blut aus einem Loch im Kopf, wir wussten nicht, ob sein Schädel angeknackst war, und da erzählte ihm dieser durchaus wohlmeinende Knabe, er solle zurück in den Ozean springen – wo jetzt Flut herrschte und der Break eineinhalb Meter hohe Wellen auf den trockenen Sand warf.

»Ähm, ich glaube nicht, dass das so eine gute Idee ist …«, sagte ich zu den beiden und versuchte so höflich wie möglich zu verbergen, wie mich dieser Vorschlag auf die Palme brachte.

Doch der Costa Ricaner ließ sich nicht von seiner Meinung abbringen. Er nahm einer Ausländerin eine Flasche Wasser aus der Hand und gab sie mir. »Gut, dann nehmen Sie eben das. Waschen Sie das Blut ab, so sieht es nämlich viel schlimmer aus, als es ist. Es ist eine Kopfwunde, die bluten immer stark, aber er kommt schon in Ordnung.«

Rocco sah mich siegessicher an. »Siehst du? Ich hab' dir doch gesagt, es ist nicht weiter schlimm.«

Auch Surfer sind, wie Mütter, auf schnelle Schadensbeurteilung geeicht. Wenn Sie nicht gerade Auge, Arm oder Bein verlieren, verbluten oder ertrinken, dann ist alles in bester Ordnung bzw. man ignoriert Sie einfach, wenn Sie nicht gerade um Hilfe rufen. Diese Nonchalance zeichnet alle Surfer aus. Ich habe noch nie erlebt, dass ein Surfer ausflippt, wenn er verletzt wird. Vielleicht liegt es ja daran, dass wir glauben, diesen Preis für das wunderbarste Gefühl der Welt bezahlen zu müssen.

»Ja, genau«, versicherte mir nun auch der Costa Ricaner, nachdem er die Wunde untersucht hatte. »Es geht ihm gut. Er muss sicher genäht werden, aber sonst ist alles okay.«

»Hat jemand hier ein Telefon? Kann bitte jemand Alejandro anrufen?« Ich fragte einfach in die Runde, aber die Alteingesessenen unter dem Palmblattdach wussten, von wem ich sprach. Es gibt an diesem Strand keine Rettungsschwimmer und keine Notaufnahme, die man anrufen könnte. Die Gemeinde dort verlässt sich auf sich selbst, wenn die Leute in Schwierigkeiten sind. Und das funktioniert erstaunlich gut, obwohl das nächste Krankenhaus gut eineinhalb Stunden Fahrzeit entfernt liegt.

Alejandro ist der Arzt vor Ort, der früher eine Klinik in der Stadt hatte. Er hatte uns schon bei unzähligen Gelegenheiten geholfen: Verletzungen, Ohrenschmerzen, infizierte Insektenbisse. Er ist ein guter Arzt und, was genauso wichtig ist, er ist auch Surfer. Daher kannte er Surf-Verletzungen aus eigener bzw. beruflicher Erfahrung. Seine Praxis vor Ort lebte von solchen Verletzungen.

Nun halfen alle zusammen. Der Sicherheitsmann, der über die Palmblatthütte wachte, rief das Harmony Hotel an, ein nachhaltiges und lässig-bequemes Hotel, das zu Fuß ungefähr zwei Minuten vom Strand entfernt liegt. Ich begleitete Rocco über den Fußweg zum Hotel, wo der Empfang bereits in der Klinik Bescheid gesagt hatte. Man sagte mir, dass Alejandro an diesem Tag keinen Dienst hatte, aber Leonel würde uns bei unserer Ankunft erwarten. Ich kannte Leonel nicht, aber wir würden uns auf ihn verlassen können.

Die netten Leute im Harmony Hotel gaben Rocco ein Handtuch, damit er sich wenigstens ein bisschen vom Blut säubern konnte. Ich ließ ihn dort und marschierte zurück an den Strand. Ich musste mein Auto vom Parkplatz am südlichen Ende des Strands holen, und vom Strand aus war man schneller dort als über den gewundenen, nicht gepflasterten Lehmweg. Jemand bot uns an, unsere Surfbretter im Hotel zu verstauen, während ich die achthundert Meter bis zur nächsten Strandhütte zurücklegte, wo ich meinen Rucksack gelassen hatte.

Der Zugang zum Baker's Beach führt über einen breiten Bach, der aus dem Dschungel kommt und im Sand versickert. Wir durchmaßen dieses kleine Stück Urwald Tag für Tag. Dabei passten wir zwar auf, wo wir hintraten, doch was Tiere anging, hatten wir nie etwas anderes gesehen als purpur- und orangefarbene Krebse und Echsen, die dort im Unterholz leben. Dieses Mal aber prickelte mir die Angst im Nacken. Ich blieb am Strand stehen, bevor ich auf den vertrauten Weg einbog. Irgendetwas sagte mir, dass es dumm war, da einfach blind durchzulaufen. Ich dachte an die Kaimane, die ja angeblich in den Flussmündungen jagen. Dann sagte ich mir: »Nee, hier doch nicht. Ich habe bloß so viel Angst wegen Rocco.« Und doch schlich ich im Zickzack zu meinem Auto, weil ich gelesen hatte, dass man auf diese Weise Alligatoren bzw. Krokodile verwirrt, wenn sie einen jagen. (Ja, ich weiß!) Ich lachte laut auf, weil mir dieser Blitzgedanke selbst lächerlich vorkam, aber ich wurde die Vorstellung von Krokodilen, die dort im Hinterhalt lauerten, einfach nicht los. Plötzlich fühlte sich unser Paradies richtig gefährlich an. Ich sprang ins Auto und fuhr zum Hotel, um meinen verletzten Sohn einzuladen und ihn ins Krankenhaus in der Stadt zu fahren.

MANCHMAL GEHEN DINGE SCHIEF, DIE GAR NICHTS MIT UNS ZU TUN HABEN

Angesichts von Herausforderungen und harten Zeiten ist es von Vorteil, das Scheitern gelernt zu haben, denn das erinnert uns daran, dass wir doch letztlich ziemlich klein sind und wenig bewirken können. Das hört sich jetzt nicht gerade tröstlich an, aber das Gegenteil ist eben auch wahr: Wenn alles schiefläuft, dann ist es besser, sich daran zu erinnern, dass man nicht an allem die Schuld trägt. Ihre Möglichkeiten, die Welt wieder ins Lot zu bringen, sind begrenzt. Wenn etwas *nicht* im Lot ist, dann ist das nicht unbedingt Ihr Fehler. Dahinter steht natürlich auch die Vorstellung, dass niemand notwendigerweise die Schuld trägt, wenn etwas nicht klappt. Sie kennen doch sicher auch die Sorte Mensch, die alle um sich herum für *alles* verantwortlich macht, was in ihrem Leben schiefging. Vielleicht würden sie sich ja weniger in Schuldzuweisungen ergehen, wenn sie nicht insgeheim glauben würden, auf der Welt drehe sich alles nur um sie. Das eigene Mittelmaß akzeptiert zu haben heißt zu wissen, dass wir alle nur tollpatschige Teilchen in diesem glorreich ungeordneten Universum sind.

Unordnung war auch ein zentrales Element bei einer unserer früheren Sommervakanzen in Nosara, ein Jahr bevor Rocco eins über die Rübe bekam.

Als ich von einer dieser wunderbaren Juli-Sessions zurückkam, lief ein Surfer vom Strand den Baker's-Beach-Weg hinauf und hielt sich eine Hand vors Auge. Hinter ihm ein zweiter Surfer, der fragte, ob alles in Ordnung sei oder er eine Fahrgelegenheit bräuchte. Der erste Mann antwortete: »Nein, es geht mir nicht gut. Bitte folgen Sie mir.« Ich erfuhr später, dass der Mann ein ortsansässiger Fotograf war, der ein Auge verloren hatte, weil die Nase seines Bretts es ihm ausgestochen hatte.

Der ganze Aufenthalt war ein Lehrstück darüber, dass unser Strandparadies auch Schattenseiten hatte. Anfang derselben Woche sahen wir, wie zwei Teenager von der Strömung erfasst und ein paar hundert Meter hinaus in den tobenden Ozean gezogen wurden. Ich versuchte rauszupaddeln, aber irgendetwas stimmte da nicht mit dem Wasser, also blieb ich innerhalb des Breaks. Rocco war direkt hinter mir und wurde ebenfalls von der Strömung über den Break hinausgetragen, ehe ich ihn warnen konnte. Ich hatte ein ganz mieses Gefühl und bat meinen Freund Nick, ihm nachzupaddeln und ihn zurückzuholen. Fünf Minuten später war Rocco neben mir am Strand und schnaufte schwer. »Das war das erste Mal, dass ich Angst hatte«, sagte er mir.

Dann sahen wir plötzlich Nick nicht mehr. Er war ein guter Schwimmer und surfte schon sein ganzes Leben lang. Selbst er hatte Probleme, es zurück an den Strand zu schaffen. Als er wieder neben uns stand, beobachteten wir das Wasser und redeten darüber, wie merkwürdig Strömung und Dünung sich verhielten. Da sahen wir, wie ein Surfbrett angespült wurde.

»Oh je. Das ist nicht gut«, sagte ich laut – die Meldung einer Mutter, die merkte, dass da etwas nicht stimmte.

Ein Board, das allein über die Wellen tanzt, ohne dass man den Besitzer ausmachen kann, ist ein eindeutiges Indiz dafür, dass etwas nicht stimmt. Der zweite Hinweis war der Hund, der nervös am Wasser auf und ab rannte. Wir beobachteten den Strand, das Wasser, den Horizont, doch wir sahen niemanden. Nick kletterte sogar auf einen Baum, um eine bessere Sicht zu bekommen. Wir dachten, er mache Faxen, als er rief: »Ich sehe sie, sie sind verdammt weit draußen.« Als er uns lachen hörte, schrie er noch mal:

»Nein, es ist ernst!« Dann sahen wir sie, und sie waren wirklich verdammt weit draußen. Sie winkten mit beiden Händen, wie in einer albernen Komödie. Winzige Signale an den Strand: *Rettet uns!*

Keiner von uns war gut genug, um durch den aufgewühlten Ozean zu surfen. Wir riefen mehrfach die Polizei – ohne Reaktion. Rocco lief los, um die Surflehrer um Hilfe zu bitten, die ihren Standplatz am Strandzugang hatten. Vier von ihnen kamen auf einem Quad an. Sie wirkten so abgebrüht, dass man ihnen sofort anmerkte, dass sie so etwas nicht zum ersten Mal machten – sie paddelten raus, um die Teenies zu retten, die ohne ihre Hilfe mit Sicherheit ertrunken wären. Sobald alle sicher wieder an Land waren, musste ich mich vor Erleichterung fast übergeben.

Gegen Ende dieser Woche surften wir einen Break etwa fünfzehn Kilometer nördlich von Guiones, wo die Wellen stärker, aber sauberer hereinkamen. Roccos Lieblingsspot. Es war ein vollkommener, windloser Tag mit Wellen in Kopfhöhe, vielleicht sogar einen Meter drüber. All unsere Freunde surften eine wunderbare Welle nach der anderen. Ich aber kam über den Break nicht hinaus. Immer wenn ich das Line-up ansteuerte, brach eine Welle genau vor mir und drückte mich zurück an den Strand. Das ist für mich jetzt nichts Neues – doch an diesem Tag wollte ich unbedingt mit Rocco und unseren Freunden zum Line-up, das wir ganz für uns hatten. Unter den Leuten war auch Mike Moore, der erst kürzlich freigekommen war, nachdem somalische Piraten ihn drei Jahre lang als Geisel festgehalten hatten. Er hatte sich unserer Familie angeschlossen, weil die Reise zur heilsamen Rückkehr in sein Leben als Surfer werden sollte.

Endlich, nach gut zwei Stunden unermüdlichen Paddelns, schaffte ich es ans Line-up. Ich war stolz, so zäh zu sein, und setzte mich (dort, wo ich das Draußen vermutete) auf mein Board, um Luft zu schnappen und ein wenig Energie zu tanken. Ich war so unglaublich *bereit*, eine Welle zu schnappen und abzureiten. Leider stellte sich heraus, dass ich *nicht weit genug* draußen war. Ein riesiges Set Wellen rollte durch, und ich konnte nicht schnell genug paddeln, um über den Kamm zu kommen und mich hinten runterfallen zu lassen. Ich wurde exakt am falschen Punkt erwischt, die Welle stürzte über mir zusammen und drückte mich auf den Meeresboden. Kaum war ich wieder aufgetaucht, gingen zwei weitere Wellen auf mich nieder. Ich versuchte, den Kopf oben zu behalten, aber im dichten Schaum der brechenden Wellen atmete ich die salzige Gischt ein. Ich war so erschöpft vom Rauspaddeln und vom Husten, dass ich dem Waschgang nicht entkam. Ich hielt mich mit aller Kraft an den Rändern meines Boards fest und ließ mich vom Ozean zurück an den Strand spucken. Schwindlig und geschlagen und völlig verzweifelt saß ich auf dem Sand. Nick und Mike kamen netterweise vorbei, um nachzusehen, ob es mir gut ging. Ich wollte meinen Frust nicht auf sie abladen, also zwang ich mir ein Lächeln ab und meinte: »Ja, klar. Mir geht's prima.« Was ist schon ein Waschgang im Ozean verglichen mit dem, was Mike erlebt hatte? Auf den Blickwinkel kommt es an. Doch so glücklich ich auch war, mit Nick und Mike zusammen diese Reise zu machen, so erinnerte mich gerade sie daran, dass man nirgendwo vollkommen sicher ist. Nicht mal im Paradies.

Später quetschten wir uns zu acht ins Auto, um über die holprige Straße fünf Kilometer bis zu unserem Lieblingsrestaurant zu fahren und dort das Ende unseres Aufenthalts zu feiern. Ein paar Stunden später waren wir satt und müde von einem Tag auf dem Ozean und einer opulenten Mahlzeit. Wir freuten uns aufs Bett. Stattdessen mussten wir feststellen, dass zwei unserer Reifen aufgeschlitzt worden waren. Als wir dann endlich zu Hause waren, stellten wir fest, dass eingebrochen worden war. Die Diebe hatten die Drähte unserer frisch installierten Alarmanlage durchgeschnitten, unseren Safe aufgebrochen und all unsere Sachen gestohlen – Computer, Kameras, Telefone und noch so einiges mehr. Wir logierten zu siebt im Haus, und jeder hatte auf diese Reise sein eigenes Technikpaket mitgebracht. Die Diebe hatten also ordentlich Reibach gemacht. Der Sicherheitsmann, den wir bezahlten, um über die Häuser in der Nachbarschaft zu wachen, hatte nichts gesehen und gehört. Die Polizei kam auch nicht. Zumindest nicht, bis einer unserer Freunde vor Ort sie selbst anrief.

Ja, unser Paradies hatte einen Anstrich von Hölle bekommen. Es geschah nicht auf einen Schlag, sondern nach und nach. Nach der Anfangszeit, die langen Flitterwochen glich, in der wir unser Haus an einem Ort bauten, über den wir rein gar nichts wussten und in der alles so unglaublich glatt ging, bekam das Paradies langsam Risse.

Termiten bauten Gänge, die durchs Hausinnere in den Hinterhof führten und in die Nesthügel unter dem Dach. Eine Biomasse aus Larven und Bienenstaaten drangen durch jede Öffnung, jede Ritze ein, die wir noch nicht mal kannten – unter dem Spülbecken, hinter Wänden, unter der Dachtraufe, in der Fensterlaibung. Skorpione lauerten unter Kissen, riesige geflügelte Grashüpfer landeten auf uns, während wir kochten. Eines Nachts, als ich auf Toilette gehen wollte, sah ich mich im Schlafzimmer Auge in Auge einer Tarantel gegenüber. Ich sagte: »Entschuldigung!« und ging an ihr vorbei.

Jeder nur denkbare Raum wurde zum Nest für irgendeine nichtmenschliche Kreatur. Als ich eines Morgens die Gardinen aufzog, fiel ein Gecko von der Vorhangstange direkt in mein Gesicht. Dann floh er eilig meinen Nacken und meinen Arm hinunter, um sich mit einem Sprung auf den Boden zu retten. Eines Morgens standen wir auf und fanden unseren weißen Wandschrank, in dem wir unsere Kleidung aufbewahrten, schwarz. Eine Ameisenkolonie hatte ihn über Nacht besiedelt. Ein Baumfrosch zog in der Toilette ein und statt den Hausbesetzer zu vertreiben, nutzten wir einige Tage lang die Außentoilette. Unser Gärtner fand eine Boa in unserem Wohnzimmer, die sich auf dem großen Tisch aus einem Stück Korallenriff sonnte. Ich will mich nicht beklagen – denn wo sollten die Tiere hin? Schließlich hatten wir ihnen ihren Platz im Dschungel streitig gemacht, um einen Bau für uns zu errichten.

Meist lernten wir einfach, mit dem Chaos zu leben und die Natur davon abzuhalten, sich das Ihre vollständig zurückzuholen. Wir wollten einfach in Harmonie mit ihr koexistieren. Aber das ist so eine Sache mit Paradiesen. Ihre Schattenseiten müssen nicht unbedingt gleich die Hölle sein, doch mit »paradiesisch« haben sie eher wenig gemein. Es war ja nicht so, dass wir den Dschungel irrigerweise für ein schickes Resort hielten. Aber was den Dschungel eigentlich ausmacht, erfahren Sie erst, wenn Sie mittendrin sind. Ein oder zwei Wochen Paradies und Sie fangen an zu denken: »Ach, könnte ich doch nur ewig *hier* bleiben und nie wieder miese Tage erleben.« Wie bei allen Flitterwochen erfasst uns der Rausch und wir denken: »Die Seligkeit höret nimmer auf …« Obwohl wir es eigentlich besser wissen müssten. Das soll nun nicht heißen, dass nach den Flitterwochen nicht immer noch ein Hauch von Wunder in der Luft liegt, wie der Duft eines geliebten Menschen im T-Shirt bleibt, das er immer trug.

Während unserer Zeit in Nosara und vor allem, wenn wir im Wasser waren, fühlte ich mich an die Eleganz von Yin und Yang erinnert. Ursprünglich beschreibt dieses Prinzip einen Hügel mit einer Sonnen- und einer Schattenseite. Weiß und Schwarz werden dabei nicht bewertet. Der Hügel ist und bleibt sich gleich, ob er nun in der Sonne liegt oder im Schatten. Yin und Yang stehen für die Einheit, die aus zwei unterschiedlichen Seiten ein Ganzes macht. Manchmal brauchen wir Sonne, dann wieder Schatten. Und wir bilden uns ein, dass wir alles einfach nur unserem Willen unterwerfen müssten. Als würde es genügen, ganz nach Belieben nach hell oder dunkel zu wechseln. Aber, das was *ist*, ist manchmal eben einfach nur das: Es *ist*. Meist nämlich hat Anpassung mit Akzeptanz zu tun und nicht mit Wandel. Häufig ist es auch gar nicht möglich, eine Situation zu verändern. Das Einzige, worauf wir wirklich Einfluss haben, ist unsere Reaktion darauf.

Das gilt ganz besonders für das, was wir unseren Kindern beibringen. Wenn wir versuchen, sie vor den bitteren Realitäten zu bewahren, mit denen sie im Laufe ihres Lebens mit Sicherheit konfrontiert werden, wie sollen sie dann lernen, dass Misslingen und Glücken gleichermaßen normal sind?

Ich habe Sie hier umfassend mit den Segnungen des gekonnten Scheiterns bekannt gemacht. Einige können Sie sofort genießen, andere brauchen ein wenig Zeit. Da ist der Spaß daran, etwas Neues auszuprobieren. Das Gefühl, auch kleine Fortschritte schätzen zu lernen. Und vor allem die Haltung, die wir einüben, wenn wir spielend scheitern lernen: die Fähigkeit, Chaos und Unvollkommenheit zu akzeptieren.

Aber es gibt da noch etwas. Einen Langzeiteffekt des gesunden Mittelmaßes, auf den ich nie gestoßen wäre, hätte ich nicht aus einer Laune heraus ein Surfbrett in die Hand genommen. Man könnte ihn mehr oder weniger wie folgt beschreiben: Ob wir uns dessen nun bewusst sind oder nicht, wir scheitern im Laufe unseres Lebens an allen möglichen Dingen. Zumindest *sollten* wir das. Wenn wir uns das klarmachen, so ist diese Erfahrung nichts völlig Neues für uns. Der Knackpunkt ist, dass wir diese Erkenntnis auch auf den Kopf stellen können, so, als würde uns die Welle eins überbraten, und dann tauchen wir doch lachend wieder aus ihr auf. Wir sind so streng mit uns, was das Scheitern angeht, und dann versuchen wir, das auf jeden Fall zu kompensieren, sodass wir immer tiefer im Abgrund der Trägheit, Selbstkasteiung und noch Schlimmerem versinken. Wenn wir tatsächlich besser werden wollen, dann müssen wir zuerst lernen, uns für unser Scheitern zu verzeihen. Es wird sowieso passieren. Warum also sollten wir kein Leben in Fülle führen, voller idealer Wellen und voller perfekter Abstürze?

Wenn in all dem etwas liegt, was ich meinen Söhnen mit auf den Weg geben möchte, dann das, dass wir das Gute und das Schlechte gleichermaßen annehmen müssen. Ich weiß, ein Klischee, fast schon banal und so *selbstverständlich.* Andererseits: Ist es nicht genial, dass dieses Stück gesunder Menschenverstand uns direkt zum Herzstück ewiger Weisheit führt?

ALS ROCCO UND ICH in der Klinik ankamen, stellte sich der neue Arzt als Leo vor. Er war allein und bat Rocco, sich auf eine Liege zu legen. Sein Oberkörper war voller Blut, der Rest voller Sand, aber Rocco blieb nervtötend cool. Ich machte mir indessen Sorgen, ob nicht Sand in die Wunde geraten könnte, aber Leos kurze Einschätzung der Lage war beruhigend. Er war auch Surfer. »Ach, du lieber Himmel, da habe ich ja schon viel Schlimmeres gesehen.«

Leo säuberte die Wunde, während ein langer schwarz-gelber Tausendfüßler eilig über den blutbespritzten Boden des Untersuchungsraumes flitzte. Leo gab meinem Sohn sieben Spritzen zur Betäubung, dann fühlte er mit den behandschuhten Fingern in dem Loch in Roccos Kopf herum, um den Schädel zu ertasten.

»Super«, sagte er zu mir, »sehr gut. Kein Bruch. Möchten Sie seinen Schädel mal sehen?«, fragte er mich. Ich wäre vor Erleichterung fast zusammengesackt, mein Bauch entkrampfte sich nervös, aber ich schaffte es trotzdem, aufrecht stehen zu bleiben.

»Klar doch!«, sagte ich munterer, als ich mich fühlte.

Und da war er also. Der Schädel meines Sohnes.

Ich verließ den Raum, um Joel anzurufen und ihm alles zu erzählen, wo doch nun alles in Ordnung war.

Rocco wurde mit neun Stichen genäht. Man sagte ihm, dass er eine Woche lang nicht surfen könne. Nun, wo das Schlimmste vorüber war, sprach Leo aus, was wir alle dachten: Glücklicherweise war der Unfall am Ende unserer Reise passiert. Rocco würde nur die beiden letzten Tage in Nosara nicht surfen können, aber sobald wir an unseren launischen und frustrierend un-costa-ricanischen Surfspot in New Jersey zurückgekehrt wären, könnte auch er wieder ins Wasser.

Zurück im Haus erzählten wir Freunden und Familie, was passiert war, und zeigten unsere Fotos rum: Hey, seht euch nur mal den Surf-Krieger an!

SCHMETTERLINGE UND CHAOS

Ich aber tat in dieser Nacht kein Auge zu. Obwohl der Tag anstrengend gewesen war und sein Ausgang am Ende doch beruhigend, wollten Sorgen und Erregung nicht weichen. Es war doch alles bestens. Das Drama war vorüber … aber danach machten sich die düsteren Gedanken breit. Meine größte Angst, die ich mir nicht gerne eingestehe, ist, dass Rocco da eines Tages rauspaddelt und nicht mehr zurückkommt. Surfen ist gefährlich. Sicher, auch das Leben ist gefährlich. Aber beim Surfen gibt es so viele Dinge, die schiefgehen können, ob du nun ein Spitzensurfer bist oder eine Null. Natürlich geht meistens alles gut. Aber beim Surfen schlecht zu sein ist gefährlich. Die Surferliteratur ist voll von Beinahe-Toden: die drei fetten Wellen, die dich unten halten; der brutale Absturz ins Weißwasserchaos, das dich durchspült; der hautnahe Kontakt mit einem Raubtier vom oberen Ende der Nahrungskette; die Finne an den Kopf, die dir weiß der Henker was abrasiert. Das sind Geschichten, die wir uns erzählen. Solange wir das noch können.

Meine eigene Angst vor dem Ozean – die aber nicht so stark ist, dass ich dem Wasser fernbleibe, weil meine Liebe fürs Meer noch größer ist – gaukelt mir schlimme Dinge vor. Für meine Sicherheit fürchte ich kaum noch, aber die Angst um meinen Sohn kann ich nicht so einfach loslassen. Obwohl er ein besserer Schwimmer ist, ein stärkerer Surfer und ein klarerer Denker als seine schlecht surfende, betuliche Mutter. Mutter Ozean und Mutterliebe – die stärksten Kräfte, die ich kenne. Beide schenken sie uns grenzenlose Freude und grenzenlose Angst.

In jener Nacht brachte ich das Gedankenkarussell einfach nicht zum Anhalten. Ich wusste genau, was ich da tat: Ich bildete mir ein, mehr Kontrolle über die Situation zu haben, als ich tatsächlich je hatte. Und die Illusion war wirklich stark. Sie stieß das Tor auf für eine ganze Flut von »Was wäre, wenn«-Gedanken. Und wenn ich nun mit Rocco am Line-up geblieben wäre? Dann hätte er die Welle vermutlich nicht genommen, oder ich hätte ihn zurückhalten können. Wenn ich nun nicht wegen dieser Kleinigkeit am Finger ausgestiegen wäre? Dann hätte mein Sohn sich keine Verletzung zugezogen. Stattdessen paddelte ich ans Ufer und ließ meinen Sohn in der Gefahr zurück. Ich sah zu, wie mein Geist Volten schlug und immer wieder in diese sinnlosen und logisch falschen Gedanken eintauchte. Mir war klar, dass es absurd war zu denken, ich könnte ein zufälliges Ereignis wie das Scheren einer Finne über die Kopfhaut meines Sohnes beeinflussen. Aber das Gedankenkarussell dreht sich nun mal auf Hochtouren und lässt dich nicht so schnell los. Ein bisschen so, als würden Sie es nicht über den Kamm einer heranrollenden Welle schaffen und deshalb gnadenlos in die Tiefe gedrückt. Als Rocco geboren wurde und ich ganz neue Ängste entwickelte, die mich plagten, sagte Karen Karbo, Schriftstellerin und gute Freundin: »Mutterschaft heißt lebenslänglich, ohne Bewährung.«

Ich weiß nicht, ob mir das damals geholfen hat, aber sie hat mich zumindest zum Lachen gebracht. Ich habe seitdem ihre Worte schon oft wiederholt wie eine Lebensweisheit, meist allerdings, um die Dämonen der Mutterschaft fortzulachen: Worte, die uns auffordern, nicht in stete Sorge zu versinken. Dabei versuchen wir stets, unseren Kindern zu verheimlichen, dass wir diese Gefühle haben. Es wäre für sie einfach eine zu starke Belastung. Sie sind ja nicht auf der Welt, um uns zu helfen, unsere Verwundbarkeit zu überwinden.

Was mich in diesen Karussellmomenten tröstet, ist die Idee der *Kontingenz*. Der Begriff hat eine lange Geschichte, die sich im Wesentlichen auf das Folgende verkürzen lässt: Die Zukunft rollt sich nicht zu unseren Füßen aus wie ein langer, gerader, vorhersehbarer Pfad. Sie bohrt sich vielmehr durch Felsen, macht Kurven rund um Hindernisse und verlässt alte Pfade. Sie reagiert in jedem Augenblick auf den Moment davor, und das ist immer so im Prozess der Selbstwerdung. Meine Sorgen umspannen alle möglichen Zukünfte – einige davon hell und strahlend, andere schlimm und katastrophisch. Und keines der Dinge, die ich mir ausmale, ist wahrscheinlicher als die unzähligen anderen Zukunftsmöglichkeiten, die ich mir gar nicht vorstellen kann. Das ist Kontingenz. Unter all den Dingen, in denen wir scheitern können, gibt es eines, an dem ausnahmslos jeder scheitert: zu wissen, was als Nächstes kommt.

Es hilft mir manchmal, wenn ich mir den Lieblingsspruch meines Vaters ins Gedächtnis rufe: »Das *musste* ja so kommen.« Er sagt das häufig, wenn er auf die schweren Zeiten seines mittlerweile neunzigjährigen Lebens zurückblickt, aber nicht mit Bedauern, sondern mit Erleichterung. Meist geschieht das, wenn wir in unserem kleinen Hinterhof am Strand von New Jersey sitzen, er einen Scotch in der einen und eine Zigarre in der anderen Hand hält und aufzählt, was seinen Kindern und Enkeln Gutes widerfahren ist. Mit gut neunzig Jahren hat auch ihn die Unvorhersehbarkeit durchgeschüttelt, doch er kam am anderen Ende wieder heraus mit der Weisheit eines Mannes, der viel gesehen hat und immer noch weiß, wie man eine gute Zeit hat.

Vor über zweihundert Jahren sagte der Philosoph Johann Gottlieb Fichte in seiner Abhandlung über *Die Bestimmung des Menschen* an der Stelle, wo er über den Zweifel nachdenkt, mehr oder weniger dasselbe: »Wäre im vorhergehenden Moment irgend etwas um das mindeste anders gewesen, als es war, so würde auch im gegenwärtigen irgend etwas anders sein, als es ist. – Und aus welchem Grunde war im vorhergehenden Momente alles so, wie es war? Deswegen, weil es in dem, der diesem vorherging, so war, wie es in ihm war. Und dieser hing wieder ab von dem, der *ihm* vorherging; dieser letzte abermals von *seinem* vorhergehenden; und so aufwärts ins Unbestimmte fort ... Aber *jeder Moment dieser Dauer* ist bestimmt durch *alle abgelaufenen Momente*, und wird bestimmen *alle künftigen Momente;* und du kannst in dem gegenwärtigen keines Sandkornes Lage anders denken, als sie ist, ohne dass du genötigt würdest, die ganze Vergangenheit ins Unbestimmte hinauf und die ganze Zukunft ins Unbestimmte herab dir anders zu denken.«[116]

Und wie es in diesem Jahrhundert immer wieder geschehen ist, so fand das, was einst Spekulation war, seinen Platz in der Welt der Wissenschaft. Was Fichte um 1800 spekulativ erschloss, zeigt sich in den Messdaten eines 1960 ausgewerteten meteorologischen Modells, das belegt, wie winzige ursprüngliche Veränderungen gewaltige Umbrüche nach sich zogen. Der Mathematiker und Meteorologe Edward Lorenz, Wissenschaftler am Massachusetts Institute of Technology (MIT), entdeckte damals den »Schmetterlingseffekt«.[117] Mit dessen Hilfe konnte man Vorhersagemodelle verbessern. Gleichzeitig zeigte er, wieso langfristige Wettervorhersagen schwierig sind. Lorenz' Arbeit erklärte, wieso Meteorologen so einen schlechten Ruf haben, was die Wettervorhersage angeht. *Es ist schwieriger, als man denkt.*

Die Meteorologie ist die Lieblingswissenschaft aller Surfer. Lorenz' Erkenntnisse aber hallten laut in den heiligen Hallen der angeseheneren Wissenschaften wie Physik und Mathematik wider. Und so rückte man von der Vorstellung ab, Systeme müssten immer und unter allen Umständen wissenschaftlich vorhersagbar sein. Das neue Denken nannte sich Chaostheorie, und Lorenz beschrieb es so: »Wenn die Gegenwart zwar die Zukunft bestimmt, aber die angenäherte Gegenwart die Zukunft nicht mal annähernd bestimmt.«[118] Also: Was *ist*, ist immer noch bedeutsam in dem

Sinne, dass es die Zukunft bestimmt, doch bei jeder noch so winzigen Veränderung verändert sich die Zukunft mit. Macht doch Sinn, nicht? Aber bis zum Aufkommen der Chaostheorie herrschte ein linear deterministisches Modell vor, weil lineare Gleichungen nun mal leicht lösbar sind. Und wer zieht ein lösbares Problem nicht einem unlösbaren vor? Die Menschen scheitern nun mal nicht beim Lösen linearer Aufgaben.

Lorenz wandte sich der Fließdynamik zu, um die Komplexität der meteorologischen Rätsel zu lösen. Die mathematischen Modelle der Fließdynamik beruhen – wenig überraschend – nicht auf linearen Systemen und sind verteufelt schwer aufzudröseln. Die Existenz und Eindeutigkeit einer Lösung der berühmt-berüchtigten Navier-Stokes-Gleichungen – in denen es um Geschwindigkeit, Druck, Dichte und Viskosität des jeweiligen Fluidums geht –, ist bis heute noch nicht erwiesen. Sollten Sie aber die nötige Zeit (und Hirnmasse) besitzen, dann wäre das Ganze echt einen Versuch wert: Die sich ständig entziehende Lösung der Gleichung, die zu Anfang des 19. Jahrhunderts erstmals aufgestellt wurde, gehört zu den sieben Millennium-Problemen, für deren Lösung jeweils eine Million Dollar Preisgeld ausgeschrieben ist.[119] Da könnte man eine ganze Menge fantastischer Surftrips an entlegene Orte machen.

»Das ist das schönste Problem, an dem ich je gearbeitet habe«, sagt Stephen Montgomery-Smith, Mathematiker an der Universität von Missouri in Columbia, der die Gleichungen seit 1995 zu lösen versucht. »Sie haben mir die Augen für die Wertschätzung der realen Welt geöffnet.«[120]

Worum es bei der Chaostheorie und ihren Komplexitäten so geht, zeigt sich schön an der Schwierigkeit, die Bewegung von Wasser korrekt einzuschätzen – und natürlich die des Restes der

»realen Welt«. Vieles, was den Surfer umtreibt, hat seine Wurzeln in dieser mangelnden Vorhersehbarkeit – von Wetter und von Wasser. Das Chaos ist der Fluch des Surfers – und ist natürlich der Komplexität der Fließdynamik geschuldet. Andererseits ist die Unvorhersehbarkeit auch das, was es so absolut krass macht, wenn Wetter, Wellen und das Glück des Surfers zusammenkommen und ihm eine unvergessliche Session bescheren. Die besten Sessions hat man meistens dann, wenn man am wenigsten damit rechnet, aber wir paddeln trotzdem raus, und manchmal dürfen wir das Schönste erleben, was das Chaos für uns in petto hat. Natürlich gilt das auch im umgekehrten Fall, wenn uns jemand die ideale Welle wegnimmt oder schlimmer. Denn alles Schlimme passiert mit derselben Unvorhersehbarkeit wie alles Gute. Der Gedanke ans Chaos ist zwar nicht unbedingt tröstlich, doch er hilft uns wenigstens anzunehmen, was der Ozean uns an Hindernissen entgegenstellt.

Daher ist das Surfen eine perfekte Einführung in die Art und Weise des Scheiterns der Welt. Das muss nicht tödlich oder nihilistisch ablaufen, sondern hat in erster Linie damit zu tun, dass es uns damit vertraut macht. Es ist nun mal genauso kontingent und unvorhersehbar und unzuverlässig wie wir selbst. Da draußen auf dem Wasser zu sein und es trotzdem zu versuchen ist eine Art Konfrontationstherapie mit der Lebenstatsache: Es läuft nicht immer alles glatt. Es ist fließend, es arbeitet, und selbst die klügsten Köpfe an den besten Universitäten haben keine Ahnung, wie das funktioniert. Und – das ist in Ordnung. Es heißt nicht, dass immer nur das Schlimmste passiert. Es heißt vielmehr, dass immer absolut *alles* passieren *kann*.

Die Tatsache, dass Rocco höchstens zehn Meter von mir entfernt in seinem Schlafzimmer lag und nicht in der Notaufnahme des San José Hospitals, hieß, dass in all dem Chaos, das dieser Tag gebracht hatte, alles so gut gelaufen war, wie man es angesichts der Ereignisse nur hoffen konnte. Das Chaos gibt und das Chaos nimmt. In diesem Fall hatte es uns einen Finnenschlitz am Kopf *verpasst,* aber es hatte die Möglichkeit einer schweren Kopfwunde von uns *genommen.* Wieder einmal musste ich einsehen: Auf den Blickwinkel kommt es an.

Das hielt mich allerdings nicht davon ab, die ganze Nacht lang wach zu liegen und gegen den Drang anzukämpfen, in Roccos Zimmer zu gehen und nachzusehen, ob es ihm auch wirklich gut ging. »Er ist achtzehn Jahre alt, zum Teufel«, sagte ich mir. »Er ist keine acht mehr, und es geht ihm gut.« Ich konnte das Bedürfnis nicht abstellen, bei ihm sein zu wollen, seinen Atem zu hören und ihm die ganze Nacht beim Schlafen zuzusehen. Aber ich bin nicht in sein Zimmer gegangen. Ich rang mit jeder Körperzelle, die meinen Sohn und seinen geschundenen Körper bemuttern wollte. Stattdessen starrte ich die schwarzen Wipfel der Bäume an, die sich immer deutlicher gegen den heller werdenden Himmel abzeichneten. Die Glastür unseres Schlafzimmerfensters ging auf den Dschungel hinaus.

Rocco erzählte mir am nächsten Tag, dass er erst um vier Uhr morgens habe einschlafen können. Er lächelte verständnisvoll, als ich ihm erzählte, dass ich auch bis zur Morgendämmerung wach gelegen war und mit mir gekämpft hatte, ob ich nach ihm sehen sollte oder nicht. Dieses Mal rollte er nicht mit den Augen, nickte mir nur dankbar zu und sagte: »Du hättest mich wach vorgefunden.«

Zwei Tage, nachdem wir von dieser Reise zurück waren, las Joel in einem Zeitungsbericht aus Nosara, dass einige Tage zuvor ein drei Meter langes Krokodil in der Mündung bei Baker's Beach gesichtet worden war. Es war also gut möglich, dass es sich da schon rumtrieb, als ich im Zickzack zu meinem Auto rannte.

Wieder ein Zufall. Und was für ein Glück, dass ich das Rendezvous mit ihm verpasst hatte.

— Es geht nicht um Bequemlichkeit, sondern um Unbequemlichkeit. —

DIE SIEBTE WELLE

Mind-Surfing: den Wellen vom Strand aus zuschauen

REGEL 7

Sie werden unterwegs etwas verlieren.

LEKTION 7

Wie etwas völlig Bedeutungsloses plötzlich wichtig wird.

VORTEIL 7

Sie werden die Schönheit finden,
wenn Sie es am wenigsten erwarten.

Aber es gibt ja zwei Arten von Schmerz auf dieser Welt, nicht wahr?

Da ist der Schmerz von Roccos Schreckenswelle und der Schmerz meines eigenen Surfunfalls. Solche Wunden heilen. Unsere Körper sind zerbrechlich, aber sie machen das mit Widerstandsfähigkeit wett. Körper schnellen zurück in den Ausgangszustand. Das gilt auch für unseren Geist, wenn wir Rückschläge einstecken müssen. Genau darum geht es beim Scheitern – wir trainieren jenen Teil unserer Person, der ständigen Erfolg nicht *braucht.*

Aber es gibt eben noch eine andere Art von Schmerz: das Leid.

Die Weisheitslehren dieser Welt, ob es sich nun um religiöse Lehren oder einfach um gesunden Menschenverstand handelt, paaren das Leid mit seinem Gegenstück. Offensichtlich sind all unsere tieferen Gefühle janusgesichtig: Wie oft haben Sie schon gehört, dass es keine Freude ohne Leid gibt, kein Vergnügen ohne Schmerz? Keine Schönheit ohne Vergänglichkeit. Und was wäre der Himmel, wenn wir nicht sein Gegenstück, die Hölle, kennen würden?

Wenn Sie sind wie ich, dann sind diese Sprüche mehr als ein kleiner Klaps. Das verheißene Gleichgewicht zwischen Gut und Böse klingt in Sprichwörtern gut, es *im Leben* praktisch zu verwirklichen ist schon schwieriger. Wir stellen uns Dinge vor, die wir nie erlebt haben. Ein Leben, das wir nie geführt haben. Und wir glauben, dass wir es schaffen werden, nur Freude, Vergnügen und Schönheit zu erleben.

Aus eben diesem Grund ist es so wichtig, das Scheitern auch konkret zu erfahren. Diese harten, tiefgründigen Einsichten lassen sich nicht durch bloßes Denken erlangen. Mich erinnert das an etwas, was Ajahn Chah, buddhistischer Mönch und Lehrer aus Thailand, seinen Schülern sagte: »Um Nicht-Selbst zu verstehen müsst ihr meditieren. Wenn ihr nur verstandesmäßig begreift, wird euer Kopf explodieren.«[121]

In diesem Sinne wollen wir unser eigenes Sprichwort prägen: »Wo kein Scheitern, da keine Hoffnung.«

Und dann das Ganze im Leben umsetzen. Ich jedenfalls habe das so gemacht.

WIE AUCH IMMER WIND UND WETTER sein mochten, Rocco und ich spazierten täglich barfuß zum Ozean, um die Surfmöglichkeiten zu erkunden. An manchen Tagen führten wir das Ritual nur einmal morgens durch, an anderen marschierten wir im Laufe des Tages auch vier- oder fünfmal zum Strand, je nachdem wie die Surfbedingungen oder unsere Verpflichtungen sich gestalteten.

In den zweieinhalb Minuten, die wir von unserem Haus in New Jersey an den Strand brauchten, lauschten wir dem Klang des Wassers, noch bevor wir es sahen, um zu erspüren, wie seine Laune war. Stille war da höchst unwillkommen, denn das hieß, dass es keine Wellen gab. Selbst ein Wellenflüstern sorgte für miese Stimmung, denn das bedeutete, dass es keine regelmäßige Dünung gab, nur das Wasser, das langsam an den Strand plätscherte. Wenn es knisterte und dann »Bumm« machte, gefolgt von einer kurzen Atempause, dann nahmen wir das als Versprechen: Hier brachen sich Wellen. Die einzelnen Wellen bzw. Sets kamen in Intervallen. Das hieß, man hatte Zeit, die Welle anzusteuern und abzureiten. Wenn wir diesen ganz speziellen Laut hörten, sahen wir uns mit gerunzelten Augenbrauen an: »Das könnte doch was sein!«

In diesen Momenten, bevor unser Blick auf das Wasser fiel, verspürten wir eine süße Erwartungsspannung. Wie war der Ozean wohl drauf, sobald wir die Dünen hinter uns gelassen hatten? Wenn die Bedingungen vielversprechend waren – und wenn man an einem Break in New Jersey lebt, ist das ziemlich oft der Fall –, dann drehte sich unser Gespräch bald frohgelaunt darum, ob wir gleich rauspaddeln würden oder warten, bis die Flut käme. Wir spekulierten, ob der Wind wohl drehen würde, stärker werden oder sich legen. Sofort waren wir in jene winzigen Wetterobsessionen verstrickt, die unweigerlich mit dem Surfen verbunden waren.

Am besten war es, wenn die Bedingungen *einfach passten* und sich jede Diskussion erübrigte: leichter, ablandiger Wind, saubere Wellensets, die hereinrollten und über einer Sandbank in annehmbarer Entfernung vom Strand brachen. Dann sahen wir uns nur an und nickten, machten kehrt und sprinteten zurück ins Haus, um unsere Wetsuits anzuziehen (wenn erforderlich, was in New Jersey allerdings neun Monate im Jahr der Fall ist). Wir schnappten unsere Bretter, wachsten sie und rannten zurück an den Strand für unsere Session.

Diese Routine mit Rocco hat in den letzten zehn Jahren einen Großteil meiner Zeit bestimmt und mir Energie und Freude geschenkt. Die Wellen zu erwischen und abzureiten war nur ein Teil dieser ganzen verrückten Reise.

Daher war ich am Boden zerstört, als er auszog.

SCHMERZ IST INFORMATION, TEIL 2

Nachdem wir Rocco zu seiner Universität gefahren hatten, ging ich mit einem Loch im Herzen und einem Gutenachtgruß an ihn zu Bett. Gleichzeitig spulte sich ein verlogener Refrain in meinem Kopf in einer Endlosschleife ab: »Es geht mir prima. Es geht mir prima.« Ich hatte ein ganzes Jahr lang Zeit gehabt, um mich auf diese neue Situation vorzubereiten. »Wie schwer kann das schon sein?«

Ich schlief unruhig. Ich verspürte einen dumpfen Schmerz, als würde mir etwas fehlen, eine Art Phantomschmerz. Obwohl ich genau wusste, was es war, konnte ich mich damit nicht abfinden.

Als ich am nächsten Morgen erwachte, machte mich der Anblick unserer Wetsuits, die leblos und leer in der Dusche hingen, traurig. Wir hatten sie dort zum Trocknen hingehängt, nachdem wir unsere letzte Session hatten, am Tag vor unserer Fahrt nach Massachusetts.

Ich trank eine Tasse Kaffee und ging allein an den Strand, um nach den Wellen zu gucken. Hurrikan Hermione schob sich die Ostküste hinauf, und ich war gespannt, welche Bedingungen er mit sich brachte. Surfer warten auf Hurrikan-Dünungen. Ich wusste, dass Rocco das nicht würde versäumen wollen. Aber jetzt musste er ja an Land bleiben. Er hatte darauf verzichtet, an der Westküste zu studieren, wo er jeden Tag hätte surfen können. Stattdessen ging er an eine kleine Universität an der Ostküste, drei Fahrstunden von uns entfernt. Was mich anging, so war ich natürlich froh, dass er in der Nähe geblieben war.

Ich hatte vor, ihm Fotos von den Wellen zu schicken – obwohl ich wusste, dass er die Bilder der lokalen Surf-Cam regelmäßig online checken würde. Aber dieser Plan beruhigte mich irgendwie. Dann hörte ich den Widerhall brechenden Wassers und sagte laut: »Es gibt Wellen!« Ich gab mich unbekümmerter, als ich war, und hoffte, mich so zu überzeugen, dass alles normal war. Ich schritt mit gespielter Festigkeit über den brüchigen Holzsteg, der über die Dünen führte, dabei war ich alles andere als ruhig. Die Dünen verstellten wie immer den Blick auf das Wasser, wie sie es unzählige Male getan hatten, als ich noch mit Rocco hier unterwegs war. Aber als ich auf den Dünenpfad einbog und die stählern blaugrünen Atlantikwellen am fernen Horizont erblickte, traf mich Roccos Abwesenheit wie ein Schwinger in den Magen.

Ich atmete kurz und scharf ein, um mich gegen die Emotion zu wappnen. »Es geht dir gut«, sagte ich mir. Ich trat von dem Holzsteg herunter in den tiefen weißen Sand und schleppte mich bis an die Wasserlinie. Die Wellen kamen unordentlich herein und brachen laut. Keine Surferwellen, aber wunderschön in ihrem stürmischen Wirbel. Der Wind blies mit ungefähr dreißig Stundenkilometern aus Norden und mischte sich ein in die Kakophonie des Morgens. Sandkörner wehten mir entgegen. Dieses Mal gab es kein Entrinnen: Der Anblick der Dünung ließ mein Herz anschwellen, ich fiel auf die Knie und schluchzte vor tiefer Trauer laut auf. Wind und Wellen waren mir gnädig und überdeckten mein Geheul.

Ich vermisste meinen Jungen. Ich vermisste ihn so sehr, dass ich nicht mehr wusste, wer ich in diesem Augenblick war. Es ging mir gut, aber auch wieder nicht. Das war Leid. Nicht nur Schmerz.

Als wir Rocco am Vortag an der Uni abgesetzt hatten, hatte ich Tränen erwartet, aber der Abschied verlief vergleichsweise unaufgeregt. Die Wasserwerke blieben abgeschaltet. Rocco, stoisch wie immer, ließ seine Gefühle nur kurz aufblitzen: ein resigniertes Lächeln, das ich teilte. Niemand wollte aus dem Ganzen ein Drama machen, also umarmten wir uns – nur einen Moment länger als üblich –, und dann fuhren wir wieder ab. Ich verspürte ein Ziehen im Herzen, als wir uns Adieu sagten, aber mein erster Gedanke war: »Wir sind so eng miteinander verbunden, die äußere Ferne kann uns gar nichts anhaben.«

Joel, Gio und ich fuhren zurück nach Hause. Auf dem Weg wurde viel geplaudert. Natürlich würden wir Rocco sehr vermissen, während aus »uns vier« langsam »wir drei« wurden – zumindest, was den Alltag anging. Doch das Gespräch klang nervös, die Witzeleien gezwungen, ein schwächlicher Versuch, die Gefühle zu übertünchen, die der Weggang unseres Sohnes bzw. Bruders in uns auslösten. Wir lachten die Dämonen gleichsam fort.

Plötzlich fiel mir eine schöne Szene aus einem Lieblingsfilm unserer Familie ein: Hayao Miyazakis *Mein Nachbar Totoro.* Ein Vater und seine zwei Töchter ziehen um, um der Mutter näher zu sein, die in einem nahegelegenen Krankenhaus gegen eine möglicherweise unheilbare Krankheit ankämpft. Da das Haus bis dahin nicht bewohnt war, hatte sich eine ganze Reihe Geschöpfe eingenistet, die möglicherweise Geister sind. Während die Familie am Abend gemeinsam badet, lachen Vater und Töchter so laut wie möglich, um die Geister zu verscheuchen. Eine tolle Szene, die mich in vielerlei Hinsicht an mein eigenes Leben erinnerte. Ich weiß noch, dass ich sehr viel lachte, als ich Angst vor dem Krebs hatte. *Totoro* betraf uns alle unmittelbar.

An jenem Morgen klappte ich also am Strand zusammen. Es war gerade mal ein paar Stunden her, dass wir Rocco abgesetzt hatten. Ich ließ mich in die Umarmung des weißen Sandes sinken und sah dem Wasser zu, das in alle möglichen Richtungen wogte, wild und aufgewühlt wie mein gebrochenes Herz. Tränen liefen mir über die Wangen, ich saugte die salzige Luft tief in meine Lungen. Und dann fing ich mit einem Mal an zu lachen. Über gar nichts. Und dieses Mal verdrängte das Lachen die intensiven Gefühle nicht, es stellte vielmehr meinen Blick darauf scharf. Ich verspürte eine alte, tiefe *Sehnsucht.* Eine Sehnsucht, die – wie ich in diesem Augenblick feststellte – mich immer nur überkam, wenn ich in der Nähe des Ozeans war. Fast zwei Jahrzehnte lang hatte ich dieses Gefühl nicht mehr gespürt.

Ich war mit dieser Sehnsucht groß geworden, verbrachte Stunden am Meer und folgte genau der Linie, wo sich der Vorwärtsdrang der Wellen brach, wenn sie auf das Land trafen. Als Teenager, als junge Erwachsene, Mitte zwanzig, Mitte dreißig – wann immer ich den Ozean und seine feine Linie am Horizont erblickte, spürte ich ein Ziehen im Bauch, ein wenig wohl wie das Wasser selbst, wenn es an den Strand brandete. Mir war nie klar, woher dieses Gefühl kam, aber ich hatte mich daran gewöhnt. Es wurde ein Teil meines Lebensklimas, und ich tauchte darin ein, wann immer es mir möglich war. Ich war sowohl glücklicher als auch melancholischer, wenn ich am Meer war.

Diese zwillingshaften Gefühle koexistierten in meinem Inneren in vertrautem Widerspruch. Sie vermittelten mir entweder das Gefühl, dass etwas Wichtiges *unmittelbar bevorstand* oder dass mir etwas Entscheidendes *fehlte*. Ich stellte zu diesen Gefühlen allerlei Überlegungen an. Vielleicht half mir ja das offene Meer zu begreifen, wie unendlich viele Möglichkeiten wir haben und wie klein und unbedeutend der Platz ist, den wir in Zeit und Raum einnehmen. Vielleicht tauchte ich dort ein in die gegensätzliche Natur von allem und in die Ungewissheit und die Unwissenheit, die damit verbunden ist.

Welcher Natur diese Gefühle waren, wurde mir ansatzweise klar, als sie verschwanden. Als ich meine Jungs bekam, verschwand die Sehnsucht, und es trat etwas anderes an ihre Stelle: Liebe, aber noch viel, viel mehr als das. Es war, als hätte eine unausgewogene Last in meinem Inneren plötzlich ihr Gleichgewicht gefunden. Als sei eine Schwingung zur Ruhe gekommen, ein lebenslanger Hunger gestillt worden. Im Schatten dieses neuen Gleichgewichts lernte ich zu surfen und zu scheitern. Mutter Ozean und Mutter Liebe hatten in mir eine Stimme. Bis eine der beiden plötzlich verstummte.

Ich würde meinen Sohn auf unvorstellbare Weise vermissen. Aber wir hatten etwas gemeinsam, das mich auf diese Erfahrung vorbereitet hatte, wenn auch nur ein bisschen. Als ich am Tag nach Roccos Abreise allein am stürmischen Meer saß, loderte die Sehnsucht wieder auf, in unverminderter Stärke. Nun aber war sie von etwas Neuem in meiner Mitte gefärbt. Da war eine Schönheit. Unter Tränen begriff ich, dass diese alte Sehnsucht den Sinn meines Lebens meinte, den ich als Mutter gehabt hatte. Später fand ich ihn beim Surfen bzw. beim Versuch zu surfen.

In den letzten beiden Jahrzehnten meines Lebens hatte ich die Gefahren und Ängste akzeptieren gelernt, die mit beidem verbunden waren. Doch da ich mit meiner Sehnsucht so lange nicht zu kämpfen gehabt hatte, hatte ich mir eingebildet, sie sei für immer verschwunden. Sie plötzlich wieder zu spüren, brachte mich aus dem Gleichgewicht. Ein rüdes Erwachen, das mich daran erinnerte, dass das Band, das meinem Leben jahrelang Sinn verliehen hatte, auf unangenehme Weise überdehnt werden konnte. Ich stellte mir vor, dass es sich wieder erholen würde mit einem neuen Verständnis für meine Rolle: als Mutter von selbstständigen Kindern, als Surferin im Ozean ohne meinen Sohn. Nichts bleibt je gleich. Natürlich nicht.

Aber in diesem Augenblick emotionaler Achterbahnfahrt spürte ich, wie wahr diese alten Gegensätze tatsächlich sind. Schönheit und Trauer vermengten sich, ähnlich wie wenn man Eis berührt, aber an den Fingerspitzen brennt es. An den unmittelbaren Signalen, die der Körper empfängt, kann man das nicht immer unterscheiden. Mit starken Gefühlen ist es durchaus ähnlich – wir können sie nicht immer klar als das eine oder andere identifizieren. Vielleicht ist das der Grund, warum wir manchmal weinen, wenn wir glücklich sind, und lachen, wenn wir Angst haben.

WAS SCHÖNHEIT IST

Der irische Dichter und Philosoph John O'Donohue schreibt in seinem Buch über die Schönheit: »Schönheit ist nicht einseitig; sie gehört nicht exklusiv irgendwelchen lichten, lieblichen Sphären an, abgetrennt vom Widerstreit und Zwiegespräch der Gegensätze. Die Kraft und Vitalität der Schönheit entspringt direkt dem innersten Kern der Verschiedenheit.«[122]

O'Donohue war Priester und Mystiker. Sein früher Tod im Jahr 2008 hat uns einen der großen Denker unserer Zeit geraubt. In seinem letzten Interview sprach er über die innere Landschaft der Schönheit: »Es geht um eine aufstrebende Fülle, mehr Sinn für Anmut und Eleganz, einen tieferen Sinn für die Tiefe und um die Heimkehr für die bereicherte Erinnerung unseres sich entfaltenden Lebens.«[123] In jüngster Zeit hat sich mein Leben eher entfaltet wie umgekehrtes Origami. Doch in diesem schwierigen Augenblick seiner Entfaltung, als Rocco fortging, begegnete mir etwas, was mehr war als nur simples Leid. In den Wellen lag an jenem Tag eine unglaubliche Schönheit, und ich war dafür keineswegs blind. Das Entfalten hatte etwas freigelegt, was ich so nicht vorhersehen konnte, etwas, das viel komplexer war als nur der einfache Verlust.

Ich war dieser Vorstellung schon einmal begegnet, an einem Ort, der ähnlich karg und besinnlich war wie O'Donohues Westirland.

In Japan hat man Jahrtausende über Formen der Schönheit nachgedacht, deren Herzstück die Trauer ist. *Mono no aware* heißt so viel wie »Leid des Verschwindens«, was diesen speziellen Schmerz gut beschreibt. Vergänglichkeit ist ein wichtiges Element der japanischen Ästhetik schon seit dem Mittelalter. Ob es um die kurze Blüte der Kirschbäume geht, um die Blüte der Jugend oder das Heranreifen einer Welle, die kilometerweit durch den Ozean gereist ist, um sich schließlich an Land zu brechen. Dass nichts je gleich bleibt, beschert den Japanern einen Genuss, der eben die Vergänglichkeit von Schönheit mitdenkt und wertschätzt.

Der mittelalterliche buddhistische Mönch Yoshida Kenkô (ca. 1283–1350) hat eine Sammlung von Gedanken zusammengetragen, die vollkommener Ausdruck jener Kultur der Verehrung für das Vergängliche und Unvollkommene sind: *Tsurezuregusa,* übersetzt mit »Betrachtungen aus der Stille«. Seiner Ansicht nach liegt die tiefste Schönheit nicht in der Symmetrie oder in der Dauer, sondern in der Vorwegnahme, der Fantasie, dem Unerwarteten und Vergänglichen. Kenkô schreibt: »Bewundert man die Kirschblüten nur in ihrer vollen Pracht, den Mond nur an einem wolkenlosen Himmel? Sich im Regen nach dem Mond zu sehnen, hinter dem Bambusvorhang sitzen, ohne zu wissen, wie sehr es schon Frühling geworden ist – auch das ist schön und berührt uns tief.«[124]

Einige dieser japanischen Ideen haben ihren Weg jüngst auch in den Westen gefunden. *Sabi* zum Beispiel steht für das Unvollkommene, Unvollständige oder Einsame an der Schönheit: Ein Mond, den man nicht sehen kann, erscheint in der Vorstellung des Sehnsüchtigen schöner als alles andere. *Wabi* ist die Schönheit, die »im Inneren verborgen liegt«, im Inneren von Dingen, die ärmlich oder unscheinbar wirken. Diese beiden Begriffe haben zusammengefunden: *Wabi sabi* steht für etwas, das auf den ersten Blick nicht schön ist, und für die Fähigkeit, Schönheit im Hässlichen zu entdecken. *Kintsugi* heißt, dass wir Schönheit in zerbrochenen Töpferwaren finden können, nicht, indem wir sie nahtlos wieder in ihren ursprünglichen Zustand versetzen, sondern indem wir die Brüche mit Goldlack hervorheben. So entsteht eine neue Art von Schönheit. Ich hatte mich mit diesen Schönheitskonzepten auseinandergesetzt, wann immer ich nach der Dusche in den Spiegel guckte. Meine einst wohlgeformten und funktionstüchtigen Brüste waren nun von Narben übersät, rekonstruiert und deformiert. Aber ich hatte gelernt, ihre Schönheit zu sehen. Die Schönheit des Durchhaltens im Angesicht der Zerbrechlichkeit.

Diese Art von Schönheit kommt mir in den Sinn, wann immer ich darauf bestehe, etwas zu tun, das für mich schwierig ist. Wenn wir wissen, dass es schön sein kann zu scheitern, dann verkörpern unsere Versuche, besser zu werden, die von außen so ungeschickt wirken, letztlich die Schönheit unserer Absicht. Wenn wir etwas nicht gut können, sind wir wie die zertepperten Töpfe. Und wenn uns dann der Moment der Gnade trifft, ist es, als würden wir unsere Bruchlinien mit Goldlack verzieren.

Selbst für die hochverehrten japanischen Handwerker, die *shokunin*, die ihr Leben dem perfekten Schwert, dem perfekten Sushi oder der perfekten Töpferei verschreiben, ist es der Prozess des Tuns, der letztlich zählt. Er verbindet die Tradition der Vergangenheit mit dem Tun in der Gegenwart, das auf eine transzendente Zukunft abzielt.

Mike Magers, Freund und Fotograf, verbringt viel Zeit in Japan und arbeitet seit Jahren an einem Fotoband über die vom Geist des *shokunin* inspirierten Handwerker. Als ich ihn fragte, wie es diese Leute schaffen, sich ein Leben lang auf nur eine Sache zu konzentrieren, gab er eine Antwort, die bestens erklärt, warum das Scheitern mitunter so schwierig ist: »Wir im Westen sind nicht gut im Entwickeln von Meisterschaft, weil der Unterschied zwischen Erfolg und Versagen sehr groß ist, sodass die Menschen manchmal schon aufhören, bevor sie überhaupt angefangen haben«, erklärte Mike. »Hier im Westen wünschen wir uns alles einfach. Wir erwarten, dass unser Talent angeboren ist. Für die Shokunin aber geht es um stete Verbesserung, nicht um Meisterschaft. Darum, das, was sie gestern gemacht haben, ein winziges bisschen besser zu machen.«[125]

Ein Keramiker, mit dem Mike arbeitete, erklärte ihm: »Es hat zehn Jahre gedauert, die Technik zu meistern, und den Rest meines Lebens, meine Seele mit meinen Händen zu verbinden.« Die Shokunin werden von anderen als Meister betrachtet, doch aus ihrer Sicht gehören sie stets zu den Lernenden. Wenn Meister ihres Faches akzeptieren, dass sie unvollkommen sind, dann können auch wir, die wir nur unsere Erfahrungen erweitern wollen, lernen, den Prozess sich entfalten zu lassen, ganz egal, wohin er uns führt. Können wir in unseren Bemühungen Schönheit und Sinn erkennen, dann öffnen wir unser Herz für so vieles, was das Leben zu bieten hat. Natürlich kann das Herz auch manchmal brechen, doch der Goldlack, der die Brüche heilt, ist die Freude, die das offene Herz bringt.

Dieses Komplementäre tritt uns laut und klar in den Werken der Kunst entgegen. Von der japanischen Wertschätzung für das Unvollkommene hin zum Chiaroscuro der westlichen Renaissancemalerei, in der sich Licht und Dunkel künstlerisch vermischen, scheinen die Dinge, die wir schaffen, immer nach beiden Erfahrungen zu verlangen. Wie das Yin und Yang, mit dem wir uns bereits beschäftigt haben – wir brauchen beide Seiten, um ganz zu werden, um das wahrhaft Menschliche zu verwirklichen, vielleicht auch das, was nicht nur uns betrifft, sondern das Universum als Ganzes.

Der Physiker und Nobelpreisträger Frank Wilczek findet Sinn schwer zu messen, daher fragt er lieber: »Verkörpert die Welt schöne Ideen?« Auf seiner Suche nach mathematischen Gleichungen, die das Universum erklären helfen, hat er die Schönheit des Komplementären entdeckt: die Vorstellung, dass etwas zwei vollkommen unterschiedliche Ideen verkörpern kann, wenn auch nicht unbedingt zur selben Zeit, und dass diese sich gegenseitig erhellen. In der Teilchenphysik trifft dies zum Beispiel auf Licht zu, das sich manchmal als Teilchen verhält und manchmal als Welle. Jeder dieser beiden Blickwinkel erhellt andere Qualitäten des Lichts, aber sie können nicht beide Theorien zur selben Zeit anwenden.

Wilczek erläutert: »Die Komplementarität ist beides: Merkmal der materiellen Welt und Weisheitslehre ... Sie müssen die Welt auf je verschiedene Weise anblicken, um ihr gerecht zu werden. Und diese verschiedenen Weisen sind sehr fruchtbringend, in sich logisch und mit einer eigenen Sprache und einem eigenen Regelwerk ausgestattet. Trotzdem schließen sie sich gegenseitig aus. Um der Wirklichkeit aber gerecht zu werden, müssen Sie beide in ihre Arbeit einbeziehen.«[126] Wilczeks Erklärung begegnet dieser geheimnisvoll erhabenen Erfahrung also mit der ganzen Strenge der theoretischen Physik, und das passt ganz wunderbar.

Ich bevorzuge eher den praktischen Ansatz. Ich will ja nicht nur wissen, dass das Komplementäre existiert. Ich will es nutzen können. Das war es, was mich seit jeher an einem berühmt gewordenen Ausspruch von F. Scott Fitzgerald interessiert hat: »Der Lackmustest einer wirklich hohen Intelligenz ist es, zwei gegensätzliche Ideen zugleich zu verfolgen und trotzdem den Verstand nicht zu verlieren.« Damit meinte er vielleicht auch jene Fähigkeit, die er – und andere Romanciers – tatsächlich brauchen. Ohne diese Fähigkeit würden Charaktere, Geschichten und die Art, in der sie erzählt werden, schnell einer absolut tödlichen Langeweile verfallen. Für die meisten von uns ist dieser Missklang nicht auszuhalten. Es liegt in unserer Natur, dass wir einfache Antworten und glatte Oberflächen vorziehen. Einklang ist angenehm, weil er bequem ist. Wir ziehen lieber absurde Schlussfolgerungen, als die Möglichkeit zweier einander widersprechenden Gedanken in unserem Kopf zuzulassen. Beim Surfen sieht man das häufig. Zum Beispiel, wenn echte Kooks (Anfänger) ihre Fähigkeiten überschätzen. Denn wenn sie nicht gut im Surfen wären, warum sollten sie dann überhaupt draußen auf dem Meer sein?

Ja, ich weiß. Und Sie wissen es auch. Weil nicht gut zu sein einfach Teil des Lebens ist. Und zwar ein ziemlich großer Teil. Wir können tatsächlich gleichzeitig etwas anpacken und darin versagen.

Beim Surfen zu scheitern hat mir geholfen, die angeblich entgegengesetzten Vorstellungen von Vergnügen und Unbehagen zu akzeptieren. Aber als ich mich emotional in Aufruhr befand und nicht surfen gehen konnte, ging ich einen drastischeren Weg, um mein inneres Unbehagen nach außen zu bringen.

SCHMERZ LINDERT SCHMERZ

Die Nadel bohrte sich ins untere Ende meiner Wirbelsäule. Schockwellen schossen in der Mitte meines Rückens hoch, bis sie sich um einen bestimmten Halswirbel direkt unterhalb meines Schädels gruppierten. Ich wagte keinen Muskel zu bewegen. Der Trick war eben, in diesen Augenblicken akuten Schmerzes ruhig zu bleiben. Mein Atem ging tief, langsam und stetig, damit mein Brustkorb auf dem Boden blieb. Andernfalls würde Angela ihre Arbeit nicht fehlerfrei tun können. Meine Arme hielten ein Kissen umklammert, das auf einer im 45-Grad-Winkel geneigten Bank lag. Ich presste ungeschickt mein Gesicht hinein. Aus den Lautsprechern im Empfangsraum tönte Led Zeppelin. Neben Robert Plants sexy Geheul war nur noch das leise, aber andauernde Zischen von Nadeln zu hören. Ein Teil des Reizes, den das Tätowieren hat, ist die gemeinsame Schmerztoleranz. Selbst wenn Sie mit dem Tattookünstler ganz allein sind, wissen Sie doch beide, dass es höllisch wehtut, vor allem, wenn das Bild am unteren Ende der Wirbelsäule platziert wird.

Das Design begann mit einem kleinen Motiv vorne an der rechten Schulter. Aber das kam mir unfertig vor, so als ob der Oberflächenschmerz, den ich empfand, die innere Pein nicht vollständig abbildete. Ich brauchte ein tiefergehendes Engagement und ließ mir ein Tattoo über den ganzen Rücken stechen. Eine dauerhafte Darstellung der Vergänglichkeit ist der Gipfel der Lächerlichkeit, gemildert einzig und allein von der kalten Wirklichkeit, dass ich und das Kirschblüten-Tattoo irgendwann gemeinsam diese Erde verlassen würden. Und solange ich lebte, wollte ich die Kirschblüten bei mir haben. In meinem Leben veränderte sich gerade so vieles, und ich trauerte darum. Um also meine Trauer auszuleben und mich von dem emotionalen Auf und Ab abzulenken, legte ich mich unter die Tattoo-Pistole, die mir physischen Schmerz zufügen würde.

Gio hatte gerade erfahren, dass er früher als andere an die Universität gehen würde. Wir hatten zwar noch acht Monate, aber danach wäre das Nest definitiv leer, das Endspiel war also in Sichtweite. Als Rocco ausgezogen war, hatte wenigstens Gio noch unseren Alltag belebt. Ich wünschte, ich könnte mich darauf freuen, dass ich endlich nicht mehr für sie sorgen musste, aber solche Gefühle hatte ich nicht.

Was den bevorstehenden Verlust ein für alle Mal festschrieb, war der Verkauf unseres geliebten Hauses in Nosara. Dafür gab es eine Unzahl Gründe, die letztlich in ein anderes Buch gehören, aber natürlich hatte es auch etwas damit zu tun, dass wir nun für zwei Jungs Studiengebühren bezahlen mussten. Hatte es je einen materiellen Ausdruck der Freude gegeben, die das Scheitern bescheren kann, so war es das Haus in Guiones, das wir von Grund auf neu gebaut hatten und in dem ich bei meiner Lieblingsbeschäftigung so schlecht sein konnte wie nur möglich. Es war ein einfaches, bescheidenes Haus, das alle möglichen Geschöpfe aus dem Dschungel anzog. Es war der Himmel auf Erden – selbst wenn es höllische Anklänge hatte.

Die Kirschblüten, die man mir in den Rücken stach, waren von diesem Haus inspiriert, das seinerseits von der Katsura Villa inspiriert war, einem wunderschönen Haus aus dem 17. Jahrhundert ein wenig außerhalb von Kyoto. Ein Haus, das ausgesprochen modern wirkte, obwohl es mehr als vierhundert Jahre alt war. Ich verliebte mich in die Villa als höchsten Ausdruck struktureller Vereinfachung und in die Art, wie sie sich in ihre Umgebung einfügte. Ich hatte von einem Heim geträumt, das diesen Grundsätzen gehorchte, und hatte mir deshalb immer wieder von dort Anregungen geholt.

Die Katsura Villa war das Heim von Prinz Toshihito – der sein Leben damit zubrachte, *Die Geschichte vom Prinzen Genji* zu studieren, einem Meisterwerk aus der Heian-Zeit, geschrieben von der Hofdame Murasaki Shikibu, das ganz dem Konzept des *mono no aware* gehorcht. Mir wurde das erst klar, nachdem unser Haus stand. Wir hatten keine Bilder im Haus, von einem Rollbild abgesehen, einem *kakejiku,* das wir in Kyoto entdeckt hatten. Wir brachten es über einem Regal im Wohnraum an. Daneben stand eine schiefe Vase, die wir bei unserem Japanbesuch in einer winzigen Töpferei erstanden hatten.

Design, Struktur und Bau des Hauses trugen viel zu meiner ästhetischen Bildung bei, aber der Entschluss, es zu bauen, stellte auch die krasseste kosmische Mutprobe dar, die ich je eingegangen war. Ich wusste zwar, dass das Hängen an materiellen Dingen Lektion Nr. 1 ist, wenn Sie nicht erleuchtet werden wollen. Trotzdem hatte ich mich in diesem Haus immer anders gefühlt als irgendwo sonst auf dieser Welt. Es hat schon seine Gründe, dass wir in Träumen häufig in Häusern unterwegs sind – sie stehen für unser Innenleben oder zumindest für das, das wir gerne haben würden. Das Haus in Nosara repräsentierte das Leben, nach dem ich mich sehnte – ruhig, klar, elegant, kompakt und in engem Verbund mit der Natur. Und in der Nähe eines tollen Surfpoints. Die Casa de las Rosas, inspiriert von der Villa Katsura, spiegelte die innere Landschaft meiner Seele wider. Keineswegs nur Freude und eitel Sonnenschein, wie Sie ja aus dem vorherigen Kapitel wissen, aber mit diesem Kapitel hatte ich mich versöhnt. Es war kein generationenalter Familiensitz, dessen Wände Geschichte atmeten, doch die pure Intensität unserer Zeit, die wir dort mit Familie und Freunden verbracht hatten, wog das auf. Außerdem hatte ich dort meine Söhne erzogen. Schon deshalb fiel es mir schwer, das Haus loszulassen.

Ich musste meine Tränen hinunterschlucken, als wir im Anwaltsbüro in Guiones den Vertrag unterschrieben und der Anwalt uns und den neuen Besitzern zu dem großartigen Deal gratulierte. Wie damals am Meeresstrand, als Rocco fortgegangen war, spürte ich ein Ziehen in viele verschiedene Richtungen. Ich war traurig, dass das Haus nun weg war – andererseits empfand ich auch tiefe Dankbarkeit.

Als ich mich von unserem Heim trennen musste und von allem, was damit verknüpft war, fand ich wieder Trost in der japanischen Tradition, aus der es hervorgegangen war. Kenkô schreibt:

»Die Unbeständigkeit der Welt gleicht dem Asuka-Fluss und dem stetigen Wechsel seiner tiefen und seichten Stellen. So fließt auch die Zeit dahin, Glück und Leid lösen einander ab, Stätten von Glanz und Pracht verwandeln sich unversehens in Einöden, und bleiben die Häuser erhalten, so wohnen doch immer andere Menschen in ihnen.«[127] Amen, Bruder. So weit unsere Kulturen auch auseinanderliegen mochten, so lange die siebenhundert Jahre währten, die uns trennten, es waren doch Kenkôs Worte, die mir halfen weiterzugehen.

DIE FREUNDLICHKEIT FREMDER

Vergänglichkeit ist nichts, was all die netten Gesten betrifft, die uns auf unserem Weg begegnen. Im Hinblick auf die Schönheit aber gilt sie durchaus. Denn momentane Nettigkeiten – ob wir sie nun geben oder empfangen – bleiben im emotionalen Gedächtnis haften und ziehen andere Freundlichkeiten nach sich. Gemeinschaftliche Bande überleben uns alle.

An einem schönen Julitag auf unserer ersten Reise zurück nach Guiones, nachdem wir das Haus verkauft hatten, waren die Wellen für mich, wie sie besser nicht sein konnten. Schulterhoch, sachte, aber mit genug Druck für einen schönen langen Ritt. Sie waren allerdings dünn gesät, sodass die Stimmung am Line-up ein wenig wettbewerbsorientiert wurde. Es kam ein schönes Set herein, und ein junger Costa Ricaner, der vor mir am Line-up war, schenkte mir diese wunderbare Gelegenheit.

»Das ist die Richtige für dich! Dreh nach links … paddle los, paddle ordentlich, los, los, los!«

Ich paddelte, so gut es meine Arme erlaubten, aber er sah, dass ich die Welle nicht schaffen würde. Wortlos setzte mein plötzlicher

Surferkumpel sich hinter mich und gab meinem Tail (dem hinteren Teil des Surfbretts) einen ordentlichen Schubs, damit ich in die Welle hineinkam. Dann rief er: »Los! Aufstehen! Jetzt!« Wieder war da diese Stimme, die an mich glaubte und mir sagte, dass ich es schaffen würde. Ganz wunderbar, weil sie von einem Fremden kam. Ich spürte, wie ich mich mit der Energie der Welle verband. Das Aufstehen gelang mühelos, ich schaffte den Drop und wandte mich nach links, um das Face abzureiten. Ich schaffte einige Sections (Wellenabschnitte), die Welle trug mich fast bis zum Strand, wo ich nach hinten ausstieg, als die Welle schloss. Mich überkam diese so seltene Euphorie, die mich immer überfällt, wenn ich eine Welle schaffe. Aber dieses Mal war es fast noch besser.

Und ich wusste auch, woran das lag. Meistens, wenn die Leute mich am Line-up sehen, wird ihnen schnell klar, dass ich die nächste Welle verpassen werde, die sie dann für sich selbst schnappen. Das ist ein Ritual zum Erwachsenwerden als Surfer: Entweder du nimmst die Welle, oder du machst Platz. Aber dieser junge Costa Ricaner hatte absolut keinen Grund, mir, der Ausländerin in mittleren Jahren, die Welle zu überlassen und mir auch noch zu helfen, sie zu nehmen. Seine Großzügigkeit war fast so toll wie der Ritt selbst. Vielleicht sogar noch besser.

Bei dieser ersten Reise nach Nosara, nachdem wir das Haus aufgegeben hatten, dachte ich viel über Segnungen nach. Ohne unseren heiligen Herd kamen wir in den unterschiedlichsten Bleiben unter und versuchten, für uns Raum zu finden. Ich musste mir jeden Tag vor Augen führen, dass ich wegen der Wellen hier war, wegen des Dschungels und der Gemeinschaft, zu der wir mittlerweile gehörten. Das waren die Segnungen, die Nosara uns schenkte. Sie hatten überhaupt nichts damit zu tun, dass wir einen Teil davon besitzen mussten. Wir sind auf dieser Welt alle nur zu

Gast, ganz egal unter welchen Umständen. Aber diese Segnung von einem mir unbekannten Ortsansässigen half mir, eine Bindung zu entwickeln, die nicht nur auf den Wellen beruhte.

Wäre ich beim Surfen nicht so grottenschlecht, hätte ich diese freundliche Geste gar nicht genießen können, denn ich hätte die Hilfe nicht nötig gehabt. Es fällt uns ja meist nicht leicht, um Hilfe zu bitten, aber sie zu erhalten, ohne danach gefragt zu haben, ist eines der schönsten Dinge, die wir füreinander tun können. Es stiftet Gemeinschaft. (Damit will ich nun nicht sagen, dass wir herumlaufen sollten in dem Glauben, alle seien schlecht in dem, was sie tun, und Gott und die Welt nerven, indem wir uns einmischen.) Hätte es je eine Gemeinschaft gegeben, wenn alle immer super in allem gewesen wären? Hätte jemand auch nur irgendetwas von jemand anderem *gebraucht?* Vielleicht ist es ja Zeit für eine brandneue Theorie der Menschheitsgeschichte. Vielleicht waren es ja unsere Mängel und Fehler, die uns als Art entstehen ließ, als Zivilisation, als Familie.

Das erinnert mich an das Gedicht »Güte« von Naomi Shihab Nye:[128]

Bevor du erkennst, dass Güte das Tiefste ist in uns,
musst du das Leid, ihren Zwilling, kennen.
Du musst voller Leid erwachen.
Du musst mit dem Leid sprechen,
bis deine Stimme all die Fäden des Leids umfasst
und Du siehst, wie unermesslich groß sein Gewebe ist.
Dann ist es nur noch die Güte, die Sinn macht,
nur Güte, die jeden Tag Deine Schuhe bindet
und Dich in den Tag hinausschickt,
um Briefe zu schreiben und Brot zu kaufen.

Nur Güte, die ihr Haupt erhebt
über die Menge der Welt und sagt:
Ich bin es, nach der Du gesucht hast.
Und die dann mit Dir geht, überallhin,
wie ein Schatten oder ein Freund.

Ich hatte mich ein wenig verloren gefühlt, als wir nach Nosara kamen und kein Haus mehr hatten, doch diese freundliche Geste eines Menschen, den ich noch nie zuvor gesehen hatte und vermutlich auch nie wiedersehen werde, ließ dieses Gefühl augenblicklich umschlagen.

Als ich zum Line-up zurückpaddelte, war mein surfender Engel ungefähr dreißig Meter südlich von mir. Als unsere Blicke sich über die Wasseroberfläche hinweg trafen, ballte er zuerst die Faust zum Gruß, dann spreizte er Daumen und kleinen Finger ab zu Shaka, dem universellen Surfergruß, der so viel heißt wie: »Juhuuuu!« Ich shakate zurück und rief: »Muchas gracias, señor!«

So wurde ich daran erinnert, dass Schönheit überall ist, wenn wir nur unsere Augen und Herzen öffnen, um sie zu empfangen. Tun wir das, so werden wir entdecken, dass wir immer dann, wenn wir es am dringendsten brauchen, offen werden für jene Güte, »die ihr Haupt erhebt über die Menge der Welt«. Natürlich birgt auch dies Risiken. Oder wie Elizabeth Lesser sagt: »Du kannst dir nicht aussuchen, was dein Herz empfindet, wenn du es öffnest.«[129]

Elizabeth Lesser ist Autorin des Bestsellers *Broken Open,* in dem sie aus ihrer Erfahrung mit dem von ihr gegründeten Retreatzentrum *Omega Institute* in Rhinebeck (im Staat New York) über Menschen berichtet, die nach Katastrophen den Weg zurück ins Leben gefunden haben. Bei ihrer Arbeit hat sie Menschen und spirituelle Lehrer in aller Welt kennengelernt. Dabei beschränkte sie sich nie auf nur eine gedankliche Strömung. Sie machte mich bekannt mit den Schriften eines ihrer wichtigsten Lehrer: Chögyam Trungpa, Buddhist aus der tibetischen Tradition. Elizabeth meint, sie habe stets versucht, nach seinen Worten zu leben. Mir verhalf die Begegnung mit Chögyam Trungpas Weisheit zu der Einsicht, dass alles, was wir über Furcht zu wissen glauben, uns letztlich nur von der Schönheit eines offenen Herzens abhält.

Trungpa Rinpoche schreibt: »Üblicherweise versteht man unter Furchtlosigkeit, dass man keine Angst hat. Und dass man zurückschlägt, wenn Ihnen jemand eine verpasst. Doch hier geht es nicht um diese Straßenkämpferart der Furchtlosigkeit. Wahre Furchtlosigkeit entsteht nämlich aus Zärtlichkeit. Sie lebt auf, wenn Sie zulassen, dass die Welt Ihr Herz berührt, Ihr ungeschütztes, wunderschönes Herz. Sie sind bereit, sich zu öffnen, ohne Widerstände, ohne Scheu, und sich der Welt zu stellen.«[130] Wenn wir uns für diese Erfahrung öffnen, berührt die Energie uns von beiden Seiten, und wir tauchen ein in wahre Schönheit.

Die Übung besteht also darin, das Herz zu öffnen und zu verstehen, dass es genauso viel Schmerz wie Liebe empfinden wird, genauso viel Leid wie Schönheit. Natürlich kann es vorkommen, dass wir Angst haben angesichts all dessen, was ein offenes Herz bringt. Sie können sich nicht aufs Scheitern einlassen, ohne dieses Risiko einzugehen. Aber ohne dieses Risiko erleben wir halt auch die Schönheit nicht. Meine Liebe zu meinen Söhnen durchpulst jede Zelle meines Körpers. Mein gebrochenes Herz, weil sie nun fort sind, ist ein Geschenk, das ich gegen nichts auf der Welt eintauschen möchte.

Nun, da Rocco und Gio ihr Erwachsenenleben begonnen haben, wo sie immer mehr Erfahrungen ohne mich machen – wie das ja auch sein sollte –, muss ich den Klang und Sinn meiner Tage neu stimmen. Natürlich werden sie immer bei mir sein, aber nicht im materiell-körperlichen Sinn, wie sie es waren, solange sie noch zu Hause lebten.

Was mir in den letzten zwanzig Jahren Sinn gestiftet hat, wird sich nun wandeln, aber ich bin noch nicht sicher, wohin die Kompassnadel sich richten wird. Ich habe gelernt, die Schönheit der traurigen Momente zuzulassen, nicht gegen die unangenehmen Gefühle anzukämpfen, sondern in ihnen zu leben. Wie Lesser fragt: »Warum denken wir bloß immer, es sei eine gute Idee, mit etwas abzuschließen? Warum sollten wir unser Herz gegen diese Gefühle wappnen?«

ALS ICH DAS LETZTE KAPITEL dieses Buches schrieb, hatte ich die besten Tage als Surferin in den letzten siebzehn Jahren. Eine Woche vorher schob mich dieser nette Costa Ricaner in eine traumhafte Welle. Ich erwischte an diesem Wochenende noch ein paar gute, die Dünung war nicht allzu wild und ich war glücklich, dass ich sie abgesurft hatte. Vielleicht nicht mit Anmut und Stil, aber wenigstens mit einem Ansatz von Kontrolle und hart erarbeitetem Selbstvertrauen.

Der Rest der Woche aber war ein Hammer. Eine enorme Dünung brachte uns in Guiones donnernde Wellen, die mich auf und ab wirbelten. Sie kennen die Geschichte ja mittlerweile: Ich brachte die ganze Woche damit zu, dass mir die Wellen eine über den Kopf brieten, landete unweigerlich innerhalb des Breaks und nahm die wenigen sich neu bildenden flachen Wellen, die ich erwischte. Aber ich hatte dazu keine Lust mehr. Ich war doch so weit vorangekommen, dass ich richtig surfen konnte. Die Anfängerdinger machten mir keinen Spaß mehr. Ich zog mich lieber an den Strand zurück und fing an, im Geist zu surfen, während Rocco am Line-up verschwand. Selbst wenn Sie in der Disziplin besser werden, die Sie für Ihr spielerisches Dilettantentum ausgewählt haben, so zeichnen sich doch stets andere Ebenen am Horizont ab. Eine neue Ebene, auf der Sie zunächst ebenfalls scheitern, bis Sie sie überwunden haben und einen Schritt weitergehen können. Wie sagte doch der Buddha des Surfens, Gerry Lopez? »Es hört niemals auf.«

Da gibt es noch etwas, auf das ich vielleicht nicht oft genug hingewiesen habe: Wenn Sie hart an der Disziplin arbeiten, die Sie sich für Ihre Übung im Scheitern ausgesucht haben, *werden* Sie auf jeden Fall darin besser. Meine Surfkünste sind immer noch vernachlässigbar, aber ich kann surfen, und ich mache es auch. Und das erweckt in mir den Wunsch, *besser* zu surfen. Ich bin schließlich keine Masochistin. Wie mein mittlerweile verstorbener Freund Tony Bourdain meinte: »Es geht einfach darum, ein klein bisschen weniger rasant zu scheitern.«[131] Ich möchte *weniger* schlecht sein. Auch Sie werden wohl weniger schlecht sein wollen. Und ich weiß, dass ich daran arbeiten werde, ganz egal, was kommt.

Vielleicht wollte das Universum mir ja irgendetwas sagen. Oder es wollte mich auf den Arm nehmen. Jedenfalls wurde ein paar Tage, bevor wir nach New York zurückkehren sollten, und ein paar Wochen, bevor ich dieses Buch abzugeben hatte, die Dünung wieder sanfter, und der Ozean benahm sich (ungewöhnlicherweise) so, wie es mir gefiel: Taillen- bis schulterhohe Wellen, ein paar Sets von Kopfhöhe. Windlose, saubere Siebzehn-Sekunden-Perioden, was heißt, dass alle siebzehn Sekunden eine Welle auf mich zukam. Ich konnte rauspaddeln, ohne dass meine Haare nass wurden. Ich erwischte eine Welle und ritt sie sauber ab. Ich paddelte wieder raus und schnappte mir wieder eine. Dann noch eine und noch eine. Ich schaffte volle sieben Wellen – sieben Wellen in einer unglaublich tollen Session. (Ein Freund fragte mich später: »Du hast sie tatsächlich gezählt?« Oh ja, und wie!) Rocco schaffte an diesem Tag fünfundzwanzig, nur um den Unterschied klarzumachen. Aber immerhin. Ich war mit jeder Welle eins geworden. Ich ritt sie elegant ab und hatte dabei keine Angst. Statt gegen die Welle anzukämpfen, verschmolz ich mit ihr. Ich hatte darüber schon mal geschrieben, aber jetzt passierte es wieder und immer wieder. Ganz so, als wüsste ich, was ich tat. Denn wenn Sie bei etwas lange genug mies sind, dann *werden* Sie am Ende ein bisschen weniger mies sein.

Sieben Wellen für sieben Kapitel? Ich verspreche Ihnen, ich habe es mit mehr versucht. Ich wollte nach der siebten auch noch eine achte Welle. Aber ich bekam nicht mehr als sieben zusammen. Vielleicht habe ich nach all diesen Seiten, auf denen ich Sie vom Scheitern überzeugen wollte, mich selbst auch davon überzeugt, dass es in Ordnung ist, bei etwas, was ich gerne tue, nicht außergewöhnlich gut zu sein, war ich mittlerweile entspannt genug, um zu begreifen, dass ich weiß, was ich da draußen tue. Die Welle zu erwischen ist wichtig, natürlich. Aber es ist nicht das Wichtigste.

Diese ganze Sache mit dem Scheitern hat letztlich so viel mehr Bedeutung als das bloße Reiten einer Welle. Hier geht es um ein Ritual, um Sinn, um Schönheit, Schmerz, Bindung, Verlust und darum, wie all das miteinander verknüpft ist. Natürlich nicht mit einer hübschen Schleife. Eher schon mit einem gordischen Knoten, den kein Schwert je durchzuhauen vermag. Das Leben ist nicht zum Ergründen da, sondern zum *Leben*. Es ist zum Erfolghaben *und* zum Scheitern da. Und während wir freilich lieber angenehme Erfahrungen machen, dürfen wir sicher sein, dass auch unangenehme des Weges kommen. Die Übung des Scheiterns nimmt dieses Unangenehme an und verwandelt es in Schönheit.

Ich glaube, ich fange etwas Neues an, in dem ich so richtig krachend scheitern kann. Ich habe schon an Gesangsstunden gedacht. Das könnte ich mit Gio zusammen machen, der jetzt schon besser singt als ich. Mein Traum, irgendwann in seiner noch nicht gegründeten Band singen zu können, ist vielleicht mehr Scheitern, als er ertragen kann, aber ich hätte trotzdem Lust, es zu versuchen. Rocco erinnert mich daran, dass ich zwar surfe, aber im Schwimmen eine echte Null bin. Warum also sollte ich mir nicht eine Technik aussuchen, die zu dem passt, worin ich ohnehin schon dilettiere? Das wäre sozusagen eine Meta-Technik, um im Surfen weniger schlecht zu sein. Der Möglichkeiten sind viele. Ich weiß jetzt, dass es der Weg ist, der zählt, und die Menschen, die Sie auf diesem Weg kennenlernen. Also lassen Sie uns etwas Neues anfangen. Machen wir das Scheitern zu unserem Pfad ins absolute Nirgendwo.

Dank

Zunächst einmal möchte ich John Adams danken, der vor all den Jahren diese aufmunternden Worte zu Rocco sagte, als wir vor seiner Schule in Greenwich Village standen. Und Mike Colombo vom Right Coast Surf Shop in Seaside Park, New Jersey. Sein offenes Herz und sein gleichermaßen offener Geist zuckten nicht zusammen, als ich ihm erklärte, ich wolle surfen lernen, wenn er mir genauso gut hätte sagen können, ich sei zu alt und das Ganze der Mühe nicht wert. John und Mike haben mir Türen geöffnet und Anfänge ermöglicht, ohne die dieses Buch nie geschrieben worden wäre.

Ein herzliches Dankeschön an meine liebe Freundin und Agentin Kim Witherspoon und Richard Pine, ihren Partner bei Inkwell, die so viele Vorschläge anhörten und lasen, bevor ich endlich etwas beisammen hatte, was nicht total mies war. Ein ewiges Dankeschön an Alexis Hurley und William Calahan, die mich scharfsichtig unterstützten, während ich versuchte, schreibend zu scheitern.

Simon Critchley und Peter Catapano sahen in meiner Idee vom Scheitern als spielerischer Übung einen gewissen Wert und brachten meinen ursprünglichen Aufsatz darüber im Sportteil der *New York Times* unter. Ich bin beiden dankbar für einen Anfang mehr unter vielen.

Meine Lektorin Sarah Pelz war von meinem Projekt begeistert und trat von unserer ersten Begegnung an leidenschaftlich dafür ein. Ein dickes Dankeschön für die vielen Gespräche und ihr Gespür fürs Detail, das dieses Buch bis zur Veröffentlichung begleitete. Als Lektorin, die selbst liebend gerne lektoriert wird, hatte ich das große Glück, mit einer der Besten zu arbeiten. Und obwohl ich diese Arbeit selbst jeden Tag mache, war ich voller Ehrfurcht, diesen Prozess mal aus dem anderen Blickwinkel zu erleben. Ich bin sprachlos dankbar für die Zeit und die Arbeit, die man meinem Buch gewidmet hat. Das ist wirklich keine Kleinigkeit. Es ist mir schmerzlich bewusst, wie viel Mühe und wie viele Menschen es braucht, bis ein einziges Buch das Licht der Welt erblickt. (Irgendwann werde ich sie mal zählen!) Ich weiß recht gut, dass ich viele der Menschen, die mit meinem Buch zu tun hatten, nie kennenlernen werde, doch allen, die an der Entstehung beteiligt waren, bin ich unendlich dankbar. Im Besonderen geht mein Dank an Melanie Iglesias Perez, Sarahs Assistentin; an die Programmleiterin Suzanne Donahue; an Ariele Fredman, Bianca Salvant, Dana Trocker für Marketing und Publicity und an Kristin Fassler, die das Ganze koordiniert hat. Und natürlich an die Verlagsleiterin Libby McGuire und die Programmleiterin Lindsay Sagnette. Und vielen Dank noch für das hübsche Kleid für mein Buch, das Jimmy Iacobelli entworfen hat.

Naomi Shihab Nye hat mir großzügig die Erlaubnis erteilt, einen Teil ihres wunderbaren Gedichts »Kindness« in mein Buch aufzunehmen. Ich fühle mich tief geehrt.

Ein Dankeschön an Niege Borges, die die wunderbaren Illustrationen für dieses Buch geschaffen hat.

Und herzlichen Dank an meine Surferkollegen für die stundenlangen Gespräche übers Surfen am Line-up und außerhalb –

was die Umstehenden meist nervt, weil sie unsere Leidenschaft nicht teilen. Aber auch für die Hilfestellungen, die Kameradschaft und die Unterstützung im Wasser und außerhalb. Es wären viel zu viele, wollte ich sie hier alle aufzählen, aber ich möchte wenigstens all jene nennen, die im Buch keine Erwähnung gefunden haben: Jay Alders, Erik Antonson, Phil Bacon, Phil Browne, Paul Cassidy, Jimmy und Chris Courtney, Nick Frankfurt, Eric Goodman, Laird Hamilton, Vanessa Purpurri, Mark Lukach, Mike Magers, Garrett McNamara, Michael Scott Moore, Marion Peri, Jim Phillips, Austin Rinaldi, John Sargent, Phil Shinn, Shelby Stanger, Alex Wilkinson, Thad Ziolkowski (der mein absolutes Lieblingssurfbuch geschrieben hat) und dem großzügigen Costa Ricaner, den ich nie wieder treffen werde, dafür, dass er mich in diese wunderbare Welle geschoben hat. Und vor allem anderen: Dankeschön an meinen Schwiegersohn Christopher Meyer, der mich bei unzähligen Gelegenheiten neben sich am Line-up geduldet hat. Erinnerst Du Dich, Chris? »Es ist nur Wasser. Es ist nur kalt!«

Und ein tiefempfundenes Dankeschön an alle, die sich die Zeit genommen haben, mit mir über diese verrückte Idee des spielerischen Scheiterns zu reden: Tony Bourdain, Susannah Calahan, Rozanne Gold, Matt Hussey, Serene Jones, Katty Kay, Elizabeth Lesser, Julie Lythcott-Haimes, Mike Magers, Aubrey Marcus, Andy Martin, Farnoosh Torabi, Jaimal Yogis, Andrew Zolli und viele, viele andere. Ich hatte die unglaubliche Freude, unzählige Gespräche mit Freunden, Kollegen, Autorenfreunden (die alles übers Scheitern wissen) und Bekannten über mein Lieblingsthema zu führen: lustvoll scheitern. Diese Gespräche zogen sich teils über Jahre hin, daher möchte ich allen, die das Scheitern mit mir akzeptiert haben und mir geholfen haben zu begreifen, warum es so unglaublich toll ist, aus tiefstem Herzen danken.

Ein weiterer Dank geht an Ronnie Peters und Susan Sakin, die dazu beigetragen haben, dass ich meine Botschaft auch außerhalb des Buches leben konnte.

Ein Dankeschön an meine Freundin Chantal Bacon, die mich in der letzten Schreibphase aufnahm, fütterte und mir Obdach gewährte. Ihr Heim und ihre Gesellschaft waren für mich eine Oase der Ruhe.

Danke an Micah Starr, die mir mit all dem Zeug half, das ich nicht kann, obwohl ich es echt können sollte.

Und natürlich danke ich all jenen, deren Liebe und Freundschaft mir hilft, bei mir zu bleiben und einigermaßen bei Trost. Sie erinnern mich jeden Tag daran, was für ein Glück ich habe: Colin Dickerman, Joe Dolce, Kassie Evashevski, Rebecca Miller, Chris Padgett, Kristina Rinaldi und Kim Witherspoon. (Ja, noch mal!)

Ein Dankeschön an mein Team bei Harper Wave, die den täglichen Betrieb für mich am Laufen halten – und das mit Liebe, Anmut und wirklich scharfen Lachsalven. Ich bin wahrlich eine absolut gesegnete Null!

Mein besonderer Dank gilt Tony Bourdain, dem Autor und meinem Freund. Er starb, während ich an diesem Buch arbeitete, und ich und die Welt werden ihn bitterlich vermissen. Er hatte ein glasklares Verständnis fürs Scheitern, sodass er mir kurz vor seinem Tod noch sagte, er arbeite daran, »weniger rasant zu scheitern«. Ich hoffe sehr, dass Du dort, wo Du jetzt bist, Deine Tage mit lustvollem Scheitern füllen kannst. Und dass Du all die Liebe und den Frieden genießt, den wir alle Dir wünschen.

Ein tiefer Dank geht an meinen Mann Joel Rose, der den Weg, den ich eingeschlagen habe, nicht nur hingenommen hat, sondern die ganze Zeit über mit von der Partie war – in guten wie in schlechten, in reichen wie in armen Tagen.

Meine Stieftöchter Celine und Chloé haben mir ihre Liebe und Akzeptanz geschenkt, obwohl sie durchaus andere Möglichkeiten gehabt hätten. Ich bin ihnen dankbar, dass sie es tolerierten, wie schlecht ich in manchen Dingen war. Und dass sie mich trotzdem in ihr Leben aufnahmen.

Danke an Kizi und Vince. Einfach so.

Danke an meine Eltern, Pete und Roseann, die mich über die Jahre in vielen Dingen scheitern gesehen haben und mich trotzdem lieben.

Und natürlich geht mein tiefster Dank an meine Söhne, Rocco und Gio, die mich mehr gelehrt haben als irgendjemand oder irgendetwas sonst, ohne dass sie es beabsichtigt hatten. Ich hoffe, ich bin als Mutter, die euch ins Erwachsensein begleitet hat, nicht vollends gescheitert. Ihr bedeutet mir alles.

Anmerkungen

1 Root-Bernstein, Robert et al.: »Arts Foster Scientific Success: Avocations of Nobel, National Academy, Royal Society and Sigma Xi Members«, in: *Journal of Psychology of Science and Technology*, Bd. 1. Nr. 1 (Jan. 2008), S. 51–63, abrufbar unter: https://www.researchgate.net/publication/247857346_Arts_Foster_Scientific_Success_Avocations_of_Nobel_National_Academy_Royal_Society_and_Sigma_Xi_Members.

2 Josef Pieper: *Muße und Kult*, München 1958, S. 51: »(…) die Muße ist präzis der Kontrapost des Richtbildes vom ›Arbeiter‹ (…)«.

3 Karen Rinaldi: «(It's Great to) Suck at Something«, in: *The New York Times* vom 28. April 2017, abrufbar unter: nytimes.com/2017/04/28/opionion/its-great-to-suck-at-surfing.html.

4 Beck, Julie: »When Nostalgia Was a Disease«, in: *The Atlantic* vom 14. August 2013, abrufbar unter: www.theatlantic.com/health/archive/2013/08/when-nostalgia-was-a-disease/278648.

5 Hannah Arendt: *Vita activa oder vom tätigen Leben*, München/Zürich 1981, S. 316.

6 Ebd., S. 315.

7 Julian Barnes: *Vom Ende einer Geschichte*, München 2013, S. 9.

8 Swan, Gary E., Carmelli, Dorit: »Curiosity and Mortality in Aging Adults: A 5-Year Follow-up of the Western Collaborative Group Study«, in: *Psychology and Aging*, Bd. 11. N, Nr. 3 (September 1996), S. 449–453, abrufbar unter: https://www.researchgate.net/publication/14314271_Curiosity_and_mortality_in_aging_adults_A_5-year_follow-up_of_the_Western_Collaborative_Group_Study.

9 Brookshire, Bethany: »Dopamine Is … Is it Love? Gambling? Reward? Addiction?, in: *Slate* vom 3. Juli 2013, abrufbar unter: www.

slate.com/technology/2013/07/what-is-dopamine-love-lust-sex-addiction-gambling-motivation-reward.html.

10 »Surfers Only Spend 8% of the Time Riding Waves«, in: *Surfer Today*, abgerufen am 12. November 2017 unter: www.surfertoday.com/surfing/7653-surfers-only-spend-8-of-the-time-riding-waves.

11 Alfred Adler: *Alfred Adlers Individualpsychologie*, München/Basel 1982, S. 114.

12 Ebd., S. 115.

13 Ebd., S. 114.

14 Ebd., S. 138.

15 Sophie Lazarsfeld: »The Courage for Imperfection«, in: *American Journal of Individual Psychology*, Bd. 22, Nr. 2 (1966), S. 163 ff.

16 Shinrigaku, Kenkyu: »Relationship Between Two Aspects of Self-Oriented Perfectionism and Self-Evaluative Depression: Using Coping Styles of Uncontrollable Events as Mediators«, in: *Japanese Journal of Psychology*, Bd. 75, Nr. 3 (August 2004), S. 199–206.

17 Dreikurs, Rudolf: »The Courage to Be Imperfect«, Eugene 1957, S. 289.

18 Suzuki, Daisetz T.: *Zen and Japanese Culture*, Princeton 2010, S. 13.

19 Pema Chödrön: *Wenn alles zusammenbricht. Hilfestellung für schwierige Zeiten*, München 2001, S. 35.

20 Ebd., S. 101.

21 LeRoy Grannis: *Midget Farrelly Surfing Shore Break*, Makaha 1968.

22 Carl G. Jung, Richard Francis Carrington Hall: *Synchronicity: An Acausal Connecting Principle*, Princeton 1973.

23 Ebd., S. 125. (Anhang zur englischen Übersetzung der Schrift »Synchronizität als ein Prinzip akausaler Zusammenhänge«, dt. Ausgabe: München 1990)

24 Ebd.

25 Roth, Remo: »Introduction to Carl G. Jungs Principle of Synchronicity«, abgerufen 2002 auf Roths Webseite: www.paulijungunusmundus.eu/synw/synchronicity_jung-htm.

26 Friedrich Schiller: *Über die ästhetische Erziehung des Menschen*, 15. Brief, 1795.

27 Karl Groos: *Die Spiele der Menschen*, Jena 1899, S. 2 und S. 7.

28 Max Reischle, zitiert nach Karl Groos: *Die Spiele der Menschen*, a. a. O., S. 523.

29 *Step Into Liquid*, Dokumentarfilm von Dana Brown, Artisan Entertainment 2003, zu sehen bei YouTube und Google Play.
30 Zitiert nach Groos: *Die Spiele der Menschen*, S. 490.
31 Andy Martin, Interview mit der Autorin vom 15. Januar 2018.
32 Jean-Paul Sartre: »Die erste Bedingung des Handelns ist die Freiheit«, in: ders.: *Das Sein und das Nichts*, Reinbek (21) 2019, S. 753.
33 Josef Pieper: *Muße und Kult*, München 1958, S. 51.
34 John Maynard Keynes: »Economic Possibilities for Our Grandchildren«, in: *Revisiting Keynes*, hrsg. von Lorenzo Pecchi und Gustavo Piga, Cambridge 2008, S. 22 f.
35 Richard Freeman: »Why Do We Work More Than Keynes Expected?«, in: *Revisiting Keynes*, Cambridge 2008, S. 137.
36 Ebd., S. 136.
37 Kerry Close: »France Just Gave Workers the ›Right to Disconnect‹ from Work Email«, in: *Time* vom 3. Januar 2017, abrufbar unter: www.time.com/4620457/france-workers-disconnect-email/.
38 »Average Annual Hours Actually Worked per Worker«, Statistik der OECD (Organisation für wirtschaftliche Zusammenarbeit und Entwicklung), 2018. Siehe: https://data.oecd.org/lprdty/gdp-per-hour-worked.htm Und: https://stats.oecd.org/Index.aspx?DataSetCode=ANHRS (abgerufen am 18. November 2018).
39 Richard Freeman: »Why Do We Work More Than Keynes Expected?«, in: *Revisiting Keynes*, Cambridge 2008, S. 140.
40 Edmund S. Phelps: »Corporatism and Keynes: His Philosophy of Growth«, in: *Revisiting Keynes*, Cambridge 2008, S. 102.
41 Alison Gopnik: *What Do Babies Think?*, TED Talk vom Oktober 2011, abrufbar unter: www.ted.com/talks/alison_gopnik_what_do_babies_think.
42 »Health United States 2013: With Special Feature on Prescription Drugs«, Bericht Nr. 2014–1232 des National Center for Health Statistics, Hyattsville 2014.
43 Andy Martin: »Swimming and Skiing: Two Modes of Existential Consciousness«, in: *Sports, Ethics and Philosophy*, Bd. 4, Nr. 1 vom 11. März 2010, abrufbar unter: https://www.tandfonline.com/doi/full/10.1080/17511320903264206.
44 Andy Martin, Interview mit der Autorin vom 15. Januar 2018.
45 Jean-Paul Sartre: *Das Sein und das Nichts*, Reinbek (21) 2019, S. 1001.

46 Susan Casey: *Monsterwellen,* München 2010, S. 217ff.
47 Jaimal Yogis: *Surfing Buddha,* Bielefeld 2010; ders.: *Die wunderbare Welt der Angst,* München 2014; ders.: *All Our Waves Are Water,* New York 2017. Hier: Interview mit der Autorin vom 15. August 2017.
48 Thich Nhat Hanh: *Der furchtlose Buddha,* München 2013.
49 Thich Nhat Hanh: *Das Herz von Buddhas Lehre,* Freiburg i. Br. 1999, S. 28.
50 Thich Nhat Hanh: *The Other Shore,* Berkeley 2017, S. 97.
51 Thich Nhat Hanh: *Das Herz von Buddhas Lehre,* S. 243.
52 Ebd., S. 82.
53 Cooper, S. J.: »Donald O. Hebbs Synapse and Learning Rule: A History and Commentary«, in: *Neuroscience and Biobehavioral Reviews,* Bd. 28, Nr. 8 vom Januar 2005, abrufbar unter: www.ncbi.nlm.nih.gov/pubmed/15642626.
54 David Kessler: *Capture: Unraveling the Mystery of Mental Suffering,* New York 2017, S. 267.
55 Ebd., S. 266.
56 Joan Didion: *We Tell Ourselves Stories in Order to Live: Collected Nonfiction,* New York 2006.
57 Sally Satel: »Distinguishing Brain from Mind«, in: *The Atlantic* vom 30. Mai 2013, abrufbar unter: www.theatlantic.com/health/archive/2013/05/distinguishing-brain-from-mind/276380/.
58 Allan Gurganus: *Die älteste noch lebende Rebellenwitwe erzählt,* München 1992, S. 309.
59 William Finnegan: *Barbarentage,* Berlin 2018, S. 160f.
60 Jaimal Yogis, Interview mit der Autorin vom 15. August 2017.
61 Katty Kay, Claire Shipman: *Das neue Selbstbewusstsein. Was Frauen zum Erfolg führt,* München 2014, S. 72ff.
62 Ebd., S. 82.
63 Ebd., S. 84.
64 Katty Kay, Interview mit der Autorin vom 24. August 2017.
65 Ebd.
66 Ebd.
67 Thich Nhat Hanh: *Das Herz von Buddhas Lehre,* S. 174.
68 Jaimal Yogis, Interview mit der Autorin vom 15. August 2017.
69 David Kessler: *Capture,* New York 2017, S. 267.
70 Brené Brown: *The Power of Vulnerability,* TED Talk in Houston vom Juni 2010, abrufbar unter: www.ted.com/talks/brene_brown_on_vulnerability.

71 Brené Brown: *Verletzlichkeit macht stark,* München 2013, S. 50.
72 Ebd., S. 77.
73 Ebd., S. 88.
74 Oliver Sacks: *Dankbarkeit,* Reinbek 2015, S. 29.
75 Barbara L. Fredrickson et al.: »What Good Are Positive Emotions in Crises? A Prospective Study of Resilience and Emotions Following the Terrorist Attacks on the United States on September 11, 2001«, in: *Journal of Personality and Social Psychology,* Bd. 84, Nr. 2 (Februar 2003), abrufbar unter: https://www.ncbi.nlm.nih.gov/pmc/articles/PMC2755263/.
76 Barbara L. Fredrickson: »The Broaden-And-Build Theory of Positive Emotions«, in: *Philosophical Transactions of the Royal Society B,* Bd. 359, Nr. 1449 (September 2004), S. 1369, abrufbar unter: https://royalsocietypublishing.org/doi/abs/10.1098/rstb.2004.1512.
77 »Most Consecutive Days Surfing«, in: *Guinness World Records,* www.guinnessworldrecords.com/world-records/most-consecutive-days-surfing (abgerufen am 4. März 2018).
78 Andrew Zolli, Ann Marie Healy: *Die 5 Geheimnisse der Überlebenskünstler. Wie die Welt ungeahnte Kräfte mobilisiert und Krisen meistert,* München 2013.
79 Andrew Zolli, Interview mit der Autorin vom 8. März 2018.
80 Norman Mailer: »The White Negro«, in: ders.: *The White Negro,* San Francisco 1972, S. 221ff.
81 Joel Dinerstein: *The Origins of Cool in Postwar America,* Chicago 2018, S. 24.
82 Joel Dinerstein: *Why Cool Matters,* TED Talk in Nashville vom 21. März 2015.
83 Anthony Bourdain, Interview mit der Autorin vom 14. März 2018.
84 Auf der Webseite *The Inertia* finden Sie die fünf schlimmsten Wipe-outs der Geschichte. Dort sehen Sie das Gesicht von Surfersuperstar Keala Kennelly nach einer Begegnung der besonders nahen Art mit dem Riff des berühmten Surfspots Teahupoʻo in Hawaii. (Man spricht es übrigens »Tschoo-pu, kurz »Chopes«) Aber Vorsicht: Der Anblick ist nichts für Zartbesaitete. Siehe: Alexander Haro: »5 of the Goriest Wipe-outs in Surfing's History«, *The Inertia* vom 31. Oktober 2014: https://www.theinertia.com/surf/5-of-the-goriest-wipeouts-in-surfings-history/.
85 Hannah Arendt: *Vita activa oder vom tätigen Leben,* S. 63.

86 Ebd., S. 261.
87 Ebd., S. 187.
88 »The Best Surfing Quotes of All Time«, in: *SurferToday*, abrufbar unter: https://www.surfertoday.com/surfing/the-best-surfing-quotes-of-all-time.
89 Hannah Arendt: *Vita activa oder vom tätigen Leben*, S. 64.
90 Romain Rolland: »Brief an Sigmund Freud vom 5. Dezember 1927«, zitiert nach: Jeffrey Moussaieff Masson: *The Oceanic Feeling. The Origins of Religious Sentiment in Ancient India*, New York 2012, S. 34.
91 Jussi A. Saarinen: »A Conceptual Analysis of the Ocean Feeling«, in: *Jyväskylä Studies in Education, Psychology and Social Research*, Jyväskylä 2015, S. 10.
92 Arthur Koestler: »The Three Domains of Creativity«, in: Michael Krausz (Hrsg.): *Philosophy of History and Culture*, Bd. 28 (7. Juni 2013), S. 251–266.
93 T. S. Eliot: »Burnt Norton«, II, in: ders.: *Die vier Quartette*, Berlin 2015, S. 13.
94 Hannah Arendt: *Vita activa oder vom tätigen Leben*, S. 202.
95 Alan Riding: »Art: Jean Cocteau, Before His Own Fabulousness Consumed Him«, in: *The New York Times* vom 5. Oktober 2003, abrufbar unter: https://www.nytimes.com/2003/10/05/arts/art-jean-cocteau-before-his-own-fabulousness-consumed-him.html.
96 Anthony Storr: *Die schöpferische Einsamkeit*, Wien/Darmstadt 1990, S. 283.
97 Siehe: Alexander Pope: *The Major Works*, Oxford 2006, S. 33, Zeile 525.
98 Zadie Smith: »Some Notes on Attunement«, in: *The New Yorker* vom 17. Dezember 2012.
99 Serene Jones, Interview mit der Autorin vom 26. April 2018.
100 William James: *The Will to Believe*, New York 2017, S. 90.
101 William K. Clifford: »The Ethics of Belief«, S. 3 der digitalen Ausgabe, abrufbar unter: http://people.brandeis.edu/~teuber/Clifford_ethics.pdf.
102 Ebd., S. 5.
103 William James: *The Will to Believe*, New York 2017, S. 95.
104 Ebd., S. 97.
105 Ebd.
106 Ebd.

107 Michael Shermer: »Journeys of Belief«, in: ders.: *The Believing Brain*, New York 2012, S. 55ff.
108 John Sarno: *Befreit von Rückenschmerzen*, München 2006.
109 Jo Marchant: *Heilung von innen. Die neue Medizin der Selbstheilungskräfte*, Reinbek 2016, S. 376.
110 Krista Tippett interviewt Carlo Rovelli: »On Being with Krista Tippett: Carlo Rovelli – All Reality is Interaction«, in: *The On Being Project* vom 10. Mai 2017. Siehe auch: Carlo Rovelli: *Sieben kurze Lektionen über Physik*, Hamburg 2015.
111 Serene Jones, Interview mit der Autorin vom 26. April 2018.
112 Alexander Haro: »Laird Hamilton's Millenium Wave Reshapes How the World Looks at Surfing«, in: *The Inertia* vom 13. Juni 2014, abrufbar unter: https://www.theinertia.com/surf/laird-hamiltons-millennium-wave-reshapes-how-the-world-looks-at-surfing/.
113 Laird Hamilton: »This Day in Surfing – August 17th, 2000«, in: *Surfline*, abrufbar unter: https://www.surfline.com/surf-news/this-day-in-surfing---august-17th-2000---laird-hamiltons-millennium-wave-at-teahupoo_46530/.
114 Julie Lythcott-Haims, Interview mit der Autorin vom 8. Juni 2018.
115 Bruce Eric Kaplan: »He's less of a parent and more of a fixer«, in: *The New Yorker* vom 20. August 2018.
116 Johann Gottlieb Fichte: *Die Bestimmung des Menschen*, Stuttgart 1981, S. 12 und 18.
117 Siehe James Gleick: »Der Schmetterlingseffekt«, in: ders.: *Chaos – die Ordnung des Universums*, München 1988, S. 20–53.
118 Edward N. Lorenz: »Deterministic Non-Periodic Flow«, in: *Journal of Atmospheric Sciences*, Bd. 20, Nr. 2 (7. Januar 1963), abrufbar unter: https://journals.ametsoc.org/doi/pdf/10.1175/1520-0469%281963%29020%3C0130%3ADNF%3E2.0.CO%3B2.
119 Katia Moskvitch: »Fiendish Million-Dollar Proof Eludes Mathematicians«, in: *Nature: International Weekly Journal of Science* vom 5. August 2014, abrufbar unter: https://www.nature.com/news/fiendish-million-dollar-proof-eludes-mathematicians-1.15659.
120 Ebd.
121 Jack Kornfield, Paul Breiter (Hrsg.): *Ein stiller Waldteich. Die Erkenntnismeditation von Ajahn Chah*, Bielefeld 2012, S. 159.
122 John O'Donohue: *Schönheit. Das Buch vom Reichtum des Lebens*, München 2004, S. 58.

123 Krista Tippett interviewt John O'Donohue: »The Inner Landscape of Beauty«, in: *The On Being Project* vom 31. August 2017, abrufbar unter: https://onbeing.org/programs/john-odonohue-the-inner-landscape-of-beauty-aug2017/.

124 Yoshida Kenkô: *Betrachtungen aus der Stille,* Frankfurt a. M. 1991, S. 85.

125 Mike Magers, Interview mit der Autorin vom 6. September 2017.

126 Krista Tippett interviewt Frank Wilczek: »Why Is the World So Beautiful?«, in: *The On Being Project* vom 28. April 2016, abrufbar unter: https://onbeing.org/programs/frank-wilczek-why-is-the-world-so-beautiful-jun2018/.

127 Yoshida Kenkô: *Betrachtungen aus der Stille,* S. 24.

128 Naomi Shihab Nye: »Kindness«, aus: dies.: *Different Ways to Pray,* Portland 1980.

129 Elizabeth Lesser, Interview mit der Autorin vom 10. August 2018.

130 Chögyam Trungpa Rinpoche: »The Genuine Heart of Sadness«, in: *The Sun Magazine* vom Juli 2014, abrufbar unter: https://www.thesunmagazine.org/issues/463/the-genuine-heart-of-sadness.

131 Anthony Bourdain, Interview mit der Autorin vom 14. März 2018.

Bibliografie

Adler, Alfred: *Alfred Adlers Individualpsychologie,* München/Basel 1982.

Arendt, Hannah: *Vita activa oder vom tätigen Leben,* München/Zürich 1981.

Barnes, Julian: *Vom Ende einer Geschichte,* München 2013.

Beck, Julie, »When Nostalgia Was a Disease«, in: *The Atlantic* vom 14. August 2013, abrufbar unter: www.theatlantic.com/health/archive/2013/08/when-nostalgia-was-a-disease/278648.

Beckwith, Christopher I.: *Greek Buddha,* Princeton 2017.

Blake, Tom: *Hawaiian Surfriders,* 1935, Redondo Beach 1983.

Ders.: *A Surfer's Philosophy,* Walnut 2016.

Bourdain, Anthony, Interview mit der Autorin vom 14. März 2018.

Brookshire, Bethany: »Dopamine Is ... Is it Love? Gambling? Reward? Addiction?«, in: *Slate* vom 3. Juli 2013, abrufbar unter: www.slate.com/articles/technology/science/2013/07/what-is-dopamine-love-lust-sex-addiction-gambling-motivation-reward.html.

Brown, Brené: *The Power of Vulnerability,* TED-Talk in Houston vom Juni 2010, abrufbar unter: www.ted.com/talks/brene_brown_on_vulnerability.

Dies.: *Verletzlichkeit macht stark,* München 2013.

Casey, Susan: *Monsterwellen,* München 2010.

Chödrön, Pema: *Wenn alles zusammenbricht. Hilfestellung für schwierige Zeiten,* München 2001.

Clifford, William K.: »The Ethics of Belief«, S. 3 der digitalen Ausgabe, abrufbar unter: http://people.brandeis.edu/~teuber/Clifford_ethics.pdf.

Close, Kerry: »France Just Gave Workers the ›Right to Disconnect‹ from Work Email«, in: *Time* vom 3. Januar 2017, abrufbar unter: www.time.com/4620457/france-workers-disconnect-email/.

Cooper, S. J.: »Donald O. Hebbs Synapse and Learning Rule: A History and Commentary«, in: *Neuroscience and Biobehavioral Reviews,* Bd. 28, Nr. 8 vom Januar 2005, abrufbar unter: www.ncbi.nlm.nih.gov/pubmed/15642626.

Didion, Joan: *We Tell Ourselves Stories in Order to Live: Collected Nonfiction,* New York 2006.

Dinerstein, Joel: *The Origins of Cool in Postwar America,* Chicago 2018.

Dinerstein, Joel: *Why Cool Matters,* TED Talk in Nashville vom 21. März 2015.

Dreikurs, Rudolf: *The Courage to Be Imperfect,* Eugene 1957.

Eich, Eric et al.: *Cognition and Emotion,* Oxford 2000.

Eliot, T. S.: *Die vier Quartette,* Berlin 2015.

Epiktet: *Handbüchlein der Moral,* Stuttgart 1984.

Fichte, Johann Gottlieb: *Die Bestimmung des Menschen,* Stuttgart 1981.

Finnegan, William: *Barbarentage,* Berlin 2018.

Frank, Thomas C.: *The Conquest of Cool: Business Culture, Counterculture, and the Rise of Hip Consumerism,* Chicago 1998.

Fredrickson, Barbara L. et al.: »What Good Are Positive Emotions in Crises? A Prospective Study of Resilience and Emotions Following the Terrorist Attacks on the United States on September 11, 2001«, in: *Journal of Personality and Social Psychology,* Bd. 84, Nr. 2 (Februar 2003), abrufbar unter: https://www.ncbi.nlm.nih.gov/pmc/articles/PMC2755263.

Fredrickson, Barbara L.: »The Broaden-And-Build Theory of Positive Emotions«, in: *Philosophical Transactions of the Royal Society* B, Bd. 359, Nr. 1449 (September 2004), S. 1369, abrufbar unter: https://royalsocietypublishing.org/doi/abs/10.1098/rstb.2004.1512.

Freeman, Richard: »Why Do We Work More Than Keynes Expected?«, in: Pecchi, Lorenzo, Piga, Gustavo (Hrsg.), *Revisiting Keynes,* Cambridge 2008.

Gleick, James: »Der Schmetterlingseffekt«, in: ders.: *Chaos – die Ordnung des Universums,* München 1988.

Gopnik, Alison: *What Do Babies Think?,* TED Talk vom Oktober 2011, abrufbar unter: www.ted.com/talks/alison_gopnik_what_do_babies_think.

Gopnik, Alison, et al.: *Forschergeist in Windeln,* München 2001.

Grannis, LeRoy: »Midget Farrelly Surfing Shore Break« (Foto), Makaha 1968.

Groos, Karl: *Die Spiele der Menschen,* Jena 1899.

Gurganus, Allan: *Die älteste noch lebende Rebellenwitwe erzählt,* München 1992.

Hamilton, Laird: »This Day in Surfing – August 17th, 2000«, in: *Surfline,* abrufbar unter: https://www.surfline.com/surf-news/this-day-in-surfing---august-17th-2000- laird-hamiltons-millennium-wave-at-teahupoo_46530/.

Haro, Alexander: »5 of the Goriest Wipe outs in Surfing's History«, *The Inertia* am 31. Oktober 2014: https://www.theinertia.com/surf/5-of-the-goriest-wipeouts-in-surfings-history/.

Haro, Alexander: »Laird Hamilton's Millenium Wave Reshapes How the World Looks at Surfing«, in: *The Inertia* vom 13. Juni 2014, abrufbar unter: https://www.theinertia.com/surf/laird-hamiltons-millennium-wave-reshapes-how-the-world-looks-at-surfing/.

Harris, Sam: *Waking Up. A Guide to Spirituality without Religion,* New York 2014.

Herrigel, Eugen: *Zen in der Kunst des Bogenschießens,* München (43)2003.

Hume, Nancy G. (Hrsg.): *Japanese Aesthetics and Culture: A Reader,* Albany 1996.

James, William: *The Will to Believe,* Mineola 2017.

Jones, Serene: *Feminist Theory and Christian Theology: Cartographies of Grace,* Minneapolis 2010.

Dies.: Interview mit der Autorin vom 26. April 2018.

Dies.: *Trauma and Grace: Theology in a Ruptured World,* Louisville 2009.

Jung, Carl G., Carrington Hall, Richard F.: *Synchronicity: An Acausal Connecting Principle,* Princeton 1973.

Kahneman, Daniel: *Schnelles Denken, langsames Denken,* München 2012.

Kaplan, Bruce Eric: »He's less of a parent and more of a fixer«, in: *The New Yorker* vom 20. August 2018.

Kay, Katty, Shipman, Claire: *Das neue Selbstbewusstsein – Was Frauen zum Erfolg führt,* München 2014.
Kay, Katty, Interview mit der Autorin vom 24. August 2017.
Kenkô, Yoshida: *Betrachtungen aus der Stille,* Frankfurt a. M. 1991.
David Kessler: *Capture: Unraveling the Mystery of Mental Suffering,* New York 2017.
Keynes, John Maynard: »Economic Possibilities for Our Grandchildren«, in: *Revisiting Keynes,* hrsg. von Lorenzo Pecchi und Gustavo Piga, Cambridge 2008.
Koestler, Arthur: »The Three Domains of Creativity«, in: Michael Krausz (Hrsg.): *Philosophy of History and Culture,* Bd. 28 (7. Juni 2013).
Kornfield, Jack, Breiter, Paul (Hrsg.): *Ein stiller Waldteich. Die Erkenntnismeditation von Ajahn Chah,* Bielefeld 2012.
Lazarsfeld, Sophie: »The Courage for Imperfection«, in: *American Journal of Individual Psychology,* Bd. 22, Nr. 2 (1966), S. 163–165.
Lesser, Elizabeth, Interview mit der Autorin vom 10. August 2018.
Lorenz, Edward N.: »Deterministic Non-Periodic Flow«, in: *Journal of Atmospheric Sciences,* Bd. 20, Nr. 2 (7. Januar 1963), abrufbar unter: https://journals.ametsoc.org/doi/abs/10.1175/1520-0469%281963%29020%3C0130%3ADNF%3E2.0.CO%3B2.
Lynch, Gary et al.: *Tom Blake: The Uncommon Journey of a Pioneer Waterman,* hrsg. von William K. Hoopes, Newport Beach 2013.
Lythcott-Haims, Julie: *How to Raise an Adult: Break Free of the Overparenting Trap and Prepare Your Kid for Success,* New York 2016.
Dies., Interview mit der Autorin vom 8. Juni 2018.
Mike Magers, Interview mit der Autorin am 6. September 2017.
Mailer, Norman: *The White Negro,* San Francisco 1972.
Marchant, Jo: *Heilung von innen. Die neue Medizin der Selbstheilungskräfte,* Reinbek 2016.
Martin, Andy: »Swimming and Skiing: Two Modes of Existential Consciousness«, in: *Sports, Ethics and Philosophy,* Bd. 4, Nr. 1 vom 11. März 2010, abrufbar unter: https://www.tandfonline.com/doi/full/10.1080/17511320903264206.
Ders., Interview mit der Autorin vom 15. Januar 2018.
Moskvitch, Katia: »Fiendish Million-Dollar Proof Eludes Mathematicians«, in: *Nature: International Weekly Journal of Science* vom 5. Au-

gust 2014, abrufbar unter: https://www.nature.com/news/fiendish-million-dollar-proof-eludes-mathematicians-1.15659.

Neff, Kristin: *Self-Compassion: The Proven Power of Being Kind to Yourself*, New York 2015.

Nichols, Wallace J., Cousteau, Celine: *Blue Mind. The Surprising Science That Shows How Being Near, In, On, or Under Water Can Make You Happier, Healthier, More Connected, and Better at What You Do*, New York 2014.

Nietzsche, Friedrich Wilhelm: *Zur Genealogie der Moral*, Stuttgart 2003.

Ders.: *Ecce homo*, München 2005.

Nye, Naomi Shihab: »Kindness«, aus: dies.: *Different Ways to Pray*, Portland 1980.

O'Donohue, John: *Schönheit. Das Buch vom Reichtum des Lebens*, München 2004.

Pauli, Wolfgang, Jung, C. G.: *Atom and Archetype: The Pauli/Jung Letters, 1932–1958*, Princeton 2014.

Phelps, Edmund S.: »Corporatism and Keynes: His Philosophy of Growth«, in: *Revisiting Keynes*, Cambridge 2008.

Pieper, Josef: *Muße und Kult*, München 1958.

Riding, Alan: »Art: Jean Cocteau, Before His Own Fabulousness Consumed Him«, in: *The New York Times* vom 5. Oktober 2003.

Rinaldi, Karen: »(It's Great to) Suck at Something, in: *New York Times* vom 28. April 2017, abrufbar unter: https://www.nytimes.com/2017/04/28/opinion/its-great-to-suck-at-surfing.html.

Rolland, Romain: »Brief an Sigmund Freud vom 5. Dezember 1927«, zitiert nach: Jeffrey Moussaieff Masson, *The Oceanic Feeling. The Origins of Religious Sentiment in Ancient India*, New York 2012, S. 34

Root-Bernstein, Robert et al.: »Arts Foster Scientific Success: Avocations of Nobel, National Academy, Royal Society and Sigma Xi Members«, in: *Journal of Psychology of Science and Technology*, Bd. 1. Nr. 1 (Jan. 2008), S. 51 – 63, abrufbar unter: https://www.researchgate.net/publication/247857346_Arts_Foster_Scientific_Success_Avocations_of_Nobel_National_Academy_Royal_Society_and_Sigma_Xi_Members.

Roth, Remo: »Introduction to Carl G. Jungs Principle of Synchronicity«, abgerufen 2002 auf Roths Webseite: www.paulijungunusmundus.eu/synw/synchronicity_jung-htm.

Saarinen, Jussi A.: »A Conceptual Analysis of the Ocean Feeling«, in: *Jyväskylä Studies in Education, Psychology and Social Research,* Jyväskylä 2015.

Sacks, Oliver: *Dankbarkeit,* Reinbek 2015.

Sarno, John: *Befreit von Rückenschmerzen,* München 2006.

Jean-Paul Sartre: *Das Sein und das Nichts,* Reinbek (21) 2019.

Satel, Sally: »Distinguishing Brain from Mind«, in: *The Atlantic* vom 30. Mai 2013, abrufbar unter: www.theatlantic.com/health/archive/2013/05/distinguishing-brain-from-mind/276380/.

Schiller, Friedrich: *Briefe über die ästhetische Erziehung des Menschen* (15. Brief) 1795.

Shermer, Michael: »Journeys of Belief«, in: ders.: *The Believing Brain,* New York 2012.

Shinrigaku, Kenkyu: »Relationship Between Two Aspects of Self-Oriented Perfectionism and Self-Evaluative Depression: Using Coping Styles of Uncontrollable Events as Mediators«, in: *Japanese Journal of Psychology,* Bd. 75, Nr. 3 (August 2004), S. 199–206.

Smith, Zadie: »Some Notes on Attunement«, in: *The New Yorker* vom 17. Dezember 2012.

Stearns, Peter N.: *American Cool: Constructing a Twenthieth-Century Emotional Style,* New York 1994.

Storr, Anthony: *Die schöpferische Einsamkeit,* Wien/Darmstadt 1990.

Ders.: *The Essential Jung,* Princeton 1983.

Suzuki, Daisetz T.: *Zen and Japanese Culture,* Princeton 2010.

Swan, Gary E., Carmelli, Dorit: »Curiosity and Mortality in Aging Adults: A 5-Year Follow-up of the Western Collaborative Group Study«, in: *Psychology and Aging,* Bd. 11. N, Nr. 3 (September 1996), S. 449–453, abrufbar unter: https://www.researchgate.net/publication/14314271_Curiosity_and_mortality_in_aging_adults_A_5-year_follow-up_of_the_Western_Collaborative_Group_Study.

Thich Nhat Hanh: *Das Herz von Buddhas Lehre,* Freiburg i. Br. 1999.

Ders.: *The Other Shore: A New Translation of the Heart Sutra,* Berkeley 2017.

Ders.: *Der furchtlose Buddha,* München 2013.

Krista Tippett, Interview mit Carlo Rovelli: »On Being with Krista Tippett: Carlo Rovelli – All Reality is Interaction«, in: *The On Being Pro-*

ject vom 10. Mai 2017, abrufbar auf: www.youtube.com/watch?v=jXFbtDR71F4.

Krista Tippett, Interview mit John O'Donohue: »The Inner Landscape of Beauty«, in: *The On Being Project* vom 31. August 2017, abrufbar unter: https://onbeing.org/programs/john-odonohue-the-inner-landscape-of-beauty-aug2017.

Krista Tippett, Interview mit Frank Wilczek: »Why Is the World So Beautiful?«, in: *The On Being Project* vom 28. April 2016, abrufbar unter: https://onbeing.org/programs/frank-wilczek-why-is-the-world-so-beautiful-jun2018/.

Tovote, Philip, Lüthi, Andreas: »Curbing Fear by Axonal Oxytocin Release in the Amygdala«, in: *Neuron*, Bd. 73, Nr. 3 (9. Februar 2012), S. 407–410, abrufbar unter: https://www.ncbi.nlm.nih.gov/pubmed/22325194.

Trungpa Rinpoche, Chögyam: »The Genuine Heart of Sadness«, in: *The Sun Magazine* vom Juli 2014, abrufbar unter: https://www.thesunmagazine.org/issues/463/the-genuine-heart-of-sadness.

Wilczek, Frank: *A Beautiful Question: Finding Nature's Deep Design*, New York 2016.

Yogis, Jaimal: *Surfing Buddha*, Bielefeld 2010.

Ders., Interview mit der Autorin vom 15. August 2017.

Ders.: *Die wunderbare Welt der Angst*, München 2014.

Ders.: *All Our Waves Are Water*, New York 2017.

Zolli, Andrew, Interview mit der Autorin vom 8. März 2018.

Zolli, Andrew, Healy, Ann Marie: *Die 5 Geheimnisse der Überlebenskünstler. Wie die Welt ungeahnte Kräfte mobilisiert und Krisen meistert*, München 2013.